젊은 부자의 법칙

슈퍼리치로 가는 단계별 실전 돈 공부

젊은 부자의 법칙

초판 1쇄 발행 2021년 5월 25일 **초판 7쇄 발행** 2023년 1월 26일

지은이 바이런베이 **펴낸이** 김영범
펴낸곳 (주)북새통·토트출판사
주소 서울시 마포구 월드컵로36길 18 삼라마이다스 902호
대표전화 02-338-0117 **팩스** 02-338-7160
출판등록 2009년 3월 19일 제 315-2009-000018호 **이메일** thothbook@naver.com

© 바이런베이, 2021

ISBN 979-11-87444-65-7 03320

젊은 부자의 법칙

슈퍼리치로 가는 단계별 실전 돈 공부

바이런베이 지음

토트

이런 이야기를
좀 더 일찍 알았더라면

언젠가 제 SNS에 이런 글이 올라왔습니다.

저는 40대 중반입니다. 제가 부동산에 관심을 가진 건 1년 정도 된 것 같습니다. 아직도 무주택자인 제 자신에 대해 반성하며, 저는 20~30대 직장 후배들에게 일찍부터 주식과 부동산에 관심을 가지라고 이야기하곤 합니다. 헌데 그들은 주식과 부동산을 자신들과는 상관없는 일이라고 생각하는 것 같더군요. 제가 그 나이 때 주위에 이런 조언을 해주는 사람들이 있었다면, 지금 좀 더 나은 삶을 살고 있지 않을까 하는 생각이 듭니다. 지금도 늦지 않았다고 생각하며 노력 중입니다.

"좀 더 일찍 알았더라면……."
대학생들에게 영어를 가르치는 저는 자주 이런 말을 듣습니다. 그런데 아이러니하게도 그들이 좀 더 일찍 저를 만났더라도, 그땐 제 말이 그들의 귀에 들어오지 않았을 겁니다.

4

제 강의에는 군복무를 마치고 와서 다시 수강하는 학생들이 제법 많습니다. 그들은 하나같이 이렇게 말합니다.

"입대 전에는 남들 다 하니깐 어쩔 수 없이 수강 신청해서 강의를 듣는 둥 마는 둥 했어요. 그런데 지금 들어보니 그때랑 완전 다른데요! 너무 좋아요!"

저는 이렇게 대꾸합니다.

"그때랑 지금이랑 똑같대이!"

그러면 학생은 눈이 휘둥그레지며 말문이 막힌답니다.

"니가 달라졌을 뿐이대이!"

그랬습니다. 그들의 생각이 '한번 들어볼까?'에서 '이제 제대로 해봐야지!'로 바뀌어 있었던 것입니다.

"니가 우매하면 세상의 이야기는 잡소리 오지랖이 되는 거고, 니가 현명하면 세상의 이야기가 지혜의 속삭임이 되는 거다, 이 말인 거대이!"

우매한 사람은 경험으로 배우고 현명한 사람은 책으로 배운다고 합니다. 저는 우매한 젊은 시절을 쓰디쓴 경험을 통해서 성장한 사람입니다. 그래서 그때를 돌아보며 '좀 더 일찍 알았더라면⋯⋯' 하는 삶의 기술들을 모아보았습니다. 당신이 책을 통해 배우는 현명한 사람이라면 분명 저보다 더 쉽게 교훈을 얻을 수 있을 것입니다.

이 책은 돈 버는 기술, 돈 모으는 기술, 그리고 돈 굴리는 기술로 그 범위를 나누어 제가 경제적 자유를 얻어 마흔에 은퇴를 선언한 과정을 상세히 담고 있습니다. 도전을 겁내거나 실패를 두려워하지 않았던 젊은 시절의 패기는 어디서 왔는지, 그리고 지금도 다양한 도전을 즐기는 배경은 무엇인지 솔직하게 털어놓았습니다.

대기업을 뛰쳐나와서 성인영어시험 강사로 활동하며 대구 경북 지역 영어시장의 일타강사가 되고, 서른 권의 전문서적을 출간하면서 베스트셀러 저자가 될 수 있었던 도전도 담았습니다. 짬뽕 맛에 빠져 중식의 대가 밑에서 요리를 배운 후 짬뽕전문점을 개업한 과정, 6성급 호텔 조리사의 지도 아래 중식 레스토랑을 개업한 과정, 유명 프랜차이즈의 창업멤버와 의기투합해 심야포차를 개업한 과정 등의 외식업 도전과정도 담았습니다. 어학원, 출판사, 스터디카페, 펜션 등의 다양한 사업체를 SOU(Sharing: 지분투자, Outsourcing: 아웃소싱계약, Unmanned: 무인사업) 방식을 통해 혼자서도 운영할 수 있었던 이야기들도 자세히 다루었습니다.

지방 최고가 아파트, 재개발 지역의 상가건물, 대구 최고 요지의 구분상가, 그리고 거제 지역의 토지투자를 통해 부동산 자산을 증식시키는 과정도 있는 그대로 담았습니다. 국내 주식, 일본펀드, 베트남 고금리 예금, 원유투자를 통해 금융자산을 증식시키는 과정도 당신에게 도움이 되었으면 하는 마음으로 정리해두었습니다.

과연 나도 해낼 수 있을까? 나와 다른 출발선에서 시작한 것은 아닐까 하는 두려움이 있다면, 제 이야기가 용기를 북돋아줄 겁니다. 흙수저인 저는 첫 직장에 들어간 스물일곱 나이에 이미 쌍둥이 아빠로서 세 명의 가족을 먹여 살려야 했습니다. 방 두 칸의 작은 빌라에서 아이들의 기저귀를 빨아 널고 개면서 출퇴근과 투자 공부를 함께 했습니다. 만약 당신이 갚아야 할 빚이 없다면, 부양할 가족이 없다면, 혹은 맞벌이 부부라면 당신은 저보다 몇 발자국 앞선 곳에서 뛸 준비가 되어 있는 것입니다.

저는 마흔에 경제적 자유를 얻어 은퇴를 선언할 수 있었습니다. 그리고 마흔여섯이 된 지금은 일을 할지 말지, 한다면 무슨 일을 할지, 그 일로 돈을 벌지 말지를 스스로 선택할 수 있는 삶을 살고 있습니다. 돈의 노예에서 벗어나 자유 의지로 인생을 즐기는 '반퇴 라이프'를 살고 있습니다. 느긋한 자유와 소소한 행복으로 가득 찬 반퇴 라이프를 더 많은 사람과 함께 누리고 싶은 마음이 당신에게도 전해지기를 바랍니다.

거제도 바닷가에서

바이런베이

차례

제1장

마인드셋

부자가 되기로 마음먹자

제2장

벌기

직장이건 창업이건 일단 좀 벌자

제3장

모으기

종잣돈 만들기 불변의 법칙

제4장

굴리기 :: 주식

개미를 위한 시장은 있는가

제5장

굴리기 :: 부동산

내돈내산 부동산투자 실전가이드

제6장

누리기

돈 말고 인생에 필요한 것들

스물넷, 맨땅에 헤딩하며 쓰리잡 뛰던 내 얘기 한번 들어볼래?

2020년 3월, 코로나 바이러스 사태로 세계 증시가 폭락하면서 코스피와 코스닥 시장은 패닉에 빠졌다. 당시 주식투자자들은 공포에 사로잡혀 미 증시 역사상 가장 빠른 속도로 상승장에서 하락장으로 전환된 다우지수를 멍하니 바라보고 있을 수밖에 없었다.

수많은 투자 실패와 넋두리 글들이 SNS에 올라오고 있었고 나는 투자자들에게 이제야말로 투자의 장이 열렸음을 알리는 글을 올리는 중이었다. 1929년 대공황 당시 "거리가 피로 질퍽거릴 때 투자하라"는 역발상으로 대성공을 거둔 존 템플턴 경을 언급하면서 최소 3차 분할매수를 통해 바닥 지점을 확인한 후 1년 이상의 장기투자를 장려하는 글을 바쁘게 써 내려갔다.

그러던 중 게시물 하나가 내 눈을 붙들었다.

"스물네 살 고졸 백수로 태어난 것이 너무 억울해요."

평범한 청년이 군대에서 적금으로 모은 300만 원을 이번 증시 폭락으로 날리고, 일하던 아르바이트 자리마저 잘리게 되면서, 여기서 인생을 끝내야겠다며 자살을 암시하는 글을 올린 것이다.

청년은 고졸 학력에 대해 콤플렉스를 안고 있었다. 번듯해보이는 친구들에게 열등감을 느끼던 중 증권 관련 책 한 권을 읽고는 위대한 투자가가 되겠다는 생각으로 주식투자에 나섰다가 하필 코로나바이러스로 인한 미증유의 증시 폭락이라는 호된 신고식을 치른 것이다. 더 비참해지기 전에 인생을 마감하고 싶다는 고졸 백수의 자살 암시 글은 많은 사람의 안타까움을 자아냈다. 랜선 이웃들이 격려와 응원의 글로 청년의 기운을 북돋우려 했다.

그러나 정작 청년은 이웃들의 글에 아무런 반응이 없었다. 우리는 청년이 이미 극단적인 선택을 한 것은 아닌지 걱정하기 시작했다. 나도 댓글로 격려와 응원을 보냈다. 또 다른 방법으로 청년의 마음을 돌릴 수 없을지 생각하다가 새벽 2시부터 그를 위한 온라인 편지를 쓰기 시작했다. 40대 중반 '바이런베이'의 충고가 아니라 스물넷의 나로 돌아가 친구로서 격려와 응원을 보내주고 싶었기 때문이다. 글은 4시간 동안 이어졌다.

고졸 백수에게 보내는 편지

마! 고졸 백수!

일도 없고 주위 둘러보니 너 빼고는 다 잘사는 거 같으니깐 좀 우울하나? 그라마, 니 죽고 싶다니깐 하는 말인데, 그래도 죽기 전에 내가 널 위해 재미난 글 하나 썼으니까, 이거 읽고 한바탕 웃고 나서 디지든지 말든지 해라! 너 때문에 새벽에 잠 안 자고 몇 시간 동안 뭐 하는 짓인지 모르겠다. 폰에 글 쓰다 손가락 부러질 뻔!

난 지금 마흔 중반의 나이인데, 그래서 너한테 반말하는 게 아니고, 너랑 같은 나이인 스물네 살로 돌아간 기다! 그러면 너도 스물넷, 나도 스물넷이니까 우리 친구 아니가, 맞제? 너도 혹시 이 글 읽고 답글 쓰고 싶으면 반말로 써라. 우린 지금부터 스물넷 친구다, 알겠제?

고졸 백수라도 글은 잘 쓰대! 그러면 글도 잘 읽겠제? 또이또이 읽어봐래이!

난 스물넷 나이에 호주의 한 대학교에 편입으로 합격했어. 군대 제대를 앞두고 토플(TOEFL)이라는 영어공부에 열중했던 게 도움이 되었고 운 좋게 합격 소식을 받았지. 그러나 문제는 돈이었어. 비싼 해외 학비를 낼 만한 여유가 없는 집안이라 집에 말도 못 꺼내고 있었지. 일단 합격부터 해놓자 싶어서 집에 알리지 않고 편입 준비를 한 거였거든. 입학금을 마련하기 위해 새벽마다 일용노동직 자리를 얻어 일하는 일명 '노가다'를 뛰며 돈을 벌기 시작했어. 그렇게 마련한 200만 원을 가지고 어머니에게 말씀드렸지. 해외 대학에 편입 합격한 사실과 비싼 입학금 얘기를. 2학기부터는 장학금을 노려볼 수 있고, 유학생들은 워크퍼밋이라는 제도를 이용해 일하면서 생활비를 충당할 수도 있으니 입학금만 어떻게 좀 도와달라고 부탁드렸어.

"어무이! 일단 돈 천만 원만 우째 좀 해주이소."

"머라카노! 그리 큰돈이 어딨노? 갑자기 카마 우짜노?"

"비행기표 값하고 2주치 숙소비용은 제가 벌어났으니깐 당장 내야 할 입학금만 좀 우째 해주이소."

"야가 안 하던 공부를 갑자기 와? 그냥 여기서 공부를 계속……."

어머니는 완강했지만 나도 물러설 상황은 아니었지. 결국 친척들의 도움을 좀 받고 은행 돈도 좀 빌려서 나는 호주로 갈 수 있었어. 그리고 여섯 명이 한방에 기거하는 허름한 도미토리에서 초기 정착시기를 버텼지. 한국과는 비교가 안 될 정도로 사악한 물가였던 시드니 생활이었어. 그래서 지하철 같은 대중교통비도 아끼기 위해 학교와 집을 오가는 왕복 두 시간 거리를 걸어 다녔어. 식비도 워낙 비쌌기 때문에 집에서 식빵 안에 달걀 프라이와 케첩 넣은 토스트를 세끼 분량으로 만들어서 싸 들고 다녔지. 듣기 공부를 별로 해본 적이 없어서 나는 영어로 강의를 듣는 것이 너무 어려웠어. 매일 강의실 맨 앞자리에 앉아 수업내용을 녹음한 뒤 걸어서 집을 오가는 길에 다시 듣곤 했지.

근데 내가 아침잠이 좀 많았거든. 군대에서 아침 기상 습관이 좀 들었나 했더니 제대하니까 금방 다시 게을러지더라고. 아침에 늦잠 자고는 헐레벌떡 학교로 뛰어가곤 했지. 근데 항상 내랑 비슷한 시간에 지각해서 뛰어가던 영국 여자가 있었어. 그 여자랑 내랑 지각 꼴찌다툼을 치열하게 한 거야. 그녀의 이름은 '알렉스'라고 롤렉스 시계의 '롤렉스'랑 헷갈리는 바람에 "너 이름이 시계 같네!" 그랬다가 욕을 먹기도 했지.

그런데 말이야. 그녀는 항상 손톱 밑에 때가 새카만 거야. 또 몸에서 땀 냄새도 좀 나고 말이야. 내가 아는 영국의 느낌과 달리 사람이 좀 더러워 보이더라고. 그래서 별로 친하고 싶은 마음은 없었는데,

자주 같이 지각하며 정이 들었는지 자기 생일파티에 날 초대하더라고. 나를. 자기 방으로. 이게 무슨! 잠시 가슴이 두근두근!

근데 그날 보니 나뿐만 아니라 다른 친구들도 여럿 불렀더라고. 후훗, 뭐 그런 거지! 아, 잠깐만! 사실 난 잠깐 고민했어. 작은 방 안에서 땀 냄새 나는 이 아이와 함께, 민감한 내가 버텨낼 수 있을까?

드디어 알렉스의 생일파티. 친구들과 함께 그녀의 자그마한 스튜디오(한국으로 치면 원룸)를 방문했지. 여자 혼자 사는 방이 신기해서 여기저기 둘러보는데 사진 액자 하나가 눈에 들어오더라. 무슨 공원 같은 곳에서 어린 알렉스와 남동생이 콜리 종의 개 한 마리와 함께 찍은 사진이었어. 뒤에는 분수대가 보이고 그 뒤로는 고풍스러운 2층 저택이 있더라고. 그래서 내가 알렉스에게 물어봤지.

"너 어릴 때 굉장히 귀여웠구나! 뒤에는 무슨 박물관이나 미술관 같은 곳인가 봐?"

"아, 그곳? 집이야."

아, 그러니까 이 건물이 집이라고? 자기 집이란 얘기인가? 영국에도 아파트 같은 게 있나 보구나 싶었지. 굉장히 고풍스럽게 생긴 아파트라 생각했지.

"2층까지만 있는 아파트는 처음 보네. 너희 집은 어디 있어?"

그러고는 곧 내 귀를 의심하게 되었어.

"그거 다 우리 집인데?"

그러더라고. 으응? 뭐라구?

"왓 더 쉿(What the shit!)! 다? 리얼리? 진짜, 이거 다?"

"응!"

그래, 알렉스 스튜어트는 영국 옥스포드 유지의 딸이었던 게야. 집이 무슨 궁전이더라고! 화장실만 일곱 개라 그랬나, 뭐랬나?

고졸 백수야, 참 사람이 간사한 게 말이야, 알렉스의 땀내가 갑자기 샤넬 넘버 파이브의 향기로 바뀌더라. 알렉스! 너, 너란 여자! 손톱에 낀 검은 때마저도 사랑할 수 있을 것 같아. 진실한 사랑이란…… 원래 그런 거잖아. 내가 무슨 말 하는 건지, 고졸 백수 넌 잘 알지?

그런데 집이 그렇게 화려한 것치고는 그녀가 이렇게 작은 스튜디오에서 사는 게 이상하잖아? 그래서 그녀에게 물어본 거야. 이런 부잣집 따님이 왜 이렇게 작은 원룸에서 살고 있냐고 말이야.

알렉스의 대답은 시원시원했어.

"이제 10대가 아니라 성인이니깐 부모로부터 독립하는 게 당연한 거지. 언제까지 부모에게 손을 벌려야 해? 너희 나라에서는 20대가 되어서도 부모의 도움을 받는 거야?"

집도 돈도 부모의 것이고 자기 자신도 성인인 만큼 생활비 정도는 스스로 벌어 쓴다고 하더라고. 새벽에 인근 허브농장에서 허브 따는 알바를 잠시 하고 오는데 시간이 늦을 땐 미처 샤워를 못 하고 땀 흘린 상태로 학교에 가느라 손톱에 흙이 끼고 좀 그랬다고 하더라.

고졸 백수야, 알렉스가 말하던 그때! 나 완전…… 뭐랄까? 손흥민이 찬 프리킥에 머리를 강타당한 느낌이었어! 그러고 보니 말이야. 영국, 미국, 호주, 일본 같은 선진국 출신 학생들은 부모에게 재정적인 도움을 받기보다는 주말 알바로 생활비 정도는 스스로 벌더라.

그런데 인도네시아 친구, 베트남 친구, 그리고 나랑 '본다이비치'

라는 해변에 놀러가 미친 듯이 뛰어다니다 갑자기 입에 게거품을 물고 기절했던(자기 나라에는 바다가 없어서 바닷물이 짠지 모르고 벌컥벌컥 마셨다고 했다) 몽고 친구 헤이 등 나를 포함한 가난한 나라 출신들은 (1998년 당시 한국은 개발도상국이었고 IMF 외환위기 상황이어서 특히 힘들었다) 다들 놀면서 용돈이 떨어지면 바로 집으로 전화했지.

"엄마!"

그러면 각국의 엄마들은 그 엄마 소리가 무엇을 의미하는지 기가 막히게 알아차리고는 바로 돈을 쏴주는 게 일상이었지. 그때, 이게 바로 선진국과 후진국의 차이라는 것을 느꼈어. 나는 알렉스의 말을 듣고는 얼굴이 화끈하게 달아올라 누런 와플에 빨간 딸기 시럽을 흠뻑 뿌린 모습이 돼버린 거야. 이 친구들은 다들 자기 나라에서 장군 아들, 중견기업 사장 아들이었거든. 기억이 가물가물하긴 한데 눈 옆에 몽고반점이 있었던 인도네시아 친구는 집 근처에서 군중들이 시위하고 있을 때 자기 아빠가 헬기를 보내주었다나 뭐라나.

난 아무것도 없는 놈이 집에 전화해서 "엄마!" 그러면 그 구슬픈 음색만 듣고도 우리 어무이는 "와? 용돈 떨어졌나? 우리 아들 거기서 기죽지 말고 지내그래이" 이렇게 말씀하시면서 돈을 부쳐주시곤 했지. 고졸 백수야! 나 좀 못났제? 내 같은 놈이 많으니까 우리나라가 가난을 면치 못하는구나 싶더라고. 스물넷의 바이런베이는 정신머리가 없었어. 애초부터!

그러고는 그다음 날 자고 일어났는데, 또 정신 못 차리고 늦잠 자는 나 자신을 보았어. 화장실에 세수하러 갔다가 거울에 비친 내 모습을 보니 콧등에는 눈곱이 붙어 있고 입가에는 침이 하얗게 말라 있는 게 짜증이 쓰나미처럼 확 밀려오더라.

"마! 니 자러 왔나! 너거 엄니는 대출이자 갚는다고 고생하고 있는데 니는 비싼 돈 내고 처자러 왔냐고!"

거울 속에 비친 못난 나를 꾸짖어댔지. 그러고는 다시는 같은 일을 반복하지 않겠다고 다짐했어. 아침엔 억지로라도 일찍 일어날 수 있는 계기가 필요했지. 그때 새벽 알바 하던 알렉스 생각이 났어. 그날 이후 나는 새벽마다 알렉스랑 같이 허브를 따고 학교까지 뛰어갔어. 방학 전까지 아침 알바 일을 열심히 했지. 알렉스랑은 어떻게 되었냐고? 그렇게 같이 허브나 뜯는 '저스트 프렌드'가 되었지, 개뿔!

얼마 뒤 나는 집에 당당하게 전화했지.

"엄니—"

"와? 벌써 돈 떨어졌나!"

"헛! 엄니 아들을 뭐로 보시고! 으흠! 이제부터는 마! 엄니! 마, 돈 부치지 않으셔도 됩니더!"

"뭐라카노? 니 장학생 된나?"

"뭐, 그거랑 비슷합니더! 이제 마, 다리 쭉 피고 주무씨소!"

그러고서 맞이한 첫 여름방학. 동양에서 온 친구들은 보통 고향 친구와 가족을 만나러 자기 나라로 돌아가지. 화장품 냄새나는 풀떼기인 고수 나물은 베트남 현지산으로 먹어야 베트남의 진정한 맛과 정기를 얻는다나 뭐라나! 유럽 애들과 미국, 캐나다 애들은 다들 서핑하러 호주 동부 해안 도시로 달려가지. 그런데 난 좀 더 멋진 여름 방학 계획을 가지고 있었어.

뉴질랜드서 온 '체이'라는 베프가 한 명 있는데 이놈은 등에 커다란 몽고반점이 있었어. (내 주위에 몽고반점 귀신이 들렸나?) 자꾸 웃통 벗고 다녀서 옷 좀 입고 다니라고 말하면 말이야, "쏘 핫(So hot)! 써커(Sucker)!" 이렇게 염병을 해대는 기라.

아침 7시부터 체이랑 고급빌라 내부 공사하는 일을 오후 3시 반까지 했어. 그리고 집에 가서 씻고 오후 5시부터 11시까지 호텔 주방으로 가서 주방보조 일을 했지. 이걸 월요일부터 금요일까지 주 5일 근무를 했었는데, 금요일은 주방보조 일을 끝내고 나면 집으로 바로 가지 않고 시외버스 타고 이동해서 무슨 농장 같은 곳으로 갔어. 거기서 새벽 2시부터 채소 박스를 나르고 정리하는 일을 했지. 정리가 다 끝나는 아침 6시부터는 새벽시장이 열리는데, 그 채소를 6시간 동안 시장에 물건 사러 온 사람들에게 판매했지. 그래! 금요일은 무시무시한 쓰리잡이 날 기다리고 있었던 거지.

금요일은 좀 힘들었어. 아침 6시에 일어나 꼬박 서른 시간 동안 일을 해야 하니깐 말이야. 그래도 자랑스러운 대한민국 육군을 제대한 지 얼마 안 되니 아직 살아 있는 군인 정신 발휘는 개뿔! 제대하면서 부대에 두고 왔나 봐. 와— 죽겠더라! 집에 와서 씻고 밥 먹고 잠에 곯아떨어졌다가 일어나면 토요일은 온데간데없이 사라져버리고 일요일이야. 배고파서 밥 먹고 다시 자고 일어나면 월요일 아침 6시 기상 시간이 되어 새로운 한 주가 시작되는 거지.

두 달을 이렇게 했는데 두 번째 금요일이 다가올 땐 진짜 무섭더라. 그래도 시간이 지날수록 몸도 조금씩 적응되어 가더라. 노가다는 3인 1조로 일하는데 (1. 해머로 벽 부수기 2. 부서진 벽돌을 손수레로

실어 나른 후 포대에 담기 3. 빅 캉캉 이용해서 바닥 타일 뜯어내기) 각 단계별로 15분씩 하다가 15분 쉬면서 순환식으로 했지. 점심시간 제하고 8시간 근무하는데 시간당 급여가 1만5천 원이었어. (당시 한국의 최저시급이 3천 원인가 했을 거야.)

호주는 선진국이고 최저시급이 전 세계에서 가장 높았지. 게다가 3D 업종인 이런 일용잡부 일 쪽이 가장 높았지. 요즘 한국의 3D 업무를 하는 해외 근로자들을 생각하면 그게 딱 호주의 내 모습이었을 거야. 30킬로그램이나 되는 해머를 가지고 벽을 두드려 부수는 일을 하고 나면 손가락이 펴지지 않아. 줄다리기하고 나면 손가락이 뻣뻣해지는 느낌 기억나지? 난 노가다 일을 하는 두 달 내내 손가락이 다 펴지지 않았어.

다행히 시간당 8천 원씩 주는 주방보조 일은 칼로 소고기, 돼지고기 써는 일이었어. 동그랗게 해머 손잡이 모양으로 말려 있는 내 손가락이 고기 써는 칼 손잡이에 쏙 들어가더라!

토요일 새벽에 채소 나르는 손수레 손잡이에도 기가 막히게 쏘옥 들어가 맞더라! 그래서 난 일자리에서 잘리지 않고 계속 일할 수 있었어. 토요일 아침 6시엔 매대에서 채소를 판매하는 일을 했어. 손님들에게 호객 행위도 해가며 팔았지. 왜냐하면 많이 팔수록 인센티브가 붙거든! 난 좀 싹싹한 편이라 손님들이 오면 미리 준비해둔 채소 요리법, 싱싱한 꽈리고추 고르는 법, 맛있고 신선한 야채 고르는 법 등을 안내해주며 장사를 했지. 내가 항상 매출액 1위를 찍었어. 아시아에서 온 젊은 청년이 열심히 사는 모습이 그들의 푸른 눈에는 대견해보였나 봐. 난 내 말발이 잘 먹히는구나 싶었는데, 뭐랄까 살짝 측은한 눈빛으로 힘들어도 잘 이겨내라며 내 구부러진 손가락을 보고 격려를 해주더라고. (아마도 나를 장애인으로 생각했던 듯해.) 그때부터 난 손가락을 좀 더 웅크리고 열심히 일했어!

토요일 새벽 근무를 하다 보니 근무 외 시간 수당 그리고 야간 수당(당시 한국엔 이런 제도가 없었고 이건 정말 신세계였어) 거기에 판매 인센티브까지 엄청난 돈을 벌었어. 정말 눈을 휘둥그레지게 만드는 액수였어! 개발도상국 대한민국에서 건너온, 이 촌뜨기 청년이 하루 만에 얼마를 벌었냐고? 새벽이슬 맞으며 10시간 동안 일해서 번 돈이 자그마치 120만 원이었어! 내 판매 인센티브가 엄청났던 거야!

인테리어 공사업무 60만 원, 주방보조 25만 원, 금요일 야간작업 120만 원. 주당 205만 원, 그렇게 여름방학 10주를 뛰니깐 대략 2천만 원이 모인 거야! 와! 내 평생 만져본 적 없는 마법 같은 숫자의 돈이었어. 그 돈이 들어 있는 커먼웰스은행 계좌를 몇 시간 동안 쳐다보며 혼자 웃고 그랬지. 불과 얼마 전까지 비슷하게 일하고도 월급이 고작 1만2천 원이었던 군대 시절과 비교하니까 어마무시 슈퍼 울트라 대박이었던 게야.

고졸 백수야, 상상해봐라. 외국에서 젊은 놈이 갑자기 큰돈을 벌면 뭘 할까? 당연히 카지노! 개뿔! 도박은 노 노 노! 우리 할아버지가 말이다, 노름으로 땅문서를 날리셨어. 아버지가 첫째 아들이라고 해서 받은 방앗간인데, 그 문서를 노름판에 가지고 가셨던 거야. (옛날엔 방앗간 집이 그 동네 최고 부자였어. 우리 엄니가 우리 아버지 머리 커서 공부 잘하게 보이는 거랑 방앗간 보고 넘어갔다 아이가!) 그래서 아버지

형제들은 명절에 모여도 절대 화투, 포커 이런 거 안 꺼내신다. 그냥 윷놀이만 해. 내기도 없이. 이마에 꿀밤 때리기 하며 노시는 게 귀여워 보였어.

난 그 땀 흘려 번 돈을 들고 부동산에 갔어. 그러고는 창밖에 오페라하우스(조개껍데기 뒤집어놓은 것 같은, 시드니의 랜드마크 알제?)가 보이는 방 네 개짜리 빌라를 장기 임대했어. 빌라 내부 인테리어는 내가 직접 꾸몄어. 내가 인테리어 공사 알바한 곳이 시드니의 최고급 빌라였거든. 거기서 고급 조명, 남는 장식 이런 것들을 들고 와서 장기로 임대한 빌라를 꾸민 거야. 전선 연결해서 센서 등 달아주고 벽에는 간접조명을 설치해서 빌라 내부 분위기를 은은하게 만들었어. 그리고 일간지에 셰어하우스 공고를 내서 공동 이용을 원하는 사람들을 모집했지. 서울 여자, 경주 여자, 체코 남자, 뉴질랜드 남자 그리고 나를 포함 다섯 명이 이 집에서 살았던 거야. 아랫집 시세보다 비싼 임대료를 받았어. 왜 그랬을까? 백수야, 한번 맞춰봐.

물론 예쁘게 꾸며둔 것도 있지만, 이건 그저 세입자를 좀 더 빨리 받을 수 있는 조건 정도일 뿐이야. 가장 중요한 사실은 바로 전망, 그래 뷰! 내가 앞에서 말했지? 오페라하우스가 내다보이는 빌라였다고. 오페라하우스는 시드니의 명물이지. 처음 부동산에서 보여줄 때 들으니 2층과 5층의 임대료 차이가 주당 200달러 나더라. 당시 우리나라에는 전망이라는 개념이 거의 없을 때여서 나도 처음에는 이해가 안 되었지. 2층은 오페라하우스가 보이지 않아서 과감히 200달러를 더 내고 5층으로 잡았던 거야. 뷰가 좋으니 셰어하우스 1인당 100달러씩 더 받을 수 있겠다고 판단하고 베팅한 거였지. 게다가 빌라 내부를 조명발 팍팍 받을 수 있게 꾸며놨으니 나의 셰어하우스는 금방 세입자가 들어찼어. 나는 주당 200달러를 추가로 투자해서 임대료 인상분 200달러를 더 벌었지.

내 나이 스물넷에 부동산 전망의 중요성과 돈의 가치를 깨달았어. 나중에 내가 한국에 돌아왔을 때 전망보다는 남향인지 아닌지가 아파트 가격을 결정하고 있었는데, 이걸 잘 이용해서 시세차익에 도움이 되었지.

방은 4개인데 사람은 왜 다섯이냐고? 날카로운 질문이네! 방 4개를 세입자들에게 주고 나는 거실에서 파티션 쳐놓고 살았어. 조금 고생하면 숙박비 해결 정도가 아니라 수익사업이 되니 마다할 이유가 없었어. 돈이 없어서 누군가의 집에 얹혀사는 거라면 서글플 수도 있겠지. 그러나 난 어엿한 집주인이라서 당당하니까 부끄러워할 이유도 없었지. 스물넷에 난 이미 셰어하우스가 돈 되는 사업임을 깨달은 거야. 이런 식으로 빌라 세 개 정도만 돌리면 호주에서 평생을 최소한의 일만 하면서 살 수도 있겠더라고.

가끔 갑자기 방이 빠지고 다음 임차인이 들어오기 전까지 공실이 발생하면 후딱 광고를 내서 단기 방문객을 받았어. 스물넷에 난 이미 에어비앤비 개념까지 깨달았던 거지.

내가 알바를 하던 호텔 주방의 수석 셰프 부인이 한국인이었는데 하필 대구 사람이었지 뭐냐. 원래 호텔은 남은 음식을 외부로 반출하지 않고 다 버려. 식품위생 및 안전상의 이유로 말이야. 근데 대구 누나를 잘 설득해서, 내가 남은 음식을 집에 가져가서 이틀 정도 먹을 수 있도록 셰프가 허락해주셨어. 이걸로 뭐 했냐고? 한국 여자애

두 명한테 음식을 나눠주고 대신 임대료에 하숙비를 추가로 받았어. 스물넷에 나는 이미 로비 방법도 터득했던 거야.

졸업 후 한국으로 귀국하기 전에 나는 호주, 그 드넓은 땅을 한 바퀴 돌면서 구석구석 여행을 했어. 가슴을 뻥 뚫어놓을 만큼 아주 멋진 바닷가에서 그동안 열심히 살아온 나에게 잘 버텨냈고 잘 살았다고 스스로 칭찬해줬어. 그날따라 바다와 파도와 구름이 어찌나 아름답던지……. 고졸 백수, 너도 언젠가 돈 벌면 구경가 봐라.

나 스물넷! 너 스물넷! 인생 뭐 겁날 것이 있으랴! 이 나이는 두려워할 나이가 아니라 그냥 뭐든 부딪쳐보는 나이 아니겠냐? 그때 나는 쓰리잡 뛰고 고생 좀 하고 나니 사회 나올 때 겁이 안 나더라. 이것저것 해보고 안 되면 또 다시 쓰리잡 뛰면 되거든! 우린 마! 그냥 뛰면 되는 나이인 기라! 고졸 백수야! 쫄지 마라! 알겠지?

나 말이야. 네이버 쪽지는 안 읽는데 혹시 너에게는 딱 한 번 오지랖 떨어야겠다. 네가 '보고 싶다 친구야'라고 쪽지에 적어주면 내가 너 있는 곳으로 달려가서 다른 건 없고 소주나 한 잔 사줄게.

추신. 아! 내가 가보라는 바닷가 이름 얘기 안 해줬나? 호주 동부 해안에 있는 바이런베이다. BYRONBAY! 알겠제! 기억해래이!

제1장

마인드셋

부자가 되기로
마음먹자

억대 스포츠카 몰던 젊은 그들은
지금 어디 있나

사촌이 땅 사면 배가 아프다고 했다. 그래서 잘나가면 처음에는 사람들의 부러움과 찬사를 받다가 필시 질투와 시기의 대상이 되고 만다. 나는 이 사회에서 살아남는 방법으로 최대한 숨기고 사는 것을 택했다. 그러나 세상에는 이와는 정반대의 삶을 사는 사람도 많다. 그들은 너무나도 화려하다.

"나 월 천만 원은 벌지!(유튜브에서 가장 핫한 키워드다.)"

"고급 스포츠카 몰지!(리스 차 몰면서 꼭 경비처리 머시기 그런다.)"

"한강 뷰 럭셔리 아파트에 살지!(월세면서 꼭 경비처리 머시기 그런다.)"

이들의 이야기를 들을 때면 재밌다가도 끝엔 언제나 씁쓸하다. 유튜브에서 보건 실제 만나서 이야기를 나누건 똑같다. 그럴 때 집에 누워 있노라면 잠이 안 오는 거다.

"난 그동안 도대체 뭘 하고 산 거야!"

"난 왜 그걸 안 해봤을까!"

"나보다 못했던 놈이 왜 그렇게 성공한 거야!"

그렇게 눈에 보이는 화려함에 속아서는 안 된다. 화려함 뒤에 숨어 있는 비하인드 스토리를 까발려보도록 하겠다. 너무나 많은 사례의 치열한 경쟁을 뚫고 톱 3인방이 뽑혔다. 내가 몸담고 있는 여러 분야 중 교육서비스, 부동산, 출판에는 비교적 사례가 적지만 외식, 주식, 온라인 쇼핑몰에는 정말 많다. 온라인 도박, 오프라인 도박, 고금리 사채는 바로 그 자체다.

눈에 보이는 것이 가장 속기 쉬운 것

A는 외식업 창업 이후, 소위 말하는 '오픈빨'과 '바이럴마케팅빨'이 터지면서 손님들이 가게 앞에 줄지어 서 있으니 이 사업의 성공 가도를 평생 달릴 것 같은 마음이 들었다. 머릿속에는 이미 프랜차이즈 가맹점 100개는 열었고 자신이 제2의 백종원이 될 것이라 생각했다.

가게가 순수익을 월 천만 원씩 찍어대니 곧 부자 대열에 낄 수 있을 것이라 생각하며 행복한 상상에 젖었다. 그러고는 부자 대열에 합류하려면 자기도 그만한 수준이 되어야 한다고 생각해 미래의 수익을 좀 앞당겨서 소비하기로 했다. 옷, 구두, 지갑, 가방에서 시작해서 리스 외제차로 가는 일방통행로에 올랐다. 다른 길은 없다. 안방 장롱 안에 늘어선 명품 옷만 해도 얼추 1억 원어치라니 말 다했다.

'오픈빨'이 떨어지자 가게 매출이 점점 하락하고 연 2회 부가세 신고하니 주머니에 구멍이 난 듯한 느낌이 들기 시작했다. 그리고 이듬해 종합소득세 신고하고 퇴직한 직원들의 퇴직금을 정산해주다

보니 어느새 잔고가 거덜 난 '개털'이 되었다. 그러나 한번 잡아놓은 씀씀이는 늘리기는 쉬워도 줄이기는 어렵다. 어느 순간 집에 돈을 한 푼도 못 가져가게 되었다. 그래도 명품점에서 신상품이 나왔다는 연락이 오면 신용카드 챙겨서 달려간다. 계절별로 한두 벌은 사야 한다면서 카드를 긁어댄다. 주말에는 한 번씩 5성급 호텔에서 자야 정신이 맑아진단다.

그러고는 나에게 돈을 빌려가기 시작했다. 핑계는 다양했다. 큰아 버지 칠순인데 집안의 장남인 자기가 해외여행 상품권은 끊어줘야 되지 않겠냐면서 5백만 원을 빌려갔다. 스트레스 풀려면 태국 본토 에서 마사지를 받아야 낫는다나? 그러면서 3백만 원을 빌려갔다.

어느 날은 골프 모임에 찬조금을 내야 한다면서 또 3백만 원을 빌려갔다. 집에 생활비 못 준 지 반년이 넘었지만 찬조금은 내야 체 면이 산다나? 그러면서 일갈 날리신다.

"돈 있다고 자랑하던 것들이 찬조금 내라니깐 다들 안 내고 잠잠 하네요. 까보면 다들 별 게 없어요."

그래, 돈 빌려서 찬조금 낸 니가 위너다.

사회인 야구 동호회의 B 이야기다. 사회인 야구 동호회 활동하는 사람들 중에는 농땡이들이 많다. 특히 상위 리그의 야구팀으로 가면 다들 한 덩치하고 원래 타고난 운동 실력이 있어야 하기 때문에 싸 움꾼이나 건달이 많다. 우리 팀 동생 중에도 그런 놈이 하나 있었는 데, 어느 날 갑자기 팀 경기에 나오지 않았다. 그러고는 6개월 지나 다시 경기장에 불쑥 나타났다. 그동안 왜 연락도 없었느냐고 물으니 아무렇지 않게 대답하는 거다.

"별일은 아니고 작은 사고 하나로 경찰서 심문 받으러 갔다가 바로 구속영장이 떨어져서 6개월 감방 살다가 나왔어요."

2억 원이 넘는 '벤츠 지바겐 63amg' 차량을 몰고 다니면서 자신의 부를 뽐냈고 주위 지인들에게 자신의 전성기 시절 월 1억 원 이상의 수익을 벌어들였다고 떠벌리고 다녔다. 그런데 여자 친구의 방두 개짜리 빌라에 같이 살다가 그녀와 헤어지고 나서는 잘 곳이 마땅치 않았다는 거다. 이리저리 알아보다가 한 지인의 20평 아파트 방 한 칸을 얻어 살고 있는데, 월세는 일주일에 한 번 그의 빛나는 '지바겐 63amg'를 집주인 혼자 몰게 해주는 것이라나? '차테크'를 아주 멋들어지게 하는 놈이었다.

도시의 하이에나들이 살아가는 방식

야구 동호회 C는 벤츠 중에서도 초고가 스포츠카를 몰던 놈이다. 매번 자기에게 투자하면 반년 만에 원금만큼의 이자수익 배당을 약속하는 놈이었다. 나는 원래 10퍼센트 이상의 이자를 준다는 모든 제의는 사기로 본다.

아니나 다를까, C에게 돈을 맡긴 지인들 중에 이자 지급이 밀린다는 사람이 생기기 시작했다. C가 주로 하는 것은 고급 시계, 고급 외제차를 보여주고는 자기를 믿고 자신의 사업에 현금을 투자하라는 방식이었다. '주식 리딩방'에서도 '유튜브'에서도 많이 보이는 그런 종족이다. 잘 알지 않는가? 눈을 사로잡는 럭셔리한 무언가를 떠우고 뭘 파는 족속들 말이다.

그 투자는 주로 술집 여성에게 돈을 빌려주는 고금리 사채다. 그런데 액수가 3~5백만 원인 걸 듣고는 놀랐다. 어라? 월 천만 원 넘게 버는 사람들이 겨우 그만한 돈을? 그게 이런 원리다. 아무리 수입이 많아도 지출이 더 많으면 적자. 간단한가? 그런데 이 원리뿐이다. 이 여성들은 몸과 웃음을 팔아 월 천만 원을 벌어도 월 천이백만 원을 쓴다. 당신의 상식과 달라서 사뭇 이해하기 어려울지 모르겠다. 유유상종이라 당신에겐 그런 종족이 안 보이는 거다. 마치 정어리 떼에 상어가 함께할 수 없는 것처럼.

그런데 이 종족은 남자건 여자건 겁나게 서로 까댄다. 자기보다 아래로 보이고 뭔가 없어 보인다 싶으면 죽일 듯이 까댄다. 반면 자기보다 있어 보이면 하나라도 더 뜯어내려고 달려든다. 나는 이들을 '도시 하이에나들'이라 부른다. 사채 쓰다가 못 갚으면 몸으로 갚기도 하고, 살 섞다가 서로 정분나서 결혼하기도 한다. 이들은 서로에게 돈이 없어 보이면 까고 까이기 때문에 타인의 눈에 띄는 곳들을 열심히 치장하는 데 돈을 허비하며 살아간다.

번 돈의 대부분을 남자는 차량 리스, 호텔 사우나, 단란주점에 쓴다. 여자는 차량 리스, 명품 가방 할부금, 네일숍, 헤어숍, 명품 옷에 쓴다. 특히 여자는 호스트바에 빠지면 월 몇 백만 원은 그냥 날아가기도 한다. 그렇게 펑펑 쓰다가 '그깟 돈 3백만 원'을 못 갚아서 도망 다니는 거다.

그런데 C가 유흥업계 여자들에게 연대보증을 걸어놓았다가 한 여자가 금전문제로 극단적인 선택을 하면서 C도 경찰 조사를 받게 되었다. 그때 불법 대출과 불법 채무관계가 드러난 것이다. 그 와중에 여성들은 다들 돈 빌린 적이 없다고 잡아떼면서 그런 고금리 사채는 불법 아니냐고 적반하장이더란다. 역시 쓰레기 무리는 언제든 '뒤통수'라는 지조를 꿋꿋이 지켜나간다. 하정우 주연의 〈비스티보이즈〉라는 영화가 있다. 이쪽 바닥의 리얼리티라 보면 된다. 비열한 하이에나 종족들이 사는 세계를 잘 보여주고 있다.

결국 가진 돈은 탈탈 털리고 함께 '사채놀이'하던 동업자는 갑자기 실종되었다. 그 말은, C는 독박신세가 되었다는 뜻이다. 사채시장이 실종의 반은 타살, 반은 중국 혹은 필리핀 도피로 보는 비열한 세계 아니던가. 독박신세가 된 C는 경찰 조사를 받고 대부업 법령에 의거 형사처벌을 받았다. 거기에 복잡한 채무관계로 인한 독촉을 끊임없이 받게 되었다. 직장에서도 해고되었다. 아내는 이혼을 요구했다. 월세까지 밀리면서 살던 집에서도 쫓겨났다.

어느 날 그가 나를 찾아와 이런 사실을 털어놓고 제발 좀 살려달라고 애걸했다. 곧 억대의 판결배상금이 보상금으로 나오니 갚겠다면서 잠시 동안의 생활비 천만 원, 홀어머니 모시고 살 사글셋방 보증금 천만 원, 생계를 위해 퀵 배달할 때 필요한 오토바이 구매비용 천오백만 원 등을 늘어놓으며 1억 원을 나에게서 뜯어갔다.

이 소식에 C 주위의 하이에나 친구들인 딩고, 코요테, 들개 무리가 내 주위를 한동안 맴돌았다. 먹음직스러운 아기 멧돼지 한 마리가 드러누워 있는데 그냥 지나칠 리가 있겠는가? 그러고는 파산신고 없이 열심히 돈 벌어 갚겠다는 말을 뒤로하고 법원으로부터 파산신고 판결을 받은 후 유유히 사라졌다.

그래도 나는 C를 미워하진 않는다. 가끔 전화통화도 하고 내 사업장 배선함 수리도 해주러 오곤 한다. 조폭들이 빌려준 천오백만 원 때문에 목숨까지 위험한 상황에 내가 한 방에 그들 계좌로 돈을 쏴준 적이 있다. 그게 자신에게 가장 고마운 일이었다고 한다. 그래서 나는 빌려준 1억 원 중 5천만 원은 돌려받았다. 나만 일부라도 받았으니 횡재 아닌가! 이후로 그에게서 연락이 오면 "이 새퀴야! 돈 갚는다 말할 거 아니면 전화하지 마라! 정든다!" 하고 만다.

말은 그렇게 해도 나는 그의 재기를 누구보다 간절히 기도하고 있다. 그 당시 숨통이 막히는 상황, 즉 경찰 조사, 검찰 조사, 동업자 실종사건 관련 재판, 조폭들의 협박, 지인들과 기타 채무자의 빚 독촉, 가정 파탄 등 나락으로 떨어진 상태에서 극단적인 생각까지 하던 놈이다. 난 그 5천만 원으로 사람 목숨 하나 살린 셈 친다.

멀리서 보면 희극, 가까이서 보면 비극

그때 왜 나의 측은지심이 발동했을까? 평소 살아왔던 방식대로 단지 남의 일이라고 생각하고 그냥 지나치면 될 일을? 어휴…… 바로 그날이었다. 대구 시지라는 지역에서의 우연한 만남이었다. 식당에서 가족과 식사를 마치고 나가는 길에 들어오는 C와 그의 딸을 본 거다. 내가 그의 딸을 본 게 실수라면 실수였다. 그의 딸이 당시 내 딸과 또래였다. 그가 죽으면 저 딸은 어쩌란 말인가? 그 아이는 자신에게 닥칠 불행한 미래를 그저 받아들일 수밖에 없는 건가?

퀵 배송한다며 샀던 오토바이는 몇 번 나에게 보여주고는 허리 아파 도저히 못 하겠다는 핑계로 다시 팔아 돈 마련한 거 보면 C는 진정 잔머리 하나는 좋은 놈이었다. 그가 내 돈도 떼먹겠다고 생각했던 그 시기에 내가 그를 호출했다. 몇 번 도망 다니다가 더 이상 버티기가 힘들었는지 그날은 봉투 하나를 들고 나타났다. 봉투 안에는 신분증 사본, 주민등록등본, 그리고 자신이 돈을 얼마 빌렸고 갚겠다는 채무확약서 등이 들어 있었다. 사기죄로 경찰서에 신고할 때 이런 자료들이 있으면 빠르게 처리된다.

"머꼬? 이기 머꼬, 이놈아!"

"행님— 미안합니더. 그냥 저를 신고해주이소! 감방 가서 돈 문제가 해결된다면 이렇게라도 하고 싶습니더."

"머라카노? 이 새퀴가 니 돌았나! 혼자 사는 엄니 그리고 니 혼자 키우는 딸을 놔두고, 니 혼자 뜨신 밥 먹으러 감방 들어간다고? 개수작 부리지 마라! 내가 안 할 거라는 거 뻔히 알면서 수 쓰는 거 봐라 이놈!"

"아임니더 행님! 다른 사람 돈은 몰라도 행님 돈은 우짜는동 최대한 갚아볼라 했는데 반밖에 못 갚았네예."

"내가 유일하게 반이라도 받았다 아이가! 그것도 조른 적도 없는데! 억 단위의 돈을 빌려주고 못 받은 신 사장, 복사기 김 과장, 그리고 신문사 김 씨는 한 푼도 받지 못했다 아이가!"

"제가 조폭에게 쫓기는 거 보고 그날 한 방에 천오백만 원 날려주는 행님 보면서, 그날 제가 마이 울었잖아요. 행님 사무실에서요. 그래서 행님 돈만큼은 반드시 다 갚아야겠다고 그렇게 마음먹었는데…… 미안합니더 행님!"

"고마해라! 그 말 들으러 온 거 아이다. 그냥 이거 주러 왔다."

나는 C에게 봉투 하나를 건넸다.

"예? 이게 뭡니까 행님?"

"곧 크리스마스 아이가? 니는 돈도 없는데 너거 딸은 산타할배 선물 기다리고 있을 거 아이가? 너거 딸한테 선물 뭐 하나 사주라꼬! 그라고 니 땜에 고생 많으신 엄니 모시고 고깃집 가서 맛난 거 좀 대접해줘라."

"아이고 행님! 무슨 소립니꺼!"

봉투 안에는 백만 원이 들어 있었다.

"행님! 행님! 이거 뭐 이리 큰돈입니꺼! 안 받을랍니다."

또 이 새퀴가 눈물을 글썽거리기 시작했다.

"니 이뻐서 주는 거 아이다. 너거 딸 선물 사주라고 주는 기다."

"아이고! 행님…… 감사합니다! 그라마 제가 딱 반만 받을게요. 오십만 원은 도로 가져가십쇼 행님."

그가 봉투에서 돈을 꺼내 세려고 했다.

"문디 지럴한다. 니는 항상 뭐, 반만 줄라카노! 문디 자슥아! 낸중에 니 돈 마이 벌어가 다 갚으라, 이 새퀴야!"

C는 나에게 큰 교훈을 주었다. 함부로 어려운 사람에게 접근하지 말라는. 필시 같이 어려워진다고. 그래서 현실 사회에서는 최대한 새로운 사람과 만나지 않으려고 한다. 빌어먹을 측은지심으로 나 자신의 명이 단축될 거 같아서. 게다가 이거 뭐 돌아보면 힘들지 않은 사람도 없다. 희극배우 찰리 채플린 말이 맞다. 멀리서 보면 희극이

지만 가까이서 보면 비극인 게 우리 삶이다.

부유한 사람일수록 치장이 수수한 이유

인스타그램 사진 속의 삶과 정반대의 삶이 현실에 있다. 비참한 현실을 부정하고 싶어서 가상의 세계 사진들을 올려서라도 위로를 찾고자 하는 마음 아니겠는가. 나이 마흔 중반쯤 되고 나처럼 다양한 사람들을 만나는 사회생활을 하게 되면 대충 이야기해봐도 그 사람의 인성이 한눈에 보인다. 그 사람의 옷, 신발, 시계, 가방 등이 허세인지 아닌지. 그들의 주인은 이렇게 말한다.

"나 가난하지 않아! 가난하지 않다고!"

반면 내가 만나는 부자들은 그런 겉치장에 대한 관심이 전혀 없다. 사회 어디서건 이미 그들의 존재감에 대해서 인정을 받고 있어서다. 오히려 과하게 행동하다가는 시기, 질투를 받을 수 있다는 걸 알기에 언제나 말과 행동에 조심스러움이 느껴진다.

페라리 차량 두 대, 럭셔리 요트 한 척, 경주용 바이크 네 대를 소유한 지인도 한 번씩 나를 그의 차량에 태우고 드라이브할 때는 사람들이 없는 곳으로 간다. 부러움과 찬사가 언제든 시기와 질투로 바뀔 수 있음을 너무나도 잘 알기에 매사 조심스럽게 움직인다. 내가 아는 부자들은 그렇다.

한편 20대에 사채, 도박, 투자 대박 등의 운 좋은 성공을 경험하여 큰돈을 만지는 사람들은 언제나 보여주기를 원한다. "봤지? 난 더 이상 너희들이 알던 찌질이가 아냐! 너희가 무시했던 내가 더 이상은 아니라고!"라고 말하는 것처럼.

누군가 해외여행 사진을 보여주어도, 고급 외제차를 타고 있는 사진을 보여주어도, 수천만 원대 시계를 차고 있는 사진을 보여주어도, 에르메스 가방을 들고 있는 사진을 보여주어도 나는 전혀 부럽지 않다. 과시하려 할수록 그들의 숨겨진 삶이 어떠한지 눈에 선하기 때문이다. 유튜브에 종종 등장하는 자수성가 재벌들도 전혀 부럽지 않다. 그들은 한강 뷰의 럭셔리 아파트와 고급 외제차를 통해 장사하려는 사람들의 전형적인 모습이다. 그들은 그저 자신들의 머리와 사람들의 심리를 잘 이용할 뿐이며 그것을 사업 수단으로 활용하기 위한 투자에 능한 것뿐이다.

월세 8천만 원짜리 대형 병원의 대표라는 사람도 있다. 고급 외제차 20대를 소유하고 있고 롯데 시그니처 레지던스에 거주하며 초럭셔리 라이프를 자랑한다. 그는 블로그 및 유튜브 마케팅에 최적화된 상품을 팔고 있는 것뿐이다. 병원의 경비처리와 극적인 홍보의 최정상 마케팅 능력을 뽐내고 있는 거다. 실제 이 사람의 마케팅 능력은 인정받을 만하다. 그러나 내 눈에는 흡사 비트코인 차트나 테마주 주가차트 같은 아슬아슬한 곡예를 타는 것처럼 보인다.

청담동 월세 8천만 원의 건물에 피부과 병원을 오픈한다고 치자. 월세 8천만 원을 감당하려면 월 매출이 최소 8억 원은 되어야 한다. 월 25일 병원 운영기준 일 3천2백만 원을 벌어야 한다. 보험환자로는 마진이 없고 일평균 50만 원의 시술환자들 64명이 매일 들어와야 한다. 카운슬러가 상담하고 의사들은 시술만 한다고 쳐도, 4명의 의사가 환자 1인당 30분씩 시술하는데(가능할까 싶지만) 8시간 풀타임으로 16명의 환자를 쉬지 않고 시술해야 하는 산술구조다.

대단히 용기 있는 투자다. '모 아니면 도' 전략인데, '모'는 슈퍼리치로의 성장이고, '도'는 대개 좋지 않다. 2019년 대구에서 대형 치과병원 공동대표 중 한 분이 금전문제로 극단적인 선택을 했다. 덜 번다고 극단적인 선택을 하진 않는다. 반면 큰 레버리지의 실패는 끝이 매우 좋지 않다. 개인적으로 이 유튜버는 인성이 매우 좋은 분으로 보인다. 다만 방송에서의 인기가 그를 극한으로 치닫게 하는 모습은 주식 기부왕 박철상 씨를 떠올리게 한다. 주식을 통해 얻은 수익금을 사회에 기부함으로써 언론으로부터 '청년 워런 버핏'이라는 칭호를 받았지만 결국 대부분이 사기로 들통 나면서 2020년 사기죄로 3년 6개월의 징역형 판결을 받았다.

겉으로 보이는 것으로 그 사람을 판단해서는 안 되며 화려한 겉모습에 부러워할 필요도 없다.

지적인 매력이 넘치는 사람일수록 표현이 겸허하며 부와 재력이 넘치는 사람일수록 치장이 수수하다.

억대 스포츠카 몰던 젊은 그들은 지금

20대의 큰 성공은 대부분 단 한 번의 실패로 홀연히 사라진다. 20대 주식부자, 20대 사업성공가로 이름을 날리던 사람들의 훗날이 그러한 경우가 많았다. 십수 년 전 10대 혹은 20대 초반에 데뷔와 함께 큰 성공과 인기 그리고 명예를 얻었던 대박 연예인들이 어렵게 살고 있는 모습을 조명하는 영상들을 볼 수 있다. 빚더미에 힘들어하면서 어렵게 방송생활을 하거나 방송계를 떠나 택배 하차, 식당 설거지를 하는 연예인들도 있다. 이전보다 더 자극적인 것을 갈망하는 팬들의 호기심을 충족시키려 끊임없이 평범한 사람들이 누릴 수 없는 무언가를 보여야 한다는 압박하에 살 수밖에 없었을 것이다. 럭셔리 호텔, 고급 차량, 화려한 액세서리 등에 대한 그들의 씀씀이는 컸을 것이고 수입보다 지출이 많은 삶 속에서 그들의 잔고는 서서히 바닥을 향해 갔을 것이다.

'지금도 잘살고 있구나!'라는 대중의 기대에 부응하려고 잔고 털리고 신용 바닥 드러나는 그 순간까지 불나방처럼 달려들기 때문이다. 미국 연예계와 스포츠계 슈퍼스타들이 천문학적인 수입을 올리며 일반인들이 평생을 펑펑 쓰고도 남을 돈을 가지고도 그들이 30~40대에 파산하는 이유가 바로 여기에 있다.

반면 텔레비전에서 소박한 삶의 모습을 보여주던 연예인들은 지금도 여전히 안정적으로 잘 살아가는 모습을 볼 수 있다. 대기만성으로 뒤늦게 성공한 배우들이나 가수들이 롱런하는 이유는 오랜 무명의 배우 및 가수 시절에 몸에 배인 검소한 삶에서 찾을 수 있을 것이다.

진정한 부자는 부를 드러내는 것을 꺼리는 반면, 없는 사람이 갑자기 큰돈을 가지면 그간의 열등감에 대한 앙갚음으로 허세를 부리는 것이다. 그런 앙갚음의 보여주기식 삶의 끝은 언제나 같다.

내가 명품 소비하는 사람을 비하하는 것처럼 보이는가? 절대 아니다. 명품 소비는 자존감 회복의 한 방법일 수도 있고 삶에 대한 활력소이자 동기부여가 될 수도 있다. 나 역시 호주 유학시절 시드니 마틴 플레이스 인근 아르마니 매장 앞에서 검은색 정장이 입혀진 마네킹을 보고는 내가 그 옷을 입은 모습을 상상하고는 했다. 그 상상 자체만으로도 더 열심히 학업에 정진해서 지식과 지혜를 얻어 성공한 사업가가 되겠다는 동기부여가 되었다.

자기 수준에 맞는 소비는 건강한 소비다. 부자가 지갑을 열어서 페라리를 구매해야 페라리 딜러가 먹고살고, 차량정비 기사가 먹고살고, 차 부품회사가 먹고살고, 레커(견인차량) 회사가 먹고산다. 부자를 보면서 젊은이들은 부자가 되는 꿈을 꿀 수 있고, 궁극적으로 경제가 제대로 돌아간다. 문제는 단순히 다른 사람들의 눈을 의식해 수준에 맞지 않는 과한 소비를 한다는 것이다. 젊은 시절의 과소비가 복리 마법이라는 기회비용을 잃게 만들 수 있다는 것을 상기시켜주고자 한다.

이야기를 다시 처음으로 돌려보자. 2~3억 원대 스포츠카 몰던 젊은 그들은 지금 어디 있는 걸까? 아마도 잘나가던 시절을 회상하면서 화려한 재기를 꿈꾸고 있겠지. 선물옵션 창 켜놓고, 비트코인 창 켜놓고, 그리고 테마주식 창 켜놓고. 그나마 이게 가장 좋은 코스일 것이다. 대개 사기 칠 호구를 찾아 사냥에 나섰거나 혹은 이미 사기 치다 걸려서 감방에 있을 테니까.

사람들을 만나 보면 남루한 옷차림에도 삶의 여유로움이 느껴지는 분들이 있다. 그런 사람들을 부러워하라. 그들이 삶을 대하는 태도를 부러워하고 흉내 내려 애써라. 그들의 절제력을 부러워하고 닮아가려 애써라. 부자의 길은 그들이 먼저 걸어간 발자국을 그대로 따라가기만 하면 된다. 발자국이 길게 이어져 있어도 지치지 마라. 어차피 그들도 그렇게 걸어갔다. 그리고 부자가 되었다. 나 역시 그 발자국을 그대로 따라가려 노력 중이다. 목표지점만 바라보지 않고, 주위의 아름다운 경관도 둘러보면서, 조바심 내지 않고 말이다.

농구 선수 마이클 조던이 우리에게 성공의 비결을 말해주었다.

"한 걸음 한 걸음씩 나아가는 것. 어떤 일을 하든지 목표를 달성하는 데 이보다 뛰어난 방법은 없다."

우리에겐 아직
승부를 뒤집을 수 있는 시간이 있다

야구 이야기가 나왔으니 나의 야구 인생을 짧게 짚고 넘어가자. 야구만큼 내게 강렬한 가르침을 준 것도 없다. 지금으로부터 12년 전, 강의 인기가 연일 상한가를 치면서 은행에 돈이 착착 쌓이는 재미에 푹 빠진 나는 쉴 수가 없었다. 강의하는 만큼 돈이 들어오니 멈출 수가 없었다. 아침 7시에 출근해서 숨 돌릴 틈 없이 일하다 밤 10시에 퇴근하는 일상이 계속되었다. 이대로 몇 년 더 살다간 쓰러져 죽을 수도 있겠다는 생각이 절로 들었다.

그런데 때마침! 수강생 중 한 명이 자신이 활동하는 사회인 야구 동호회에 결원이 생겼으니 용병으로 참여해달라고 부탁해왔다. 한때 야구 선수를 꿈꿀 만큼 좋아했던 야구가 아닌가! 그라운드를 누비며 달린 몇 시간 동안 나는 완전히 열정에 사로잡혔다. 그렇게 나의 사회인 야구 동호회 인생이 시작되었다.

단순히 취미활동 정도로 생각했던 사회인 야구는 생각보다 체계적으로 운영되고 있었다. 대구에만 600개가 넘는 사회인 야구 동호회가 있었고 단장, 감독, 선수들로 15~20명의 제법 구색을 갖춘 아마추어 야구팀으로 활동 중이었다. 한 팀이 1~3개 정도의 다양한 사회인 야구 리그 연합회에 가입하여 프로리그와 유사한 방식으로 페넌트레이스, 상위 4~5개 팀이 참여하는 플레이오프, 그리고 결승전을 치르게 되었다. 리그별로 우승팀상, 감독상, 최우수선수상, 홈런왕, 방어율왕, 타율왕, 타점왕, 다승왕 등 개인 시상을 하고 시상식도 주최하는 등 프로리그를 흉내 내며 나름 그럴싸하게 운영되고 있었다.

선수들은 각자 개인 성적 관리를 위해 야구교실에서 선수 출신 코치에게 일대일 레슨을 받기도 하고, 우승을 노리는 팀은 따로 단체훈련을 받기도 한다. 대구의 경우 삼성라이온즈 출신 프로선수들이나 대학교 야구 선수 출신들이 야구교실을 수십 군데 운영하고 있다. 단순한 취미생활 정도가 아니라 매일 타격 연습, 수비 연습을 통해 개인 실력을 쌓고 있으며, 그들의 열정은 프로야구 선수 못지않다.

나 역시 야구 국가대표 출신 코치에게 일대일 레슨을 받고 삼성라이온즈 출신 코치가 운영하는 야구교실에서 땀 흘리며 훈련을 받았다. 드디어 후보로 뛰는 주전자 담당에서 주전 선수로 선발명단에 이름을 올리게 되었고, 팀원들과 함께 냉정한 승부 세계의 영광과 좌절을 경험하며 또 다른 삶 속으로 발을 들였다.

한 경기 3타석에 삼진 3개와 에러 3개를 당한 날에는 야구를 그만두고 싶기도 했고, 연타석 홈런을 친 날은 다음 경기가 있는 날까지 웃음이 멈추지 않는 시간을 보내기도 했다. 강의실이나 복도에서 혼자 실실 웃어대니 강사들이 로또 당첨이라도 된 거냐고 물어볼 정도였다. 새벽에 경산이라는 대구 위성도시에서 첫 경기를 치르고,

두 번째 경기는 대구 검단동에서, 그리고 마지막 경기는 경북 성주로 이동하여 조명을 켜놓고 야간 경기를 치르기도 했다. 그렇게 고된 일정이어도 힘들지 않았다. 전국 리그에 참가하여 포항으로, 밀양으로 새벽이슬 맞으며 차로 이동할 때는 '내가 이렇게 부지런한 사람이었나?' 하는 생각이 들며 또 다른 나를 발견한 야릇한 감정에 휩싸이기도 했다. 그 당시에는 강의와 돈 버는 일들에 미쳐 살던 시기였다. 몸이 움직이는 만큼 수입이 늘어나는 프리랜서 강사다 보니 일에 미쳐 있었고 반면에 돈이 나오지 않는 일에는 손대는 법이 없었던 나였다. 그래서 돈을 벌지 않아도 무언가 재미난 일이 있다는 것 자체가 신기했다.

유전자의 힘은 실로 대단하다

우리 팀의 진짜 '야구쟁이'는 입회하면서 연습하던 첫 경기 첫 타석부터 홈런으로 신고식을 했던 A다. 그는 고등학교 시절에 유도선수로 활약했었다. 공 던지기건 타격이건 달리기건 간에 기초체력이 일반 선수들보다 월등한 조건이었다. 게다가 워낙에 성실한 친구라서 개인 훈련이건 단체 훈련이건 게을리하는 법이 없다. A가 야구를 유년시절부터 체계적으로 배웠다면 삼성라이온즈 같은 프로팀의 1군 선수가 되었을 거라 주위 사람들이 입을 모으는 대단한 실력의 소유자다. 실제 야구부가 있는 중학교를 나와서(구자욱, 박석민이 A 후배다) 야구 선수 친구를 여럿 둔 나도 동의하는 바다.

A의 '절친'은 같은 팀에서 뛰고 있는 B다. A와 같은 시기에 야구를 시작했지만 훨씬 덩치가 크고 힘이 장사였다. 그러나 공에 대한 반응이 느리고, 내야 수비에서는 알까기, 외야 수비에서는 만세, 타석에서는 3연속 삼진을 기록하면서 일명 사회인 야구의 트리플 크라운을 달성한 평범한 야구 선수였다.

그렇다고 B가 열심히 훈련을 하지 않았던 것도 아니다. 개인 레슨과 훈련으로 돈을 쏟아부은 것만 기천만 원은 될 거다. B의 목표는 야구센스가 넘치는 A의 아성을 넘어서는 것이고 그 목표는 10년이 지난 지금까지도 달성되지 못했다.

유도선수 경력의 아버지를 둔 A와 시골에서 농사짓는 아버지를 둔 B는 그렇게 야구에 미친 마니아였지만 그들이 받은 유전자가 달랐기에 받은 상도 달랐다. 언제나 '최우수투수상', '최우수타자상', 'MVP상'은 A의 몫이었고, 위로의 '술상'은 B의 몫이었다.

공부건 운동이건 예술이건 열심히 노력해서 올라갈 수 있는 한계는 분명해 보였다. 고로 무조건 열심히 한다고 능사는 아니다. 자신이 잘할 수 있는 일은 따로 있다. 그것을 찾는 것은 스스로의 몫이다. 그러니 되지도 않을 일을 붙들고 애써봤자 무소용이다. 인생은 속도가 아니라 방향이니까.

끝날 때까지 끝난 게 아니다

10대 0으로 이기고 있던 경기였다. 이대로면 콜드게임(양 팀의 실력 차이가 커서 조기 종료되는 경기)으로 경기가 싱겁게 끝나버릴 게 뻔했다. 몇 점을 일부러 내주면 콜드게임 선언요건이 되지 않기 때문에 경기를 더 할 수 있다는 잔머리를 굴렸다. 수비에서 에러를 해서 점수를 몇 점 주자고 우리끼리 말을 맞췄다. 9점 차는 다음 회로 넘어갈 수 있으니 어차피 이긴 경기, 한 회라도 더 하는 게 남는 거라면서 그동안 벤치를 지키던 후보선수들을 대거 투입했다. 3루 수비를 맡고 있던 A가 일부러 수비 중에 받은 공을 떨어뜨린 척했다. 당시 유격수였던 나는 평범한 땅볼을 잡은 후 고의 송구 에러를 했다. 그렇게 1점을 내주고 우리는 다음 회로 넘어갔다.

그런데 모두 설렁설렁하던 바로 그때 놀라운 일이 벌어졌다. 상대의 평범한 땅볼을 후보들이 놓치는 거였다. 내야에선 가랑이 사이로 공을 빠뜨리는 '알까기'를, 외야에선 평범한 공을 뒷걸음치며 잡다가 머리 위로 넘어가버리면서 팔만 뻗은 상태인 소위 '만세'를 외치고 있었다.

"저놈이 지금 삼일절인 줄 아나, 자꾸 만세를 부르고 난리야!"

급기야 잘 던지던 투수까지 제구 난조로 포볼을 연달아 주기 시작했다. 점수를 내주기 시작하더니 급기야 감독이 올라와서 에이스를 마운드에 다시 올렸다. 그러나 한번 불붙은 상대팀의 방망이는 식을 줄을 몰랐다. 안타, 포볼, 몸에 맞는 볼, 포수의 공 빠뜨리기 등 우리는 수비하면서 할 수 있는 모든 에러를 한 회에 쏟아부었다. 마지막 11점째 상대 주자가 홈으로 들어오면서 믿기 어려운 11대 10 역전패를 당했다. 10대 0으로 이기고 있던 경기를 말이다.

경기가 끝난 뒤 우리는 모두 할 말을 잃었고 한동안 그라운드를 떠나지 못했다. 말도 안 되는 만화 같은 경기를 우리 두 눈으로 똑똑히 지켜본 것이다. 거짓말 같은 경기였고 나는 10년이 흐른 지금도 그날의 모든 순간이 또렷하게 기억에 남아 있다. 10대 0으로 이기던 경기를 11대 10으로 지고난 뒤 나는 뉴욕양키스의 위대한 포수 요기 베라가 남긴 전설 같은 명언의 참뜻을 깨닫게 되었다.

"It ain't over till it's over."

끝날 때까지 끝난 게 아니다. 야구도, 인생도.

운 좋은 성공 뒤엔 반드시 위험이 도사리고 있다

투자에서도 똑같은 원리가 적용된다. 2010년 11월 11일 일명 '빼빼로데이', 그날 나는 빼빼로를 먹으면서 주식장 마감을 10분 앞두고 있었다. 그때였다. 마치 하늘에서 벼락이 내리치는 듯한 속도로 주식차트의 그래프가 폭포처럼 수직낙하했다. 외국인들이 '셀(sell) 코리아'에 나서면서 코스피지수가 급락했던 것이다. 프로그램 차익 거래에서 상당물량이 쏟아졌고 국내 주식시장 시가총액 가운데 28조8천억 원이 10분 만에 사라졌다.

이때 독일 은행인 도이치뱅크 홀로 하락장에 베팅하여 450억 원 이득을 본 것이었다. 코스피지수가 하락하면 수익이 나도록 만들어진 파생상품(풋옵션 등)을 미리 사들여 차익을 거뒀다. 그들의 수상한 움직임은 이내 검찰 조사로 이어졌고 시세차익을 노리고 주가를 인위적으로 조작한 것으로 결론 났다.

그날이 왜 중요했냐면 ELS(Equity-Linked Securities, 주가연계증권) 만기일이었기 때문이다. 그대로 10분만 지수가 지속되면 계좌당 7~8퍼센트의 수익이 확정되는 상황이었다. 그런데 딱 10분 사이에 폭락하면서 녹인(ELS, 투자 시 원금 손실이 발생할 수 있는 수준)이 되자 약속된 이자와 함께 정산되지 않고 6개월 이후로 넘어가게 된 상황이었다. (ELS는 기초상품의 가격이 일정 수치—예를 들어 50%—이하로 하락하지 않으면 약속한 고금리를 주는 상품이다. 그러나 그 수치로 떨어지는 것을 '녹인'이라 부른다.)

투자원금과 ELS 가입 당시 약속된 수익금을 받아서 자신들의 다음 자금운용 계획을 세웠던 ELS 가입자들 사이에서 난리가 났다. 딱 10분이었다. 천국에서 지옥으로 떨어지는 시간은 겨우 10분. 그 10분을 남겨두고 부동산 프로젝트 시행업무를 보던 지인에게서 연락이 왔다. ELS에서 들어오는 목돈을 기대하고 무리해서 고금리 사채를 당겨썼단다. 이쪽은 급전거래가 많아서 '딱 하루에도 10퍼센트' 이런 식의 고금리 급전거래를 하기도 했다.

"어휴, 이제 숨통 트이네. 괜히 사채 건드려서 식겁했대이—"

"좀 더 기다렸다가 돈 나오면 쓰지 뭐 하러 고이자 돈 땡겨쓰노?"

"니 말이 맞대이. 근데 급하니까 어쩔 수 없더라. 언제 급전이 필요할지 모르니 항상 현금을 손에 딱 쥐고 있어야 한대이. 그래도 딱 하루만 쓰는 거니까 개안타!"

장 마감 10분 전 통화였고, 통화 직후 코스피지수의 폭락이 발생했다. 그는 한동안 고금리 사채 빚을 갚기 위해 또 다른 사채를 끌어다 쓰는 악순환의 고리에 빠져들었다. 단 한 번의 실수로 인해 엄청난 금전적 손실을 감내해야 했다.

송나라의 주희가 후대 사람들을 경계하기 위해 사람이 일생을 살면서 하기 쉬운 후회 가운데 가장 중요한 열 가지를 뽑아 제시한 주희십회(朱熹十悔)에 '안불사난 패후회(安不思難 敗後悔)'란 말이 있다. 편안할 때 어려울 때를 생각하지 않으면 실패한 뒤에 후회한다는 말이다. 그렇다. 어른 말씀, 옛 선조의 말씀 다 옳다. 10대 때는 그렇게 구려 보이던 말들이 30대에선 "진짜 그러네"로 바뀌더니 40대에선 "역시 그러네!"로 공감하게 되었다.

20대는 다들 자기만의 개똥철학에 빠져 있을 텐데 이런 말이 들리겠는가? 나도 그 나이에는 그랬다. 그런 의미에서 20대의 실패는 원래 그런 거고 당연한 거다. 혹시 젊은 나이에 운 좋은 성공을 맛보고 있다면 잊지 마시라. 방심하지 말고 부디 블랙스완(예기치 못한 위기)에 대비하라.

기적 같은 역전 드라마는 언제든 일어날 수 있다

이번에는 역으로 접근해보자. 지금 슬픔이 너무 커서 견디기 힘든 상황인가? 주위에 '동학개미운동'이라며 다들 주식계좌 개설하길래 삼성전자가 망하겠냐며 주식 입문했다가 하루에도 30퍼센트 폭등하는 주식이 있다는 소리에 그것으로 갈아타면서 미수 몰빵으로 투자금 대부분을 날려 괴로워하고 있는가? 혹 실거주 한 채의 아파트를 잘못 선택하여 포기한 아파트는 세 배 올랐는데 내 아파트는 오르기는커녕 오히려 하락세여서 허탈한 마음인가?

끝날 때까지는 끝난 게 아니다. 아직 우리에게는 남아 있는 게 있다. 바로 생명공학과 의학기술의 발달로 늘어난 수명과 더불어 주어진 소중한 시간이다. 우리에겐 아직 승부를 뒤집을 수 있는 시간이 남아 있다.

2015년 늦가을이었다. 전 세계 12개국의 야구팀 중에 최강을 가리는 '프리미어 12'에서 한국은 일본과 준결승전에서 맞붙게 되었다. 당시 일본 최고의 에이스였던 오타니 쇼헤이는 시속 160킬로미터가 넘는 강속구를 던지는 투수로 7회까지 대한민국 국가대표 강타선을 상대로 안타 한 개만을 허용하며 경기를 지배했다. 대한민국 국가대표팀의 패색이 짙었다. 0대 3으로 끌려간 채 경기의 분위기는 일본 대표팀으로 완전히 넘어갔고 일본은 잘 던지던 오타니 선수를 마운드에서 하차시켰다. 그렇게 맞이한 마지막 이닝 9회 초 3점 차 위기 속에서 아웃카운트 단 세 개만을 남겨두었다. 마지막 공격에서 대한민국 대표팀은 만화로 그려내도 욕먹을 정도의 극적인 스토리를 써 내려갔다.

오재원, 손아섭, 정근우 선수의 연속 안타로 1점을 냈고, 이후 볼넷으로 2대 3까지 만드는 데 성공하고, 뒤이은 이대호 선수의 안타로 마침내 4대 3의 대역전극을 펼쳤으며 여세를 몰아 결승전 승리로 우승까지 차지하게 되었다. 야구계에서는 '도쿄대첩'이라는 말로 그들의 승리를 기억하고 있다. 도쿄대첩의 하이라이트는 역전 후 타석에 들어선 오재원 선수의 배트 던지기라 하겠다. 내 인생 통틀어 최고로 멋진 빠던(빠따 던지기, 홈런을 친 타자가 배트를 던지는 자축 세리

머니)으로 영원히 추억될 것이다. 도쿄대첩에서 내동댕이쳐진 빠따를 누군가 경매에 넘기면 내가 최고 입찰가를 낼 것이다.

야구장에서는 역전극이 빈번하게 일어난다. 당신에게도 언젠가 그 기회가 찾아올 수 있다. 2016년 리우올림픽이 한창이던 어느 날 새벽 6시, 텔레비전에서는 펜싱 에페 결승전이 진행 중이었고 10대 14의 스코어였다. 상대 선수가 한 번이라도 이기면 그대로 끝나는 결승전이었고 사실상 뒤집기 어려운 상황인지라 해설진의 목소리에도 힘이 없었다. 그러나 놀랍게도 한국의 박상영 선수가 차근차근 한 점씩 따라가더니 드디어 14대 14의 동점을 이룬 것이다. 이때 관중석의 한 교민이 박상영 선수에게 "할 수 있다!"고 외쳤다. 그 순간 나는 온몸에 전율이 느껴졌다. 한 번씩 느껴지지 않던가? 알 수 없는 그리고 형용할 수 없는 희망의 불빛이 쏟아지는 그 느낌! 마지막 결전을 앞둔 박상영 선수도 그렇게 외치고 있었다.

"할 수 있다! 할 수 있다! 할 수 있다!"

모두가 졌다고 생각한 그때 기적이 일어나기 시작했고 박상영 선수가 고개를 끄덕이며 할 수 있다고 스스로에게 주문을 걸던 모습이 아직도 내 기억에 생생하다. 박상영 선수는 결국 승리를 거두며 금메달을 차지했다. 그리고 얼마 뒤 그의 금메달이 더 크게 국민들의 가슴을 울렸다. 그가 가정 형편이 너무 어려워 펜싱선수로서의 길을 포기할 위기에 학교 은사와 사회단체의 지원을 받아 선수생활을 지속해왔다는 것이다. 그는 온갖 좌절 속에서 성장했으나 쉽게 단념하지 않는 강한 청년이었던 것이다.

끝날 때까지 끝난 게 아니다. 우리는 그 눈부신 훗날의 승리를 맞이하기 위해 지금부터 일어나 준비하고 있어야 한다. 지금 초라한 나의 투자 성적이 형편없어 보이는가? 처참한 나의 주식계좌 잔고에 대해 비참한 심정인가? 집값 조정을 기다리며 전세로 살고 있는데 집값이 폭등해서 상대적 박탈감이 큰가?

기회는 언제든 다시 찾아온다. 경기 사이클은 그렇게 돌고 돌며 무엇인가를 팔 기회건 살 기회건 항상 찾아오게 마련이다. 그때까지 나의 투자 실패 혹은 사업 실패에 대한 복기를 통해 얼마나 많은 것을 배우는가가 중요하다. 막판 뒤집기로 대역전극을 보여준 역사의 영웅들이 말해주고 있다. 막판 뒤집기라는 기회 역시 준비된 자들에게 주어지는 것이지 그저 넋 놓고 신세 한탄만 주구장창해대는 자들의 몫이 아니란 것을.

당신이 돈을 밝히면
돈도 당신을 밝혀줄 것이다

내가 여러 사업을 하고 있는 것을 아는 사람들은 종종 이렇게 말한다.

"니 돈독 올랐나? 좀 천천히 쉬가매 하그래이!"

"와 저리 돈 욕심부리면서 사노! 인생 좀 즐겨가며 살아야제!"

그러면 나는 씩씩하게 대답한다.

"네! 돈 욕심 있습니대이! 많이 있습니대이!"

지금껏 살아오면서 나는 돈 욕심이 많았다. 하지만 사치품이나 명품에는 통 관심이 없었다. 내 나이 스물여섯, 결혼식장에서 입을 정장을 구입한 이후로는 백화점에서 쇼핑을 해본 적도 없다. 혹자는 이렇게 묻는다.

"패션에 관심이 많아 보이는데 시계에는 관심이 없나 봐요?"

내 대답은 항상 같다.

"네, 휴대폰에 시계가 있으니까요."

멋진 금장시계 차고 컴퓨터 업무를 하는 것은 네일아트로 한껏 멋을 부린 후 김장하는 것과 같다는 게 내 생각이다.

쇼핑은 주로 온라인이나 보세집에서 한다. 어릴 적부터 〈논노〉, 〈보그〉 같은 패션잡지를 즐겨본 덕인지 혼자서도 잘 맞춰 입는 편이다. 대신 나는 10년째 새벽 운동을 다니며 '패션의 완성'이랄 수 있는 몸에 집중하고 있다. 명품 몸을 가지게 되면 무엇을 걸치든 그럴싸해 보인다. 배불뚝이 아저씨의 몇 천만 원짜리 롤렉스시계보다 더 멋지게 빛난다.

퇴근 후 집에서 샤워를 마치고 나와서 전신거울에 비친 내 몸을 감상한다. 운동과 식이요법으로 만든 몸이지만 어디 내놓고 자랑할 데도 없으니 혼자서라도 실컷 감상해야지 싶어서다. 내가 봐도 멋지다. 얼굴까지 함께 보면 좀 깬다. 머리에 뭘 그리 많이 쑤셔 넣었는지, 머리가 남다르게 큰 아버지의 유전자를 물려받았다. 작년부터는 마스크를 착용하면서 얼굴을 가리고 다니니 한결 낫다. 특대형 마스크를 써도 마스크 줄이 귀를 잡아당기는 통에 귀가 떨어져 나갈 것 같지만 그 정도 고통은 얼마든지 참을 수 있다.

세상 득 될 것 없는 자랑질은 접어라

가난할 때는 명품에 관심이 많았다. 가난을 숨기고 싶은 심리 때문이었을 것이다. 그러나 경제적인 여유가 생기니 오히려 저렴한 옷을 찾게 되었다. 세계적인 명성을 지닌 디자이너가 손수 제작한 명품 옷만 입을 것 같아 보이는 이마트 대표 정용진 회장이 20만 원대 저렴한(?) 청바지를 즐겨 입는 것과 비슷하다. 사회생활을 하면서 인정받는 사람들은 굳이 명품을 걸침으로써 다른 사람들로부터 관심이나 호의를 받을 필요성을 못 느낀다. 자칫 가난한 사람들에게 시기와 비난의 대상이 될까 오히려 몸을 사리는 경우가 많다.

나는 감가상각이 크게 이루어지는 사치품은 구매하지 않는다. 대표적인 것이 자동차, 의류, 신발 같은 것들이다. 남에게 보여주기 위한 고가품들은 대개 시간이 흐르면서 가치가 하락한다.

나는 자랑을 좋아하지 않는다. 자랑할 게 없었던 시절에는 자랑할 만한 게 없었고, 자랑할 게 많아진 뒤에는 자랑할 수 없었다. 내 자랑 때문에 상대방이 느끼게 될 우울과 상대적 박탈감을 누구보다 잘 알기 때문이다. 내가 인스타그램이나 페이스북 같은 SNS 활동을 전혀 안 하는 것도 비슷한 이유에서다.

심지어 집을 샀을 때조차 부모님과 친지들에게 비밀로 했을 정도다. 오랜 기간 전세로 살고 있는 것으로 알았던 엄니가 청약 정보와 주택 시세 등을 알려주면서 살 집부터 사야 한다고 끈질기게 말씀하시는 통에 결국 수년 전의 주택매입 사실을 실토하고 용서를 구했다. 그리고 그 사실은 엄니만 알고 있어야 한다고 신신당부했다. 주택 가격은 스마트폰으로 조회하면 바로 시세를 알 수 있으니 당시 임대아파트에 살고 있던 누나네 가족에게 미안한 마음이 컸던 것이다. 그동안 속였다고 화를 낼 줄 알았던 엄니는 반색을 하며 장하다고, 꼭 비밀을 지키겠다고 호언장담하셨다. 그리고는 바로 그날부터 전국 방방곡곡에 있는 가족, 친척, 지인에게 전화 한바탕 쫙 돌리신 분이 우리 엄니다. 지금은 누나네도 대구 핵심지에 입성한 이후 다주택자가 되었기에 나도 마음 편하게 대할 수 있긴 하지만 말이다.

창업할 때도 돈이 많은 척은 금물이었다. 새로운 사업체를 열 때마다 지인과의 동업이나 은행 대출을 받아서 창업자금을 조달했다고 주위에 알렸다. 돈이 없어 보여야 거래처로부터 할인된 견적을 받을 수 있다. 있는 척하다가는 일명 '눈탱이 맞는 호구'되기 십상이다.

우리 집이 가난했던 것과 달리 내 유년시절의 친구들은 대부분 부잣집 아들이었다. 내가 살던 가난한 동네가 재개발되면서 최고급 아파트 단지가 조성되었고 이사와 함께 전학 온 아이들과 어울렸기 때문이다. 그래서 친구 집에서 놀다 우리 집으로 돌아오는 길은 항상 울적했다. 변호사 아빠를 둔 친구 집이 그랬고, 은행 지점장 아빠를 둔 친구 집도 그랬다. 부잣집 친구들이 내가 살고 있었던 허름한 집에서 생일파티라도 하자고 할까봐 얼마나 마음을 졸였는지 모른다. 그 허전함과 부러움, 무력감을 잘 알기에 현재 나의 모습을 부자도 빈자도 아닌 평범한 서민으로 만들었다.

작은 돈을 아낌없이 쓰는 맛이 참 좋다

곳간에서 인심 난다고, 주위에 뭘 좀 베풀려면 돈이 필요하다. 입고 노는 데 쓰는 돈이 아니라 사람들 기분 좋게 해주는 작은 돈을 아낌없이 쓰기 위해서라도 돈은 필요하다. 나는 항상 "입은 닫고 지갑을 열라"는 인생 선배들의 지혜를 마음에 담고 있다. 지갑을 빵빵하게 채워두었다가 사람들 만나면 밥값, 술값 1차 정도는 내가 낸다. 이런 옛말이 있지 않은가?

"카드 꺼내는 사람 낯에 침 뱉으랴?"

내게는 두 부류의 친구가 있다. 못사는 '농띠' 친구들과 잘사는 바른생활 친구들이다. 잘사는 친구 모임은 무조건 더치페이다. 대장인 내가 정한 규칙이다. 누군가 어설피 신용카드를 꺼냈다가는 누가 돈을 더 많이 버는지 경쟁이 붙을 수 있기 때문에 무조건 공평하게 나누어서 낸다.

반면 못사는 친구 모임에서는 네 번 중에 세 번꼴로 내가 계산한다. 혹시나 그들의 자존심을 건드릴 수 있으니 "회사에서 공돈이 생겼어" 또는 "오늘 주식으로 10만 원 벌었어" 하며 자연스럽게 넘기는 매너도 함께 발휘한다. 이렇게 몇 번 얻어먹는 친구들은 말한다.

"임마는 희한하게 운도 잘 따르네. 그 비결 좀 가르쳐도고!"

나는 친구들 만날 땐 항상 택시 타고 간다. 어차피 술자리 모임이니 자가용을 가져가지 않더라도 의심을 살 이유가 없다. 살고 있는 집은 언제나 전세라고 말한다. 어디 살고 있는지는 아무도 모른다. 사업 돌아가는 걸 물어보면 이렇게 답한다.

"빚 갚다가 내 청춘이 다 날아가뿌렸대이!"

오너인 나는 직장에서나 거래 업체에서나 은행에서 대접을 받는 편이다. 가르치는 일을 하기 때문에 수강생들에게도 분에 넘치는 대접을 받는다. 그러니 한 달에 한두 번 내가 친구들을 대접해주는 일은 기분 좋게 할 수 있다. 반면 그 친구들은 그런 자리가 아니면 대접받을 곳이 없는 경우가 대부분이다. 아이들 교육비에 허리가 휘는 친구들이다. 내가 친구들 기분에 맞춰 분위기 띄우다 보면 어느새 그들은 로켓 타고 하늘을 뚫는 중이다.

초등학교 동창이 운영하는 막창요리 식당에서 모임을 가지는데, 10만 원 정도면 1차 식사비용으로 충분하다. 난 교육서비스업체를 운영하고 있기에 자식들에 대한 사교육비가 거의 들지 않는다. 내 나이대 가장들 대부분이 그러하듯 사교육비로 허리가 휘고 등골이 빠지지 않는가? 그러니 여유 있는 내가 기분 좋게 한턱 쏘는 게 맞다. 이 맛에 난 돈을 번다.

나는 동창회장을 맡으면서 두 가지 주제를 술자리에 못 올리게 했다. 정치와 사는 집 얘기다. 그리고 사업에서 큰돈을 벌고 자랑하는 이야기는 2차 술값을 내는 사람만 가능하다고 정했다. 초등학교 때는 '싸움왕'이었지만 지금은 '우기기 대마왕'인 내가 아니꼬우면 동창회장 자리를 가져가라고 엄포를 놓았다. 술값 내는 자리를 누가 맡겠는가?

나는 거래처 사람들에게도 밥을 많이 산다. 업체 직원들이니 뻔한 월급으로 살아가지 않겠는가? 오히려 접대를 해야 할 그들의 입장에서는 불편해지기도 하지만 나는 이렇게 대처한다.

"급한 일이 생기면 항상 저희 회사가 1순위임을 잊지 마소!"

사실 난 그냥 밥을 사면 기분이 좋다. 그게 다다. '밥 잘 사주는 형아' 그 자체만으로도 소위 '플렉스(재력이나 명품 등을 과시하는 모습)'가 된다.

3대가 더치페이로 사는 집안

나는 아이들 경제교육을 일찍 시작했다. 대학 학비와 졸업할 때까지의 최소 비용을 제외하고는 필요한 돈은 직접 벌어서 쓰라고 했다. 비상금을 제외한 공식적인 용돈도 없었다. 그리고 취업 후에도 계속 내 집에서 살고 싶거든 하숙비를 내라고 공표했다. 대신 어학연수나 해외 배낭여행은 아이들이 어릴 적부터 월 적립식으로 넣고 있던 일본펀드의 납입금을 사용하기로 했다. 가족이라도 '얄짤' 없다. 올해 대학생이 된 두 딸은 용돈벌이를 위해 파트타임 일을 한다. 부모로서 해줄 수 있는 지원은 내가 경영하는 사업체에서 파트타임 일자리를 제공해주는 것뿐이다.

유대인들은 자식이 고등학생 나이가 되면 가족과 친지들이 백만 원 혹은 천만 원, 이런 식으로 제법 큰돈을 준다고 한다. 아이들이 훗날 사회에 진출할 때 사용할 돈을 미리 주는 것이다. 아이들은 이 돈을 주식투자 혹은 복리예금 등으로 불리는데, 자산의 힘을 직접 경험하며 아이들 스스로 경제관념을 갖게 된다. 나는 아이들이 일본의 지브리 스튜디오에 가보고 싶어하는 마음을 이용했고, 일본에서 개최될 올림픽이 주식에 어떤 영향을 미칠지에 대한 주식 공부를 체험하게 만들었다. 그리고 짬 날 때마다 이야기한다.

"따라 해라! 크게! 돈이라 함은! 첫째, 일한다!(돈 벌기) 둘째, 아껴서 모은다!(돈 모으기) 셋째, 굴린다!(돈 굴리기) 알았나! 이것만 알면 경제금융 공부 9할이다. 항상 외치그래이!"

그러면 아이들이 신기해한다.

"돈 버는 게 그렇게 쉬워? 아빠도 그렇게 한 거야?"

나도 그렇게 했다. 사람들이 돈 벌기 어렵다 하고 쓸 돈 없다고 하는 건, 그걸 몰라서가 아니라 실천하지 못해서다.

적립식 펀드의 장점과 일본 도쿄올림픽이 일본펀드 수익률에 미치는 영향에 대해서도 일장 연설을 했다. 그리고 그동안 수익 난 걸로 돈 굴리는 의미를 설명했는데 2020년 3월, 코로나 사태로 인한 주가 폭락에 더해 도쿄올림픽이 연기되면서 펀드계좌를 쳐다보는 아이들의 표정이 심상치 않았다.

"기다리 보그래이, 너희가 장투의 힘을 알아?"

2021년 1월까지 일본 주가지수인 니케이지수는 폭등했고 나는 다시 어깨에 힘을 줄 수 있었다. 아이들도 김승호 회장의 책『돈의 속성』을 도서관에서 빌려다 보는 등 자본시장에 대한 공부에 관심을 가지기 시작했다. 짠돌이 아빠 밑에서 더 이상 버티기 쉽지 않음을 깨달은 것이다.

아이들에게 증여할 자산은 시집갈 때 사윗감이 들고 오는 금액에 딱 맞추어주기로 했다. '더치페이'를 강조한 것이다.

"남자한테 기대는 조선시대 사고방식은 버리그래이! 시댁 돈 많다고 자랑하는 여자가 가장 불쌍한 여자대이! 자랑할 게 그것밖에 없으니 얼마나 불행하겠노! 그쟈?"

그러고는 나는 남겨주는 유산 없이 내가 모은 돈은 다 쓰고 갈 거라고 선언했다.

"네가 쓸 건 네가 벌어라! 이것도 더치페이다."

나는 아직 써야 할 돈이 많다. 15년간 후원해온, 베트남 트엉쑤언에 살고 있는 '씽'과 '웅아'의 크리스마스 선물도 마련해줘야 하고, 크고 작은 단체나 행사에 기부하는 돈도 따로 몫을 챙겨놔야 한다. 그리고 쓰고 남은 자산도 모두 사회에 기부할 거라고 못 박았다. 부모님께도 유산을 남기려 애쓰지 말고 다 쓰고 가시라고 했다. 3대가 더치페이로 살자고 외쳤다.

돈을 밝히고 그 사실에 당당해져라

나는 2016년에 은퇴했다. 당시 계산으로는 평생 놀고먹을 돈이 있었다. 그런데 아무리 생각해도 내 예상보다 더 오래 살 것 같은 불길한 예감이 들었다. 운동을 너무 열심히 하고 있었고, 먹는 것에 대한 관리도 너무 잘하고 있었다. 기대 수명을 85세로 잡았는데 이런! 종합신체검사 결과가 너무 좋았다. 혈관 나이는 아직도 30대다. 이 상태로면 아무래도 100세를 넘길 태세다. 할머니, 외할머니 모두 아흔 중반까지 건강하게 사셨다.

요즘 세계적으로 칭송받는 K 의료기술을 고려해본다면 110세까지도 살 것 같다. 이렇게 추가된 25년을 계산해보니 평생 안정적으로 놀고먹으려면 돈이 더 필요했다. 그래서 일 년 반 신나게 놀던 것을 멈추고 다시 업무로 복귀했다.

돈 밝힌다고 손가락질하던 시절은 지났다. 돈 싫어하는 사람이 어디 있겠는가? 법을 어기고 남의 가슴에 대못을 박아가면서 돈을 벌려는 태도가 문제인 것이지, 자본주의 사회에서 돈을 추구하는 것은 당연한 것이다. '곳간에서 인심 난다'는 말은 지금도 통용된다. 코로나 사태로 경제위기가 닥친 시기에 미국, 호주, 일본 등의 부유한 국가들은 전 국민에게 생활비를 나눠주고 있다. 그러나 인도, 브라질, 아프리카의 국민들은 생활비 지원은커녕 병원에도 가보지 못하고 죽음을 맞이하고 있다. 삶의 질 차이가 이렇게 큰 이유가 결국 돈 아니겠는가?

돈은 밝혀야 한다. 자녀들에게는 돈의 가치를 제대로 인식시켜줘야 하며, 돈을 모으는 이유를 설명해줘야 한다. 그래서 돈을 굴려 자산가치가 증식되어 행복을 누릴 수 있는 확률을 높여줘야 한다. 그렇게 모은 돈을 쓰는 재미도 깨닫게 해줘야 한다. 지갑을 열면 주위 사람들의 표정이 밝아지고 그 순간만큼은 행복하다. 주위 사람들이 행복해지면, 나도 행복해질 수 있다. 이것이 나만의 '소확행'이다. 지금 당신이 돈을 밝히면 나중에는 돈이 당신의 삶을 밝혀줄 것이다.

사소한 일로 줄서는 동안
진짜 돈 벌 기회는 날아간다

스타벅스 매장 앞에서 한정판 텀블러를 사기 위해 줄서기, 명품 할인판매 시간에 맞춰 백화점 앞에서 줄서기, 텔레비전 미니시리즈 밤샘 몰아보기, 유튜브 개그영상 들여다보며 히죽거리기, 넷플릭스의 한국형 좀비가 왕을 죽이는지 확인하기로 시간을 보낼 텐가? 더이상 지체할 시간이 없다.

당신은 마흔 살 이전에 경제적 자유를 얻어 조직의 굴레에서 벗어나야 한다. 혹은 쉰 살 이전에, 회사가 명퇴자 명단에 당신 이름을 올리기 전에 스스로 독립을 선언하는 승리자의 모습을 만들어야 한다. 꼴 보기 싫은 상사의 부당한 지시나 '절대갑'의 위치에 있는 고객의 불만사항을 더 이상 들어줄 필요가 없다.

정확히 해두자. 당신은 오늘 아프리카TV BJ가 식탁에 깔아놓은 음식을 다 먹을 수 있을지 없을지에 대한 궁금증과 드라마의 남녀 주인공이 키스를 할지 말지에 대한 궁금증을 해결해가며 살아가는 그저 그런 인생을 원하는지, 아니면 그런 궁금증을 유발할 만한 스토리 있는 BJ를 양성하며 트래픽을 폭발시킬 프로그램을 제작할 아프리카TV의 지분을 늘리거나 전 세계 안방 시청자를 훌쩍이게 만드는 드라마 제작사의 지분을 늘려 부자의 길로 나아가고 싶은지를 확실히 해두자는 말이다.

소박하게 즐기며 사는 반퇴 라이프

살아갈 날이 족히 50년은 있고, 긴 여생의 시작점에 선 나는 아직도 충분히 젊다. 난 여전히 사회인 야구 리그에서 야구 선수로 뛰고 있고, 캠핑카라반을 끌고 오지캠핑을 다니고 있으며, 가끔 원유시장을 기웃거리며 용돈을 벌며, 블로그에서 랜선 이웃들과 경제이슈로 논쟁을 벌이기도 한다. 그러다 시간이 남으면 유튜브 영상을 만들어 업로드하며 내 나이치고는 힙한 온라인 라이프를 즐기고 있다고 자부하며 즐거워한다. 그러다 문득 홀로 해변에 텐트를 쳐놓고 주식이나 부동산 관련 에세이를 쓰기도 하고, 나의 청춘기를 담은 자전적 소설을 고쳐쓰기도 한다.

한 차례 은퇴를 경험한 뒤 다시 시작한 '반퇴' 라이프에서 내가 일하는 시간은 하루 2시간, 월 18일뿐이다. 대학생 대상의 강의라 노동 강도는 비교적 낮은 편이다. 어학원은 공동대표가 운영하고 있고, 스터디카페는 처음부터 무인시스템으로 설계된 터라 바닷가 캠핑 중에도 온라인으로 업무를 처리할 수 있다.

상가는 관리업체가 다 챙겨주니 임차인이 월세를 밀리지 않으면 신경 쓸 일이 없다. 현금흐름이 다양화되어 있으니 내가 산 주식이

오를지 내릴지 하루하루 신경 쓰지 않아도 되고, 정부의 부동산정책 때문에 내 부동산 가격이 요동칠까 노심초사할 일도 없다. 지금 이 순간에 내가 신경을 쓰는 것은 '가면산장 살인사건'의 범인이 누굴까이며, 야식으로 먹을 돈가스와 김밥이 사발면과 어울릴지 아니면 냄비라면과 찰떡궁합인지 정도다.

학창시절엔 드라마 〈가을동화〉를 안 보면, '스타크래프트' 게임을 하지 않으면 세상이 두 쪽 날 것만 같았다. 사회 첫 걸음을 내딛었을 땐 명품 정장 안 사고 해외여행 안 가면 왕따가 될 것처럼 조바심쳤다. 아이를 키울 땐 명품 산양분유를 안 먹이고 독일제 유모차에 안 태우면 애가 안 크는 줄 알았다. 그런데 나이 마흔 중반이 되니 고민만 하다가 하지도 못했던 것들이 결국엔 고민할 가치도 없었던 것임을 자연스럽게 알게 되었다. 요즘은 함께 운동하고 술잔 기울이는 예순 넘은 형님들로부터 '영감' 소리 들으며 살고 있다.

기다리는 시간은 인생을 좀 먹는 벌레

부자들이 가장 아까워하는 것이 바로 줄서서 기다리는 시간이다. 기다리는 시간이야말로 당신의 시간 대비 근로가치를 스스로 평가하고 인정하는 객관적 지표다. 부자들이 기다리는 데 시간을 투자하는 경우는 자기가 투자한 부동산, 주식, 사업의 가치가 대중으로부터 인정받을 때까지의 기간 정도가 전부다. 맙소사! 버크셔 해서웨이 부회장인 찰리 멍거가 구찌 매장 할인코너에서 줄서 있다고? 이마트 정용진 회장이 쉑쉑버거를 사먹기 위해 2시간의 줄을 기다린 다고? 차라리 구찌 주식을 매입해 대주주 명단에 이름을 올리거나, 쉑쉑버거를 자신이 운영하는 대형 쇼핑몰인 스타필드에 입점시키는 것이 부자 마인드 아닐까?

『언스크립티드』(부의 추월차선 완결판)의 저자 엠제이 드마코는 부자가 되면 좋은 점을 자유시간 활용도로 표현하는 '인생 배급량'에 대해 이야기한다. 저자는 얽매인 시간을 줄이는 만큼 행복을 느끼는 기회가 늘어난다고 말한다. 현재 일하는 시간(얽매인 시간)은 우리가 목표로 하는 자유시간을 늘리기 위한 과정일 뿐이다. A와 B, 두 유형을 비교해보자. A는 하루 24시간을 얽매인 시간 75퍼센트+자유시간 25퍼센트의 비율로 활용한다. B는 얽매인 시간 25퍼센트+자유시간 75퍼센트의 비율로 활용하는 시간 부자다.

미래의 자유시간은 결국 현재의 내가 결정한다. 얽매인 시간은 현재의 내가 사용하는 자유시간의 활용법에 따라 늘리거나 줄일 수 있다. 엠제이 드마코가 말한 B의 인생을 살기 위해서는 A의 인생을 종식시키기 위한 일련의 조치가 필요하다. 그러나 애석하게도 얽매인 시간 동안 우리는 생체리듬을 안정적으로 유지하기 위한 최소한의 시간과 직장과의 계약관계를 통해 근로를 제공할 의무를 지닌다. 결국 남아 있는 25퍼센트의 자유시간 안에서 우리는 반퇴 라이프를 준비해야 한다. 투자 관련 서적과 영상 보기, 부동산 임장, 국내외 주식과 ETF 투자방법, 달러와 금 투자에 대한 공부를 하기에 부족한 시간이다. 쿠팡이츠나 배민라이더스의 파트타임으로 투잡 수익을 노리기에도 부족한 시간이다. 그렇지만 이렇게 부족한 시간을 최대한 활용하여 돈을 벌고, 모으고, 굴리는 데 성공한 사람만이 B의 삶을 살 수 있다.

줄서서 기다리는 사람들이 얻는 것은 무엇인가? 공짜 다이어리? 혹은 중고 시장에 내놓으면 더 비싸게 팔 수 있는 기념 가방? 고작 돈 몇 푼으로 환산할 수 없는 가치가 있는 자신의 시간을 낭비하지 말자. 기다리는 시간은 우리의 인생을 좀 먹는 벌레와 같다. 얽매인 시간을 제외한 나머지 자유시간만으로는 반퇴 라이프로 가는 여정이 너무 길어서 중간에 지칠 수도 있다. 그 여정을 단축시켜줄 수 있는 유일한 시간은 무의미하게 스마트폰을 들여다보면서 자신의 차례가 오기를 기다렸던 시간이다.

집값 떨어지기만을 기다리거나 내 집 마련의 꿈을 접거나

매년 치솟는 집값으로 인해 서민들의 내 집 마련의 꿈이 사라지고 있었다. 무주택자 60퍼센트는 내 집 마련을 포기하고 정부의 부동산정책에 대해 분노했다. 서울 강남 지역의 아파트 가격이 2년 만에 3천만 원에서 9천만 원으로 뛰었기 때문이다. 내 집 마련을 위해 허리띠를 졸라매며 종잣돈을 모았던 집 없는 사람들의 허탈감이 극에 달했다. 지금이라도 막차를 타야 한다는 부류와 내 집 마련을 포기하는 편이 낫다는 부류로 나뉘게 되었다. 정부는 서민들의 불만을 해소하기 위해 강력한 부동산정책을 꺼내들었다. 1년 전세를 2년으로 연장하면서 집 없는 서민들의 주거 불안정을 해소시키려 했다.

또 200만 호 주택건설이라는 공약을 꺼내들면서 폭등한 집값을 다시 끌어내려 서민들의 내 집 마련이 더욱 용이하게 만들겠다고 주장했다. 88서울올림픽이 막을 내리고 경제활황의 붐이 일던 1989년의 부동산시장 이야기다.

그로부터 30년이 지난 지금, 서울 아파트의 평균 매매가격이 2021년 5월 기준으로 11억 원을 돌파했다. 2017년 6억 원에 불과했던 평균 매매가격은 매해 역대치를 경신하면서 세금 부과와 대출금 규제의 주요 대상인 고가주택이 서울에서는 일반화되었다. 일해서 버는 소득으로는 서울에 집 사기가 점점 어려워져서 주택 구입을 포기하는 사례가 늘고 있다. 내 집 마련의 꿈이 멀어진 서민들의 분노가 극에 달하면서 정부는 더 강력한 부동산정책을 꺼내들었다. 2년 전세를 4년으로 연장하면서 집 없는 서민들의 주거 불안정을 해소시키려 했다. 3기 신도시 건설 및 추가 80만 호 공공주택 개발이라는 카드를 꺼내들면서 폭등한 집값을 다시 끌어내려 서민들의 내 집 마련이 더욱 용이하게 만들겠다고 주장했다.

부동산정책에 대한 국민들의 반응은 30년 전이나 지금이나 같다. 30년 전 정부가 집값을 잡아주길 기다리면서 '정부에서 알아서 잡아주겠지' 하는 생각으로 아무것도 하지 않은 사람들은 지금도 여전히 가난하게 살고 있다. 기약 없는 청약 당첨 줄을 기다리면서 말이다. 그때나 지금이나 집값은 여전히 서민들에게 비싸다. 강남 개발이 시작되었던 박정희 정권하의 1970년대에도 집값은 여전히 서민들에게 비쌌고 자그마한 집이라도 매수하려면 대단한 결심과 함께 허리띠를 졸라맨 삶을 감내해야 했다. 결국 역사적으로 집값이 저렴한 시기는 없었다. 대규모 공급이 이뤄지거나 국가경제 위기와 같은 이슈로 인해 단기적인 하락과 조정을 거친 적은 있어도 이내 우상향 그래프를 그려왔다.

폭등한 집값으로 벼락거지가 되고 상대적 박탈감으로 우울감을 호소하는 사람들이 많다. 또 폭등해버린 집값으로 인해 자신들이 이전 세대들보다 재수가 없다고 생각하는 사람들도 있다. 그러나 어떤 세대에서도 집을 매우 싸게 살 수 있었던 경우는 없었다. 집을 살 때는 집값이 떨어지는 불안감을 이겨내야 했고, 오랜 기간 갚아야 할 주택담보대출이자에 어깨가 짓눌렸고, 살림살이는 더욱 형편없어졌지만 도리가 없었다. 어쩔 수 없이 부동산시장의 동향을 살펴야 했고, 쏟아지는 경제기사와 정부정책을 공부해야 했다. 태어나 보니 아버지가 부자였다는 금수저가 아닌 이상 다들 그렇게 집을 사기 위해 몸을 쓰고 머리를 써야 했다.

줄서서 기다리는 부자의 문은 어디에도 없다

아직도 집값이 떨어지기만을 기다리고 있는가? 여전히 폭등한 집값으로 허탈해하면서 내 집 마련의 꿈을 포기하고 단지 현재의 삶을 즐기면서 살아가고 있는가? 당신 같은 사람들은 10년 전 미 금융위기 이후 부동산시장이 하락기였던 때도, 30년 전 200만 호 주택건설이 있었을 때도, 50년 전 강남의 허허벌판에 개발이 시작되었을 때도 있었다. 그러나 현재의 삶은 그때에 비해 달라진 게 없다. 아무것도 하지 않았으니 아무 일도 생기지 않고, 과거의 삶을 현재도 살아가고 있는 것이다. 정부가 반값에 내놓을 아파트를 기다리거나 청약 당첨의 기회를 기다리면 또 다시 과거의 삶을 미래에도 살아갈 것이다. 줄서서 기다리는 부자의 문은 어디에도 없으니 말이다.

지금 집값이 너무 비싸서 살 엄두가 안 나는 분들을 위해 20년 후의 부동산시장 모습을 예측해보자. 역사적으로 집값이 기하급수적으로 상승했듯이 2035년 서울 아파트의 중간값은 30억 원을 돌파할 것이다. 신도시 건설 및 주택 대량공급과 아울러 세계 경기 둔화의 여파로 집값 조정기를 거치긴 하겠지만 이후 집값 상승은 폭등세가 더욱 가팔라질 것이다. 여전히 핵심지 아파트의 청약 경쟁률은 수백 대 일을 기록할 것이고, 정부는 서민들의 안정적인 주거생활을 보장한다며 4년 전세를 8년으로 연장하기 위한 법안을 발표하고 토지거래허가제를 전국 단위로 확대할 것이다.

뒤늦게라도 내 집 마련을 한 사람들은 안도의 한숨을 내쉴 것이고, 다른 누군가는 과거처럼 로또 분양에 당첨되기를 바라면서 청약만 기다리는 벼락거지의 레퍼토리를 또 반복하지 않을까? '정부가 집값을 잡아줄 테니 기다려 봐야지.' 30년 전 아버지 세대가 고민했던 이슈를 자식 세대가 똑같이 고민하고 있지 않은가!

실패를 받아들이는 데도
기술이 필요하다

지금은 반퇴 라이프의 안정적인 삶을 누리고 있지만 나 역시 젊은 시절 숱한 실패를 겪었다. 수많은 실패 속에서 좌절과 재기를 반복하는 굴곡진 청춘이었다. 그러한 실패를 거듭할수록 이후에 이루어진 도전은 실패의 확률이 조금씩 낮아지는 효과가 있었다. 그러나 세상에 쉬운 실패가 어디 있겠는가. 실패를 경험할 때마다 나는 극심한 고통을 겪어야 했고 때로는 견디기 힘들어 흐르는 눈물을 훔치며 화장실로 달려가야만 했다.

나를 쓰러뜨린 다섯 번의 실패

대학입시에서의 실패는 대한민국 수험생들이 흔히 겪는 일이다. 나 역시 그랬다. 뒤늦게 찾아온 사춘기 덕에 나는 고등학교 시절 1년이 넘는 시간을 공부 아닌 곳에 쏟아부었다. 결국 고3 시절에 수학과 화학 과목을 포기하게 되었고, 언어와 외국어 영역에서는 만점을 받았음에도 불구하고 헐벗은 수리 영역 점수를 메울 수 없었다. 1995년 대입전형으로 대학 자체시험인 영어 본고사와 논술시험으로 만회해보려고 했지만 결국 '인서울'에 실패하고 말았다. 쓰라린 좌절 속에서 나는 울음을 삼켜야 했다. 어려운 집안 형편 때문에 재수하겠다고 말씀드리기도 어려웠다. 지방대에 입학한 이후 바로 군에 입대하는 쪽으로 마음을 먹었다. 그리고 군 생활 틈틈이 해외 대학 편입을 준비했고 나는 제대 후 호주로 향하는 비행기에 올랐다.

두 번째 실패는 취업을 목표로 생애 최초로 지원한 회사에서 경험했다. 토론점수 평가에서 최상위라고 인사담당자의 격려를 받았건만 복병은 따로 있었다. 인적성검사에서 탈락하고 말았다. 전체 지원자 중에서 두세 명 정도만 탈락하는 인적성검사의 희생자가 나였던 것이다. 하지만 대수롭지 않게 생각했다. '이 회사가 인재를 볼 줄 모르는군' 하며 여유 있는 웃음을 지었다. '세상은 넓고 취업할 회사는 많지.' 하지만 그 이후로도 나는 연이어 낙방했다. 그제야 정신이 번쩍 들었다. 믿을 수가 없었다. 해외 대학 학위와 해외 NGO 단체 봉사활동, 성인영어 및 일어 시험 만점자인 내가 떨어지다니! 게다가 나는 국가유공자 아버지를 둔 취업보호 대상자라서 서류심사에서 추가점수를 받는단 말이다. 결국 나는 깨닫게 되었다. 앞으로 내가 살아가야 할 이 사회가 얼마나 냉혹한 세계인지…… 자만심에 빠져 있었던 나는 겸손을 넘어 자존감을 잃고 나락으로 떨어졌다. 나 자신이 얼마나 한심한지 알게 되었고 또 다른 불합격 통보 문자를 받았을 땐 금방이라도 터져버릴 듯한 울음을 참으려 이를 악물고 부리나케 화장실로 뛰어갔다.

세 번째 실패는 성인어학원의 시험영어 강사로 3년간 밤낮으로 준비한 전문교재의 출간 제안이 연거푸 거절당하면서 겪게 되었다. 지방 무명강사의 책을 출간해줄 출판사를 찾는 것은 쉬운 일이 아니었다. 네 번째로 찾아간 출판사의 담당자는 시큰둥한 표정으로 샘플책을 받아들고는 "나중에 연락할게요" 한마디와 눈빛으로 나를 사무실에서 내보내기 바빴다. 인사하고 문을 나서다 돌아보니 그는 샘플책을 몇 초간 휘리릭 넘기더니 바로 쓰레기통으로 던지는 굴욕을 나에게 안겨주었다. '그래, 이게 현실이구나! 이것이 사회가 나에게 내린 냉혹하지만 정확한 판단인 거야.' 그날 새마을호 기차를 타고 대구로 내려오는 길에 나는 흐느끼며 울었다.

　네 번째 실패는 어렵게 마련한 종잣돈 5천만 원을 전세보증금으로 걸고 들어간 빌라가 경매에 넘어간다는 통보를 받은 날이었다. 당시 2천5백만 원 이하의 보증금만 최우선순위 보호가 되는 시기라 등기부등본상 선순위로 기재되었던 은행에 밀려 보증금 전액을 날릴 위기에 처했다. 선순위 은행 돈은 곧 건물이 거래되면 후순위로 밀리니 걱정 말라는 부동산 중개업자의 말만 믿고 들어간 내 잘못이었다. 싼값에 방 한 칸 더 늘릴 수 있다는 생각에 성급히 내린 결정 때문이었다. 그날도 나는 화장실에 숨어서 혼자 울어야 했다. 안방에서 새근새근 잠들어 있는 천사 같은 아기가 깰까봐 왼팔을 깨문 채 소리 죽여 흐느꼈다.

　다섯 번째 실패는 3개월간 월급도 못 받고 일한 직장 대표가 다음 날 오면 밀린 월급 다 주겠다고 하더니 다음 날 새벽 6시에 출근해보니 야반도주했을 때였다. 노동청에 임금미지급 건을 신고하고 재판장에서 승소판결을 받으면 뭐하나, 이미 재산은 어디론가 다 빼돌려놓은 상태라서 땡전 한 푼 받을 수 없는 상황이었다. '넌 애를 둘이나 키우고 한 집안의 가장이니 너부터 일부지만 월급 챙겨줄게'라는 대표의 제안이 있었을 때, 수개월째 월급을 못 받은 다른 동료들에 대한 미안한 마음에 거절했다. 다른 동료들이 받을 때 같이 받겠다고 의리 있는 척 던진 한마디가 뒤늦게 후회되었다. 억울한 일은 법이 알아서 다 처리해주는 줄만 알았던 철없던 사회 초년생 시절의 이야기다. 사장에게 월급 떼이고, 노무사와 법원으로부터 수수료 떼이면서 내가 얻은 것은 승소장 한 장이 전부였다. 상처뿐인 영광인기라. 현실은 미리 법을 알고 요리조리 빠져나가며 이용하는 사람들의 편이었다. 승소장을 손에 구겨쥐고 다시 화장실로 향했다. 밀린 카드대금 지불할 돈을 오매불망 기다렸던 아내에게 이 소식을 전하기가 너무나도 힘들었다. 당시엔 화장실이 나의 유일한 안식처였다.

실패를 받아들이는 것도 기술이다

2020년 중반에 7200억 원대 재산을 가진 것으로 알려졌던 미국의 갑부 스티브 빙이 극단적인 선택으로 세상을 떠났다. 그는 부동산 개발업자였던 할아버지에게 6억 달러의 재산을 상속받으면서 다니던 스탠포드 대학교를 중퇴하고 영화제작자로 활동했다. 돈과 인맥, 할리우드에서의 막강한 영향력을 갖추고 모두가 부러워할 만한 생활을 한다고 생각했지만 가까운 지인들은 스티브 빙이 정신적인 문제와 약물 문제로 힘들어했다고 전했다. 그는 연이은 사업 실패로 발생한 금전적인 문제로 개인 제트기와 대저택을 팔면서 우울증을 겪었다고 했다.

사람들은 대개 고난 없이 큰돈을 갖는 게 행복하다고 생각하지만 현실은 다르다. 고난을 통해 훈련되고 단련되는 과정 없이 큰돈을 갖는 것은 오히려 불행에 가까울 때가 많다. 내가 블로그에 달리는 악플을 웃어넘기는 것을 보고 구독자들은 어디서 그런 강철 멘탈을 얻은 것인지 묻곤 한다. 험난하고 굴곡진 20대의 실패가 쌓여서 만들어진 결과물이 지금의 나다. 고통이 찾아올 때마다 그것을 이겨내면서 한 단계씩 업그레이드된 것이 지금의 내 멘탈이다. 그리고 그만큼 역치가 높아져갔다. 역치란 생물이 외부환경의 변화, 즉 자극에 대해 어떤 반응을 일으키는 데 필요한 최소한의 자극의 세기이다. 업그레이드된 역치에 미치지 못하는 고통 따위는 더 이상 나에게 아픔을 주지 못했다. 20대의 숱한 실패와 그로 인한 시련은 나를 슈퍼 초사이어인(일본 애니메이션 〈드래곤볼〉에 나오는 궁극의 레벨)으로 탈바꿈시켰다. 실패와 시련의 인고의 시간이 이후 자잘한 고통 따위는 가볍게 즐길 수 있도록 멘탈을 키워줬다.

성공한 사람들은 실패를 어떻게 받아들였나

에디슨의 명언인 "실패는 성공의 어머니"라는 말을 수도 없이 들으면서 자랐다. 하지만 나는 그 의미를 도통 이해할 수 없었다. '굳이 실패를 겪을 필요가 있을까?' 실패는 안 겪는 게 최선이 아니냐는 단순한 생각이 들었기 때문이다. 그러다 성공이란 게 원래 백분의 일, 천분의 일의 확률로 일어나는 희박한 이벤트임을 깨닫게 되었다. 더불어 성공보다 실패에 익숙해질 수밖에 없는 현실에서 실패를 받아들이는 마음이 중요하다는 것도 깨닫게 되었다. 세계 페더급 복싱 챔피언 홍수환 선수가 네 번의 다운을 당하고도 리버스 KO승을 거둔 사전오기의 승부가 왜 그렇게 칭송을 받았는지도 알게 되었다. 그리고 "난 실패한 적이 없다. 단지 실패하는 만 가지의 방법을 발견한 것일 뿐"이라는 에디슨의 말도 이해하게 되었다.

실패가 유쾌한 일이 될 수 없지만 위대한 성공가들은 시선을 달리하기 위해 노력했다. 반복되는 실패를 어떻게 받아들이는가에 따라 결과도 180도 달라졌다. 미국 NBA 역사상 최고의 선수로 불리는 농구 황제 마이클 조던도 마찬가지다. 그의 메시지는 그의 팬들뿐만 아니라 모든 사람들에게 큰 울림을 준다.

"나는 선수시절 9000번 이상의 슛을 놓쳤다. 300 경기에서 졌으며 꼭 승리를 이끌라는 특별임무를 20번 정도 부여받고도 졌다. 나는 인생에서 실패를 거듭해왔다. 이것이 내가 성공한 정확한 이유다."

실패는 언제든 찾아와서 아픔과 쓰라림을 남기고 떠난다. 그 고통의 크기는 기울인 노력과 기대에 비례하거나 곱절이 되기도 한다. 그러나 결과를 떠나 실패를 겪은 뒤엔 누구나 한 단계 성장하게 마련이다. 최소한 두 번 다시 같은 고통을 맛보고 싶지 않다는 결심이라도 하게 되니 말이다. 그런 결심이 실천으로 이어지고 실패의 교훈이 또 다른 배움이 되어 결국 성공에 이르게 되는 것이 아닐까?

포기하지 않는 한 실패는 없다

나 역시 숱한 실패를 겪으면서 깨닫게 되었다. 특별한 운이 따르지 않는 이상 기대한 만큼의 결과가 뒤따르지 않는 것이 당연한 거라고. 언제나 기대한 결과에 비해 내가 공들인 노력의 크기가 작았다. 한 끼 굶고 체중계에 올라서고, 투자 서적 한 권 읽었다고 주식투자에 뛰어든 것이다. 입사 원서를 내면 합격할 거라 생각했고, 책을 출판하면 베스트셀러가 될 거라 생각했고, 내가 산 아파트는 다음 날부터 급등할 거라고 생각했던 것이다. 그렇게 근거 없는 자신감이 클수록 실패에 대한 좌절감도 컸다.

내가 생각하는 만큼 내 자신이 똑똑한 사람이 아니고 부지런한 사람이 아니라는 것을 인정하고 받아들이면서 실패를 바라보는 시선도 바뀌게 되었다. 목표 달성이라는 것도 원래 아주 희박한 가능성에서 끈질긴 두드림을 통해 그 가능성을 높여가는 것으로 이해하게 되었다. 실패할 때마다 내가 놓쳤던 부분에 대해 반성하고 그 개선점을 찾게 되었다.

성인영어시험 TOEIC과 일본어시험 JLPT 만점도 한 번에 받은 점수가 아니라 만점이 나올 때까지 계속 응시한 결과였다. 성인영어 대구 지역 일타강사가 된 것도 한 번에 이룬 성과가 아니라 최고의 강의를 만들기까지 부족한 강의 실력을 상쇄할 다양한 시도로 끈질기게 버틴 결과였다. 86킬로그램 배불뚝이 아저씨에서 74킬로그램 체지방 16의 균형 잡힌 몸을 만든 것도 원하는 결과를 얻을 때까지 끈질기게 버틴 결과였다. 자산의 증식도 창업 이후 안정적인 수익률을 유지하게 된 것도 같은 원리가 적용되었다.

즉, 실패란 실패 그 자체가 아니라 성공으로 나아가는 길목에서 누구나 겪는 통과의례라 여겼다. 실패는 당연한 거라고 끊임없이 나를 다그쳤다. 좌절하면서 포기하는 것이 실패인 것이지 성공으로 나아가는 중에는 실패는 그저 디딤돌일 뿐이다.

성공은 실패라는 벽돌을 모아서 짓는 집이다. 그런 벽돌을 쌓아 올리다 보면 어느새 멋진 집으로 완성되는 것이다. 벽돌 몇 개로 집을 지을 수는 없다. 한참을 쌓아 올려도 사람들은 무엇을 만들고 있는지 모를 수도 있지만 지붕을 올리는 순간 탄복할 것이다. 이렇게 멋진 집을 지으려고 오랜 시간을 힘들게 벽돌을 쌓았음을 알게 될 것이다.

그저 목표를 달성하는 데 시간이 얼마나 걸리느냐의 차이만 있을 뿐 방법은 같다. 그래서 반퇴 라이프를 즐기는 중년의 나이에도 에세이 작가, 소설가, 그리고 유튜버에 도전하는 데 겁이 나지 않는 것이다. 책이 잘 팔리지 않고 내가 만든 영상의 조회수가 안 올라가더라도 난 실망하지 않는다. 초라한 첫 모습에 사람들이 비웃을 수 있겠지만 난 끈질기게 버틸 거다. 낙담하고 좌절한 바로 그 순간에만 실패가 찾아온다는 것을 알기 때문이다.

복수하고 싶거든 보란 듯이 성공하라

나는 내가 일하는 분야의 전문서적 출간을 위해 끝없이 출판사의 문을 두드렸다. 그리고 열다섯 번의 거절을 겪은 뒤 열여섯 번째 두드림에서 마침내 대답을 얻었다. 2005년 드디어 첫 책 출간이 이루어졌고 그 이후로 베스트셀러도 탄생하게 되었다. 지금은 서른 권의 전문교재를 출간한 다작의 저술가가 되었고 일본과 베트남에서도 판매되고 있다. 이제는 출판사에서 출판계약서를 들고 대구로 직접 내려올 정도로 상황이 역전되었다. 출판사 대표가 직접 찾아와 차기작을 기획하며 함께 식사를 할 때의 기분이란 이루 말할 수가 없다.

어느 날 한 출판사로부터 메일 한 통을 받았다. 책을 출간해보자는 제안서였다. 언젠가 나의 샘플 책을 쓰레기통에 던져넣었던 바로 그 회사였다. "제안서 읽어보고 연락드릴게요"라는 답장을 보낸 뒤 그 메일을 휴지통으로 보내고 발신자를 스팸 처리했다. 그간 쌓였던 체증이 한순간에 가시는 기분이었다.

나는 수없이 반복된 실패를 겪었다. 하지만 잘 극복하고 지금은 내 기준으로 '썩 괜찮은 인생'을 살고 있다. 역경이 없는 시기가 얼마나 되겠는가. 하지만 역경은 극복해야 할 하나의 과정일 뿐 실패가 아니다. 굴복하지만 않으면 분명 최선의 결과에 도달할 수 있을 것이다.

반퇴 라이프를 위해 살면
반퇴 라이퍼로 살게 된다

자발적인 은퇴의 전제조건은 경제적 자유다. 일하지 않고 살려면 남은 삶 동안에 쓸 돈이 있어야 하니 말이다. 나는 영어교재를 여러 권 출간해서 얻는 인세 수입이 있었다. 그리고 어학원과 출판사를 운영하면서 얻는 안정적인 수입도 있었다. 마흔의 나이에 나는 금융 자산으로부터 발생하는 약간의 고정수입과 월 고정수입을 확보한 후 은퇴를 선언했고, 본격적인 은퇴생활을 즐기기 시작했다. 은퇴 후 하고 싶었던 버킷리스트도 하나씩 지워나가고 있다.

은퇴 후 꿈꾸던 버킷리스트를 실현하다

은퇴 후 가장 먼저 하고 싶은 일은 학창시절의 동기들을 만나 묵은 회포를 푸는 것이었다. 초등학교 시절의 코찔찔이 친구들을 다시 만나니 다들 주름이 늘고 배가 볼록하게 나왔을 뿐 당시의 모습이 그대로인 게 신기했다. 별명이 원숭이인 한 친구는 이마에 주름살이 늘어난 노화된 원숭이가 되었을 뿐 하는 짓은 다를 바가 없었다. 어릴 적 해외 이민 간 친구들도 SNS를 통해 다시 만날 수 있었다. 하지만 만남을 거듭할수록 삶의 공통분모가 적어서인지 대화가 유연하게 이어지지 않았다. 첫 만남의 감흥이 점점 떨어지면서 모임에 대한 나의 관심도 시들해졌다. 동기들의 허풍과 자랑, 영업, 신세타령이 이어지더니 술주정하는 친구들이 서로 먹살을 잡는 모습까지 보게 되었다. 결국 나는 발길을 돌렸다.

두 번째는 유년시절의 추억이 담긴 장소를 하나씩 찾아다니는 것이었다. 초등학교 시절 가재 잡으러 다니던 추억의 동선을 따라가보기도 하고 중학교 시절 친구들과 같이 다니던 오락실에도 가보았다. 내 삶의 터닝포인트가 되었던 호주를 다시 방문하여 유학시절에 살던 곳을 가족과 함께 둘러보며 추억을 더듬어갔다. 어린 시절에 찍은 사진을 들고 같은 장소에서 같은 포즈로 사진을 찍는 재미도 쏠쏠했다. 하지만 이 역시 시간이 흐르자 더 이상 가볼 만한 곳이 없어졌다. 안타깝게도 횟수와 감흥은 반비례했다.

나의 세 번째 버킷리스트는 가족과 함께하는 시간 갖기였다. 조기은퇴는 젊은 시절의 치열한 삶을 의미한다. 별 보고 출근하고 별 보고 퇴근하는 것은 기본이고 주말에도 특근에 투잡을 뛰었으니 당연히 가족과 함께하는 시간이 부족했다. 그에 대한 분노의 리벤지로 가족시간을 가졌다. 가족 식사나 바깥나들이를 자주 하며 그간 소홀했던 가족들을 두루 챙겼다. 캠핑카라반을 구입해서 전국의 오토캠핑장을 돌아다니며 아이들과의 시간을 가졌다. 던지면 자동으로 펼쳐지는 텐트와 캠핑 도구를 챙겨 들고 나가 가족과 자연을 누렸다.

아이들과 함께하는 갯벌체험, 문화체험은 그동안 내가 꿈꿔왔던 행복한 시간이었다. 부모님을 모시고 영화관람도 하고 아버지와 단둘이 해외여행을 다녀오기도 했다. 어머니와 어머니 친구들, 이모들 모시고 왁자지껄 수다 이벤트로 맛집 탐방도 즐겼다. 그러나 아이들이 사춘기에 접어들면서 가족 모임을 꺼리게 되었다. 부모님은 해가 갈수록 몸이 쇠약해져 여행을 나서는 것도 무리였다. 나 역시 어느 순간 집에서 가만히 쉬는 것도 여행 못지않은 괜찮은 시간이라고 여기게 되었다.

네 번째는 어릴 적부터 좋아하던 야구를 원 없이 해보는 것이었다. 나는 프로야구가 시작된 1982년부터 삼성라이온즈의 팬이었고 경기를 텔레비전이나 경기장에서 보는 것으로도 부족해 직접 사회인 야구 동호회에 가입해서 경기에 나서기도 했다. 은퇴하던 해부터는 본격적인 취미생활에 나서면서 참여하는 동호회의 수를 늘렸다. 연간 120회 정도 야구경기에 참가한 적도 있었는데 웬만한 프로야구 선수보다 더 많은 경기를 뛴 셈이다. 하루 3경기에 나선 적도 있었고 전국 사회인 야구 토너먼트대회에 참가해서 전국을 누비기도 했다. 여러 차례 팀 우승 그리고 개인 수상을 하면서 그 재미에 흠뻑 빠져 있었지만 몸에 조금씩 무리가 생기기 시작했다. 팔꿈치 인대를 다치고 무릎 연골이 찢어지는 등 수술과 시술을 받으면서 몸이 나빠지기 시작했다. 신체적 노화로 인해 부상이 잦아지고 그로 인한 재활 시간도 길어지면서 야구에 대한 감흥이 시들해졌다.

다섯 번째는 해외에서 살아보는 것이었다. 가족과 함께 여행을 다니다 눌러앉기를 시도했다. 베트남과 태국에서 각각 2개월씩 살

왔다. 호텔에 머물기도 했고 에어비앤비를 통해 현지인 거처에서 살아보기도 했다. 노을 진 바다를 바라보며 칵테일을 마셨고 밤하늘에 쏟아지는 별을 바라보며 백사장에 누워 있기도 했다. 현지인들의 조촐한 길거리 파티에서 함께 노래 부르며 취해보기도 했고, 사교파티에 초대받아 상류사회의 럭셔리 라이프도 체험했다. 다양한 국적의 여행자들과 함께 여행도 하고 오토바이를 타고 이동하는 1박 2일 바이크 여행, 그리고 바다 위 럭셔리 크루즈에서 한가한 시간을 보내기도 했다. 직장에서 해방된 자유를 만끽하며 마음 한 켠에 저장해둔 로망을 현실화했다. 그러나 자꾸 매운 것이 당기고 친구가 그리웠다. 호주 오페라하우스 인근의 근사한 레스토랑에서 안심 스테이크를 썰고 있어도 한국의 시끄러운 막창집 숯불 위에서 지글지글 굽던 막창과 소주 한잔의 그리움이 점점 커졌다.

은퇴의 기쁨은 시간의 흐름에 반비례한다

은퇴 선언 후 그동안 마음속에만 담아두었던 일들을 차례로 해나가며 오롯이 나만을 위한 시간을 가졌다. 그러나 오매불망 기다렸던 신차를 인도받았을 때의 벅찬 기분이 영원하지 않는 것처럼 은퇴의 감흥도 점차 사라졌다. 사람의 마음이란 게 이렇게 간사한 법이다.

은퇴자들이 말하는 '은퇴공식'이라는 것이 있다. 은퇴 후 1년간은 즐겁고 2년째부터는 무료해지고 3년째부터는 존재감을 잃어버려 허망하다는 것이다. 나는 선배들의 은퇴공식을 그대로 따랐다. 은퇴의 기쁨은 은퇴하는 날을 최고조로 해서 시간의 흐름과 반비례하여 하강하는 '은퇴기쁨 한계효용의 법칙'을 적용받았다. 그리고 어느덧 무료해지는 일상이 이어졌다. 지인들 대부분이 한창 일하고 있을 시간이니 딱히 연락하거나 만나기도 쉽지 않았다. 자영업을 하는 지인들의 매장에 놀러가는 것도 하루 이틀이지 자꾸 찾아가는 것도 눈치가 보였다. 언제 가더라도 한결같이 나를 반겨주는 건 오로지 단골 술집 사장님과 헬스장 트레이너뿐이었다.

그러다 나의 존재감이 점차 사라지는 걸 깨닫는 시간이 찾아왔다. 분명히 내가 없으면 돌아가지 않을 것 같았던 사회였는데 말이다. 이제는 나 하나쯤 없어져도 아무런 문제없이 잘 돌아가는 모든 것들에 섭섭함마저 느껴진다. 마치 군부대를 FM으로 이끌던 분대장이 "나 없이 이 소대 돌아갈지 걱정돼 제대도 못하겠네"라는 말을 남기고 제대했건만 그의 우려와 달리 소대는 알아서 돌아가는 이치와 같다. 2008년 베이징올림픽에서 야구 금메달의 주역인 이승엽 선수가 국가대표를 은퇴할 때 온 국민이 걱정했지만 이후 프리미어 12 세계야구대회에서 우승을 차지했듯이 말이다.

그토록 꿈꾸던 조기은퇴였지만 그 역시 좋은 점만 있는 것이 아니라는 것을 나는 절실하게 배워가고 있었다. 나들이 가기 딱 좋은 날씨에 만날 사람도 갈 곳도 마땅치 않은 날, 갑자기 무엇을 해야 할지 모르는 순간이 찾아왔다. 그 순간에 나는 직장의 의미를 다시 떠올리게 되었다. 직장은 단순히 월급만 주는 곳이 아니었던 것이다. 취업을 준비할 때는 직장에만 들어갈 수 있으면 좋겠다고 생각하고는, 막상 취업해서 일할 때는 사표를 가슴에 품고 다니면서 직장을 나갈 생각을 하는 게 사람의 마음인가 보다. 은퇴를 하고 나니 그렇게 다시 직장으로 돌아오고 싶어졌다. 이런 생각을 하게 될 줄은 정말 몰랐다.

은퇴생활에서 찾은 황금 같은 교훈

나는 다시 현역으로 복귀 후 반퇴 라이프를 살고 있다. 오전에는 직장생활을 하고 오후와 저녁에는 자유시간을 누리고 있다. 한창 왕성하게 활동할 때만큼 벌이가 되는 것은 아니다. 그러나 최소한 사람들이 내가 없으면 안 된다고 느낄 만한 존재감을 보여주고 있다.

아침 6시에 일어나서 새벽 운동을 마치고 샤워를 한다. (코로나로 지금은 체육관 출입을 자제하고 있다.) 그렇게 상쾌해진 몸과 마음으로 직장에 나가 사람들과 반갑게 인사하는 즐거움이 얼마나 큰지 모른다. 불과 몇 년 전, "이놈의 직장! 빨리 때려치워야 하는데!"라고 말했던 바로 그 직장에서 말이다.

오후가 되면 나만의 시간인지라 자유로운 은퇴 느낌도 여전하다. 점심은 집에서 싸온 도시락을 먹기도 하고 날씨가 좋은 날에는 직장 동료와 함께 가까운 야외로 나가 좋은 음식과 자연의 향기를 맡으며 느긋하게 쉬고 오기도 한다. 때로는 아예 바닷가나 강가로 가서 밤까지 혼자 캠핑을 즐기기도 한다. 이 재미를 위해 차 트렁크에는 언제나 캠핑 장비들이 실려 있다. 분명한 것은 시간이 남아돌 때는 놀러 가기도 귀찮았는데 일을 하고 나니 놀러 가는 재미도 훨씬 커졌다는 사실이다.

아침에 일어나 '오늘은 뭘 하지?'라는 고민도 더 이상 할 필요가 없어졌고, 주말 아침에 즐기는 늦잠의 달콤함도 다시 찾게 되었다. 시간이 남아돌았던 은퇴시절에는 오히려 느낄 수 없었던 소중한 즐거움이다. 일이 주는 즐거움과 나의 존재감을 인정받는 행복이야말로 3년간의 짧은 은퇴생활에서 내가 되찾은 황금 같은 교훈이다.

반퇴 라이프에 필요한 4가지 요소

직장인이 꿈꾸는 은퇴자의 삶이 생각보다 낭만적이지 않을 수도 있고, 막상 은퇴자가 된 뒤에는 직장인으로서의 삶이 그리워질 수 있다. 적어도 내게는 그 중간지점인 반퇴 라이프가 딱 맞는다.

은퇴 혹은 반퇴에는 철저한 계획이 필요하다. 내가 생각하는 반퇴 라이프의 필수요건은 다음 4가지다.

1. 은퇴 후 안정적인 월수입

국민연금, 개인연금, 주식배당금, 수익형 부동산의 월세수입, 지적재산권에 의한 인세수입 등 안정적인 수입원이 필요하다. 미국의 조기은퇴를 추구하는 사람들을 뜻하는 파이어족의 경우(Financial Independence Retire Early) 대부분 월 수익을 주식투자수익률로 계산하는데 위험한 발상이다. 역대 최장기 주식상승장이기에 지금까지는 연 목표수익률 6~7퍼센트를 넘어섰지만 주식의 변동성과 남아있는 50년 이상의 은퇴시기를 고려한다면 주식은 경제적 안정이라는 요소로 반영하지 않는 것이 좋다. 단 삼성전자 우선주의 배당금이나 배당주 펀드 등의 3~4퍼센트 수익률은 안정적이라고 볼 수 있다. 또한 목표수익률 5퍼센트 정도의 중위험 ELS도 99퍼센트에 육박하는 만기상환율로 인해서 은퇴 이후 안정적인 고정수입으로 볼 수 있다.

2. 예상되는 월 지출비용

생활비, 자녀교육비, 자신의 용돈 등을 포함한 총예상 지출비용을 계산해야 한다. 은퇴 이후에는 얼마나 더 벌 수 있는가보다 얼마나 덜 쓸 수 있는가에 초점을 맞춰야 한다. 자녀교육비의 경우 홈스쿨링을 통해 낮출 수 있는 방안도 생각해볼 만하다.

3. 반나절 정도의 근로수익

월 지출비용에서 은퇴 후 월수입을 뺀 금액이 반퇴 라이프에서 필요한 일자리를 통해 벌어들여야 할 수익이다. 금액이 클수록 반퇴 라이프의 의미가 퇴색된다. 월수입을 늘려서 일자리 수익을 백만 원 이하로 낮추는 것이 중요하다. 돈을 목적으로 일하는 것이 아니라 일 자체가 주가 되어야 성공적인 반퇴 라이프를 유지할 수 있다. 탄력적으로 근무시간을 조정할 수 있다면 최상의 일자리다.

4. 취미생활

반퇴 라이프로 생긴 얽매이지 않은 시간을 어떻게 활용할지가 중요하다. 은퇴생활에서 취미생활을 빼고 나면 무료한 일상이 이어져

병원에서 죽을 날을 기다리는 병든 환자와 다를 바가 없다. 취미생활은 자신의 삶을 더 윤택하게 만들기 위해 반퇴 라이프를 결정한 궁극의 이유다. 원래 좋아하던 것이건 새롭게 도전해볼 것이건 무엇이든 좋다.

일시적 불균형을 기꺼이 감내하라

반퇴 라이프를 위해서는 은퇴를 위한 자금 마련이 가장 중요하다. 짜낼 수 있는 모든 돈을 모아야 한다. 그러자면 워라밸은 잠시 접어두는 것이 좋다. 일과 자유시간을 균형 있게 활용하는 것은 지극히 이상적이지만, 그러려면 정년까지 일을 해야 하고 정년 이후에도 일에 얽매여야 한다. 반퇴 라이프는 다음 3단계로 완성된다.

1단계 : 투잡이건 쓰리잡이건 악착같이 돈을 벌고 아끼고 모아서 굴린다.

2단계 : 최소한의 은퇴자금으로 최대한의 월수입을 안정적으로 뽑아내게 만든다.

3단계 : 최대한 빨리 은퇴한 후 최소한의 근로시간과 최대한의 자유시간을 즐긴다.

1, 2단계 없이 3단계로 갈 수는 없다. 돈을 벌고 모으는 과정에서는 일시적인 불균형을 받아들일 수밖에 없다. 이 과정이 쉽다면 누군들 월급 노예로 살고 싶겠는가. 돈을 모으고 불리는 과정 없이 워라밸만 추구하다가는 반퇴 라이프가 아니라 가난한 프리랜서 신세 면하기 어렵다.

제 2 장

벌기

직장이건
창업이건
일단 좀 벌자

조기은퇴의 열쇠는
침대 위에 있지 않다

나는 아둥바둥 살고 싶지 않았다. 기나긴 인생을 최대한 짧은 시간에 열심히 살기로 마음먹고 일했기에 조기은퇴가 가능했다.

지금도 하는 일은 많다. 나의 공식적인 직업은 영어 강사다. 2002년 이후로 대학생과 직장인에게 성인영어시험에 대한 풀이방법을 가르쳐왔다. 다만 은퇴 전 시기와 은퇴 후 강의로 다시 복귀한 지금 다른 점이 있다면, 하루 10시간 이상의 강의를 하던 그때와 달리 지금은 하루 2시간만 강의를 한다. 오전에 짧은 시간만 할애하면 되니 반퇴 라이프의 하루 일정이 훨씬 여유롭다. 월 25일가량 강의하던 은퇴 전과 달리 월 18일 강의하고 나면 나머지는 자유롭게 일정을 조절해서 개인 시간을 가질 수 있다.

다른 일은 직접 어학원을 경영하는 것이다. 강사들과 직원들을 교육하고 각종 세무행정업무를 맡아 처리하고 있지만 오랫동안 해왔던 업무다 보니 일의 강도가 낮다. 또한 지분을 가지고 있는 공동대표를 영입해 일상 업무를 대신하고 세무, 마케팅 등의 업무는 아웃소싱으로 외부인력을 필요한 시기에 수혈해서 처리한다.

부동산과 주식시장에는 직접투자를 하고 있으며, 일본펀드와 베트남 고금리예금에 분산투자 중이다. 시시각각 변하는 부동산정책과 세계경제의 흐름을 파악하고 공부하는 것도 내가 하는 중요한 일 중 하나다.

또 상가임대업을 하며 세입자 관련 문제와 상가 유지 및 보수에 관한 업무를 보는 것도 나의 일 중 하나다. 세입자들의 애로사항을 듣고 같이 문제 해결을 위한 방안을 토론해야 한다. 또 계속 영업이 가능한지 체크해서 필요시 새로운 임차인을 구할 수 있게끔 준비해 둬야 한다.

그 외에 24시간 무인 스터디카페도 경영하고 있고 거제도의 아름다운 바닷가에서 펜션도 운영하고 있다. 어학교재 저술도 꾸준히 해오고 있는데 해마다 한두 권의 책을 출간하고 있다. 어학교재를 출판하는 일도 나에겐 중요한 일이다. 은퇴 전보다는 훨씬 자유롭게 활동하고 있지만 보통 사람들보다 더 많은 일을 하고 있다.

누가 시켜서 하면 일, 내가 원해서 하면 게임

코로나 바이러스 확산으로 인한 '거리두기'라는 특수한 상황은 나를 새로운 도전으로 이끌었다. 사람들과의 대면을 차단한 이른바 '언택트' 상황에서 그나마 다른 사람들과 연결될 수 있는 고리를 찾은 곳이 바로 온라인 세계였다. 인생의 낭비라고 했던 SNS 세계로 그렇게 입문하게 되었다. 나의 도전 이야기를 담은 개인블로그(blog.

naver.com/ohtoeic)를 개설했다. 거기서 부동산 및 주식투자에 관한 개인적인 생각을 정리하기 시작했고 국내외 경제를 바라보는 나의 시야를 포스팅했다. 비슷한 시야의 랜선 이웃들과 시사경제 관련 토론을 즐겼고 그 결과물을 네이버 부동산 스터디카페 등의 SNS에 공유했다.

2020년 3월 대구에서 코로나 바이러스 확진자 수가 치솟으면서 어학원의 오프라인 강의가 불가능해졌다. 비대면 강의만 허용되는 시기라서 유튜브와 아프리카TV, 줌 등의 실시간 강의는 피할 수 없는 선택이었다. 그렇게 실시간 강의를 통해서 만들어진 영상을 편집하여 유튜브, 네이버TV 등에 업로드함으로써 온라인 채널을 넓혀나갔다. 다양한 콘셉트의 영어강의 영상을 만들어 채널에 올리면서 온라인 강의에 점차 익숙해져갔다. 유튜브 채널을 운영하는 것은 생각보다 일이 많았다. 기획부터 편집 및 업로드 과정을 직접 경험해보고 싶어서 개인 채널을 개설했는데, 몇 해 전 외식업을 운영하기 위해 설거지부터 야채를 다듬는 주방 일을 배우던 시절이 떠올랐다. 대표는 실무와 경영 모두에 능해야 한다는 경영철학을 온라인 버전으로 실천하고 있는 셈이었다.

2020년 6월 나의 서른 번째 성인영어시험을 위한 전문교재가 출간되었고, 기존에 저술했던 전문교재들 중 일부는 전자책 형태로 제작 중이다. 나의 20대 시절도 소설로 담아보고 싶어 초안을 쓰고 있는데 이 또한 나에게는 새로운 도전이다.

여기에 아이들 대입시험 준비까지 아버지가 아닌 영어 전문가로서 지원하다 보니 하루 수면시간이 5시간 내외일 정도로 부족하다.

독자들은 이런 나의 생활에 대해 "이게 무슨 반퇴 라이프냐?"며 의문을 제기할 수 있다.

그러나 여기에는 중요한 포인트가 있다. 나의 근무일정은 강의 시간을 제외한 모든 시간이 자유롭게 조절 가능하다. 어떤 날은 하루 종일 일하기도 하지만 어떤 날은 하루 종일 쉬기도 한다. 모든 일정이 나의 자유의지에 따른다. 반퇴 라이프는 자신의 스케줄을 직접 짤 수 있다는 것이 가장 큰 장점이다.

누가 시켜서 하는 일이면 그것은 업무지만, 내가 원해서 하는 일이면 그것은 게임이다. 하다 보면 시간 가는 줄 모르는 흥미로운 일이다. 이렇게 일 자체가 즐거우면서 돈까지 벌 수 있으면 더 좋다. 져도 즐거운 시간이지만 이기면 더 기분 좋은 게 게임 아닌가? 그래서 게임하는 모든 시간이 즐거움 그 자체다.

나는 게임을 즐기는 게임 플레이어다. 10대 때는 전자오락 '스트리트 파이터'의 캐릭터들 중 하나인 '가일'을 컨트롤하면서 그의 필살기인 '소닉 붐'을 쏘는 게임 플레이어였다. 20대 땐 당구장에서 내기 당구를 즐기며 '빗겨 치기'와 '제각 돌리기' 신공을 펼치던 게임 플레이어였고, 30대 때는 야구장에서 평범한 땅볼을 '알까기'하며 헛웃음을 터트리던 게임 플레이어였다. 매번 좌절도 있었고 희열도 있었지만 게임을 하고 있다는 자체만으로 언제나 즐거웠다. 나에게 블로거, 유튜버, 저술가로서의 삶은 일이 아닌 게임이기에 직원이 아닌 게임 플레이어의 삶을 사는 것이다. 마흔여섯에 실패하면 마흔일곱에 또 하면 되는 게임이다. 실패하더라도 나의 도전은 족히 반백 년 동안 즐길 수 있는 게임이다.

강의 첫발 내딛기와 버티기

직장은 부모 도움 없이도 먹고살게 해주는 곳이지 부자로 만들어 주는 곳이 아니다. 어떤 계산법도 연봉으로 경제적 자유를 주는 경우는 없다. 나 역시 평범한 직장인이었다면 조기은퇴는 불가능했을 것이다. 내가 가진 영어와 일어 실력을 뽐낼 수 있는 대기업에 입사한 기쁨은 잠시였다. 방 한 칸 더 늘리려고 전세대출금을 알아보는 김 대리를 보며 5년 후 나의 모습을 예측할 수 있었다. 며칠이면 배울 수 있는 단순 업무를 아직까지도 하고 있는 박 과장을 보며 10년 후 나의 모습을 예측할 수 있었다. 합격의 기쁨이 사라진 후 찾아온 미래에 대한 두려움을 감당할 수 없었다. 스물일곱 나이에 이미 두 아이의 아빠였던 나는 월급으로 저축은커녕 네 식구 입에 풀칠조차 쉽지 않을 것임을 직감했다. (당시에는 부동산, 주식, 사업투자에 대한 지식이 전무한 상황으로 수입원은 오로지 월급뿐이었다.)

나는 최소한 거주비용은 줄여야겠다는 생각에 대구로 귀향했다. 그리고 우연한 기회에 성인영어시험 강의에 뛰어들게 되었다. 결심은 생각보다 단순했다. 당시 월 1억 원의 순수입을 올리던 업계 강사를 보면서 꿈을 키워나갔다. '분명 내가 저 선배보다 우위에 있는 것이 있지!' 내 나이가 훨씬 어렸다. 선배가 나이 먹어 쓰러질 때까지만 버텨내면 나에게 기회가 올 것이라는 단순한 생각을 한 것이었다. 유일한 무기가 나이였다. 운 좋게 그 선배는 나이를 덜 먹고도 무리한 음주가무로 쓰러졌다. 그렇게 기회가 찾아왔고 나는 다른 강사들에 비해 확실한 입지를 굳히며 그의 자리를 넘보고 있었다.

지방 강사들 중 처음으로 전국에 출판하는 전문교재의 저자가 되었고, 강의 후 다양한 사후 관리 시스템을 만들어 학생들의 충성도를 높였다. 개인 홍보와 마케팅 비용을 일정 부분 투자했고, 대학 및 대형 어학원 관계자들과 친분을 만들어 관리해나가면서 몸값을 올렸다. 출판사 관계자들과도 꾸준히 연락하면서 좋은 조건의 계약을 제시받았다.

나는 순발력 있게 때로는 능글맞게 처신하면서 어느덧 대구 경북 지역의 강의 매출 1, 2위를 다투는 강사가 되었고, 업계 매출 전국 2위를 기록하게 되었다. (대단한 기술이 사용된 게 아니다. 원래 전국 3위를 유지하고 있었는데 갑자기 전국 2위가 은퇴하는 바람에 내가 2위에 올라선 것이다. 이래서 젊어서 시작하는 게 좋다. 자기 관리를 잘하면 생각보다 빨리 기회를 잡을 수도 있다.) 이제 남은 건 한 명이었다. 황제펭귄 닮은 '뚱띠'만 잡으면 되는 상황이었다. 그런데 하버드 대학 출신의 전미 언어 능력 0.1퍼센트 안에 드는 황제펭귄은 생각보다 훨씬 건강했다. 그가 나자빠지기 전에 결국 내가 먼저 자빠졌다. 마흔이 되면서 은퇴를 선언했기 때문이다.

부동산투자 첫발 내딛기와 버티기

나는 사회에 첫발을 내디딜 때부터 금융, 주식, 부동산 관련 책을 독파하기 시작했다. 추천받은 투자 서적과 투자 구루들의 자서전을 닥치는 대로 읽었다. 부동산 뉴스와 주식 뉴스는 매일 정독했고 경제신문을 구독하며 다양한 경제정보를 습득했다. 처음 몇 개월은 이해하기도 어려웠지만 차차 가속도가 붙기 시작했다.

"넌 투자할 돈도 없으면서 뭐 하러 투자 공부하니?"

주위 사람들이 물어보는 것도 당연했다. 당시에는 투자할 돈이 없었다. 하지만 언젠가 절호의 투자기회가 왔을 때, 그제야 공부한다면 늦을 거라는 생각 때문에 서두른 것이다. 소규모 투자금액으로 조금씩 실전연습을 시작했다. 주식이건 부동산이건 내가 스스로 결정해서 구매한 종목 혹은 아파트가 나중에 어떻게 되는지 추적하는 방식으로 임의투자 연습을 반복했다. 앞 건물에 가려진 뷰를 가진 남향의 아파트보다 뷰가 좋은 동향의 아파트가 향후 가격상승이 더 가파를 것으로 예측해봤다(2000년대 초반은 전망보다 향이 훨씬 가치가 있을 때였다). 도심지 내의 그린벨트도 도시가 확장되면서 정책적으로 해제가 이루어졌을 때 땅이나 시골집을 어디에 보유하고 있는 것이 수익률 면에서 가장 좋을지를 스스로 묻고 답하기를 즐겼다.

나의 부동산투자는 비교적 간단했다. 투룸 빌라에서 전세로 신혼생활을 시작한 나는 70퍼센트의 대출을 일으켜 20평대 아파트를 샀다. 스물아홉의 나이에 자가 실거주 한 채를 마련하고자 시작한 첫 부동산투자였다. 빚지고 사는 것에 대한 거부감이 있었던 당시 시대 분위기상 무리한 대출이라면서 주위에서 얼마나 반대가 심했는지 모른다. 또한 그때는 지금보다 고금리 시절이라 대출이자에 대한 부담이 훨씬 컸고 지방 부동산은 침체기였기 때문에 시세차익을 보는 투자라는 개념이 없었다. 하지만 난 결심을 굽히지 않았고 지하철 개통을 1년 앞둔 역세권 대단지 아파트를 골라서 매입했다. 월세

내며 살았던 해외생활에 익숙했기 때문에 대출이자를 매월 내면서 집을 사는 것이 낯설지 않았다.

"대출이자 무서워하면 아무것도 못해요. 어차피 집에 거주하려면 월세를 내야 하는데 이자가 월세라고 생각하면 된다니까요!"

이렇게 가족과 친지들을 설득하느라 진이 빠져버렸다. 어차피 내가 갚을 돈인데 '남격정위원회' 위원들이 총집결해서 날 괴롭혔다. 그리고 지하철이 개통된 뒤 나는 2배 차익을 남기고 매도했다.

두 번째 부동산투자는 당시 대구의 최고가 아파트였다. 수중에 쥐고 있던 자본금은 아파트 가격에 한참 모자랐다. 기존에 가지고 있던 아파트를 매도해 그 자금을 이용하려 했지만 매도가 여의치 않아서 전세로 돌리고 있었다. 그러나 지름신이 강림하신 마당에 매수지를 생각을 하면 초인적인 힘이 생겨나게 마련이다. 허리를 너무 세게 졸라매다 보니 허리띠 구멍이 더 이상 안 보일 지경이었다. 하루 8시간에서 10시간의 근무시간을 12시간으로 늘렸다. 토요일과 일요일 근무도 만들어서 수익은 늘리는 반면 돈 쓸 시간은 없게 만들어버렸다. 2014년 70퍼센트의 대출을 이용해서 매입을 단행했고 현재 3배 이상의 시세차익을 올리고 있다. 당시 대구 부동산시장은 악성 미분양이 전국 1위를 달리는 상황이라 모두가 투자를 멀리하던 시기였다. 단지 나는 투자의 대가들이 말하는 역발상 투자(모두가 등을 돌릴 정도로 최악의 시기에 감행하는 투자방식)의 최적기라 판단했을 뿐이다. 몇 년간 집값이 하락세를 유지하면서 투자 실패한 낙오자로 찍히는 불편함 정도만 버티면 됐다. 여러 채의 분산투자보다 일찌감치 '똘똘한 한 채'로 돌진함으로써 각종 세금으로부터 자유로

워지고 공동명의를 통해서 종합부동산세(종부세)의 위험에서 벗어날 수 있었다.

사업투자 첫발 내딛기와 버티기

2008년 미국 금융위기발 주식 폭락으로 원금의 절반이 증발한 채 2년 이상의 시간을 장기투자로 버텼다. 그리고 원금을 훌쩍 넘긴 주식자금을 종잣돈으로 대구 학원가 중심지에 어학원을 설립했다. 역시나 전국 각지에서 몰려든 '남격정위원회' 위원들의 걱정을 들어주는 일이 가장 고달팠다. 내가 어학원을 창업해서는 안 되는 이유를 자기 땀구멍 개수만큼이나 준비해서 닦달을 했다.

강의를 잘하는 것과 어학원 운영을 잘하는 것은 별개의 문제였다. 어학원의 창업부터 운영 및 홍보 마케팅에 이르기까지 모든 일들을 직접 도맡아 처리하면서 우여곡절의 시기를 보냈다. 수강생이 적어서 폐강이 속출하는 최악의 시기를 출판한 교재의 베스트셀러 진입으로 버텨냈다. 2년간 적자였지만 간신히 손익분기점을 맞추고 마침내 대구 중심지의 학원 매출 2위 업체로 성장시켰다.

그리고 믿었던 사무장이 유명 강사 몇 명과 학생명단을 빼돌려 인근 지역에 기습으로 개원하는 일도 있었다. 또 직원의 실수로 학원 운영이 일시 중단되는 위기를 맞기도 했다. 어학원 내에서 강사들끼리의 파벌싸움, 직원들과의 마찰 등 수많은 정치적인 일들도 해결해야 했다. 내가 가진 전략이라고는 다른 어학원들이 자빠질 때까지 버텨내기 정도가 전부였다. 기존 시장의 장벽 뚫기가 마음처럼 쉽겠는가? 뚫다 지쳐 자빠지기보다 뚫릴 때까지 자빠지지 않기를 직원들과 나 스스로에게 주문했다. 그렇게 위기와 역경을 딛고 어학원은 성공 궤도에 올라섰고 지금은 안정적인 운영이 이뤄지고 있다.

침대에 누워 유튜브만 보면 뭐가 달라질까

평범한 직장인이 경제적 자유를 얻어 조기은퇴를 실현하는 데는 많은 제약이 있을 것이다. 각자 주어진 환경이 다르기 때문이다. 나의 경우에는 사람들 앞에서 이야기를 조리 있게 표현하는 능력을 이용해서 강의활동, 저술활동, 어학원 창업을 했다. 그리고 근로소득과 사업소득을 통해 발생한 종잣돈을 주식시장에 재투자했고, 대출이자를 갚으면서 집값이 오르기를 기다렸다. 나의 경험을 모두에게 그대로 적용할 수는 없다. 하지만 각자 처한 상황과 특수한 환경에서 설계를 하다 보면 분명 힌트를 얻을 수 있을 것이다.

아마존과 쿠팡 그리고 네이버 스마트스토어 등의 온라인 쇼핑몰에 개인판매자로서 유통업에 뛰어든 사람도 있다. 자기만의 콘텐츠를 인스타그램, 유튜브와 틱톡 등 다양한 플랫폼에 업로드해서 홍보 수익을 내고 있는 사람도 있다. 또 쿠팡이츠 등의 단기 알바를 통해 근로소득을 발생시키고 수익은 적립식 ETF 투자로 복리 마법을 노린 주식투자자도 있다.

적은 돈이나마 자신만의 현금흐름을 만들어본 사람과 그렇지 않은 사람은 차이가 있을 수밖에 없다. 나는 다양한 수입원 확보와 지출규모의 축소를 통해 만든 종잣돈을 주식과 부동산에 투자했고, 이 과정에서 불어난 자산 덕분에 마흔의 은퇴선언이 가능했다. 또한 은퇴 이후 안정적인 재무조건인 매월 '불로소득-지출 > 0'을 지키기 위해 지출을 줄이거나 불로소득을 늘리는 안정적인 현금흐름을 하나씩 추가해나갔다. 종잣돈을 마련하기 위한 경제공부에 첫발을 내딛지 않고서는, 재벌 2세가 아닌 이상 누릴 수 없는 반퇴 라이프였다.

침대서 뒹굴며 "이불 밖은 위험해!"라고 외치는 즐거움을 누가 모르겠는가. 퇴근 후 캔맥주 하나 손에 쥐고 소파에 기대앉아서 텔레비전을 보거나 게임을 즐기는 여유는 얼마나 꿀맛인가. 백화점에서 지름신이 나의 영혼을 잠식하는 그 황홀함을 나 역시도 너무나 잘 안다. 그럼에도 불구하고 절제가 가능했던 것은 내가 지향하는 궁극의 쾌락이 있었기 때문이고, 나는 결국 그 쾌락을 현재 그리고 앞으로도 누리며 살 수 있게 되었다. 그런 의미에서 소파와 침대에 엉덩이 붙이고 뭉개지 않았던 젊은 날의 바이런베이에게 감사하다.

성공을 꿈꾸는 사람이 침대에 누워서 혹은 소파에 기댄 채 성공투자 유튜브 영상에만 빠져 있는 게 말이 되는가? 동기부여 영상과 책을 본 이후에 소파에서 일어서면 도돌이표마냥 원래의 내 모습으로 되돌아가는가? 100만 명이 시청한 영상이라도 성공은 누가 그 가르침을 실천했는가에 달려 있다. 소파와 침대는 잠시 몸을 기대는 휴식공간일 뿐 인생의 전환점을 위한 열쇠는 그 위에서 찾을 수 없다. 해답은 언제나 실천에 있다.

직장생활에 회의가 들면
어떻게 할까?

왜 엄마 친구 아들은 모두 명문대를 나와서 좋은 직장에 척척 붙더니 월급날이면 용돈까지 듬뿍듬뿍 챙겨주는 것일까? 왜 남의 남편은 좋은 직장에서 금세 자신의 능력을 인정받아서 굵직굵직한 프로젝트를 맡는 것일까? 왜 대학 동창들은 모두 회사에서 해외여행 보내주고 연말이면 보너스를 펑펑 주는 것일까? 왜 나만 이렇게 별볼일 없는 직장에서 다람쥐 쳇바퀴 도는 인생을 사는 걸까?

하지만 한 설문조사 결과를 보면 조금 다르다. 직장생활 중 사표를 내고 싶은 충동을 느낀 직원의 비율이 86.6퍼센트에 달했다.

사표 충동을 가장 크게 느끼는 순간 (출처 : 온라인 취업 사이트 '사람인')

1. 회사에 비전이 없다고 느낄 때 : 27.1퍼센트

2. 연봉이 낮다고 느낄 때 : 20.1퍼센트

3. 잦은 야근격무에 시달릴 때 : 9퍼센트

4. 상사에게 억울하게 혼날 때 : 8퍼센트

5. 열심히 해도 아무도 알아주지 않을 때 : 7.4퍼센트

밖에서 아무리 회사를 자랑해대도 실상은 날마다 사표를 만지작거리는 86.6퍼센트의 직장인들을 보라. 완벽한 직장은 존재하지 않는다. 좋아 보여도 불만을 억누른 채 버티고 있는 것이다. 모두가 신의 직장이라고 칭송해도 직장은 직장일 뿐이다.

이상적인 직장과 눈사람의 공통점 : 만들었더니 사라졌다

나는 사회인 야구 동호회에서 아마추어 야구를 즐긴다. 10년 넘게 활동하며 많게는 한 시즌 5개 팀에서 뛸 정도로 야구 마니아였다. 몇 개의 야구팀 활동에 참여해보면 이런저런 문제로 고생하는 팀들을 보게 된다. 타순에 대한 불만, 포지션에 대한 불만, 선수교체에 대한 불만 등 사람 사는 곳이 다 똑같지 않은가? 심지어 술 접대를 받으면 실력이 좀 모자라는 선수라도 선발 출전시켜주는 야구팀의 현실은 직장생활 판박이다.

그래서 모든 선수들이 참여만 하면 선발 출전을 할 수 있는 이상적인 팀을 직접 만들어보았다. (다른 선수들과 같은 액수의 회비를 내고도 경기에 선발 출전할 수 없는 것을 부당하게 생각하는 것이 일반적이다.) 좀 못하더라도 서로 격려해주는 팀 분위기를 만들어보았다. 결과가 어땠냐고? 인원이 모자라서 용병을 구하느라 매번 바빴다. (전원 선발 출전하는 팀을 만들려면 팀 인원수가 적어야 벤치멤버를 줄일 수 있다.) 실력 없는 선수들이 처음에는 선발 출전하는 기회를 얻어 좋아했다. 그러나 경기에서 매번 연달아 실수를 저지르면서 미안하다는 말을 입에 달고 살았고, 그걸 지켜보는 잘하는 선수들은 경기를 하고 싶은 마음이 생기지 않았다. 어설픈 실력에 다른 팀들의 비웃음만 샀다. 그러면서 수준에 맞지 않는 팀원이 싫다며 떠나는 선수들이 생겼고, 일부는 자신의 부족한 실력 때문에 미안하다며 팀을 떠나기도 했다. 결국 팀은 해체되었다.

이번에는 최고의 실력을 갖춘 선수들로만 구성된 팀을 만들어봤다. 최상의 전력을 갖추어 리그 우승을 차지하고 팀 분위기는 극에 달했다. 그러나 팀 우승을 결정짓고 난 이후에 팀은 해체되었다. 최우수선수상을 받지 못한 데 불만을 품고 팀을 떠나는 선수들이 생겼다. 중요 포지션을 두고 서로 싸우는 해프닝이 생기기도 했다. 또 자신은 4번 타자감인데 7번 타자로 넣어서 기분 나빴다며 떠나는 선수들도 생겼다. 이상적인 팀이라고 해서 불만이 없는 것은 아니라는 것을 깨달았다. 나갈 사람들은 나갔다.

나는 대구 중심지에 위치한 성인어학원 몇 곳에서 강의를 했다. 교육서비스업의 이미지와 달리 여자 강사들이 두 패거리를 만들어 강사실 내에서 싸움을 벌이는 것을 목격하기도 했다. 더 좋은 강의실 혹은 더 좋은 강의 스케줄을 얻기 위한 쟁탈전이었다. 더 좋은 포지션을 얻기 위해 뒷돈이 오가기도 했다. 원장이 거의 깡패 수준으로 강사와 학생들에게 욕설하는 곳도 있었고 심지어 강사들에게 어학원에서 출시하는 잡지나 도서를 수십 권씩 강매하기도 했다. 또 돈을 주면 더 많은 수강생들을 약간의 조작을 통해 보장해주겠다는 식으로 강사들에게 접근하기도 했다.

나는 가장 이상적인 어학원을 만들어보기로 했다. 자율적인 스케

줄에 강사 전원 합의체의 강의실 배정 등을 내세운 '일하고 싶은 어학원' 재건이 목표였다. 자유로운 복장 코드와 근무시간을 자율 조절 가능한 유연근무제와 같은 복지조건도 내걸었다. 내가 여러 어학원에서 겪었던 부당한 처사와 업무들을 모두 없애버렸다. 그리고 전 직원이 수직체계가 아닌 수평체계로 모두 동등한 직급으로 대우하게 했다. 그렇게 이상적으로 만든 시스템에 대해 후회하는 데 얼마 걸리지 않았다. 어딜 가나 불만이 있는 사람은 꼭 있었다. 대개는 좀 더 챙겨달라는 식이다. 인기 없는 강사는 좀 더 평등한 월급을, 인기 있는 강사는 보다 많은 홍보 마케팅을 지원해달라는 식이다. 앉으면 눕고 싶고, 누우면 자고 싶은 게 사람이다. 더 많은 것을 요구하기 시작했다. 호의가 반복되면 권리인 줄 안다. 이상적인 방식들은 당연한 것들이 되어버렸고 여전히 그들은 불만이었다. 결국 나갈 사람들은 나갔다.

한국과 호주에서 외식업 파트타임으로 일한 경험이 있다. 외식업은 일명 '주방 군기'라는 게 있어서 사장이나 주방장이 욕설과 고함을 서슴지 않는 경우도 흔하다. 신입이었던 나는 주방과 홀에서 온종일 욕만 먹고 하루를 힘들게 보내기도 했다. 그래서 언젠가 내가 외식업을 하게 된다면 말단 직원들도 기를 펴고 일할 수 있는 곳으로 만들겠다는 꿈을 꾸었다. 그 꿈을 깨는 데 걸린 시간은 외식업을 시작한 지 단 며칠이었다. 군대 갔다 온 사람들은 경험했을 것이다. 엄하고 무서운 상관에게는 말을 잘 듣거나 잘 듣는 척을 하지만 편하게 대해주는 자애로운 상관은 만만하게 보고 기어오르는 사람들을 봤을 것이다. 내가 운영한 식당은 모든 직원이 기를 펴고 일할 수 있는 곳으로 만들었다고 생각했다. 그런데 개뿔! 기를 펴고 일하다가 자기 입에 맞는 혜택만 쏙쏙 빨아먹고 퇴사했다. 통 크게 챙겨준 명절 보너스나 느긋하게 제공한 휴식시간, 자유롭게 조절해준 근무시간에 대해 퇴사 때 고맙다는 인사를 하는 직원을 본 적이 없다.

한 번은 주방장으로 일하러 온 사람이 묵을 곳이 없다고 해서 복지차원에서 주거를 해결할 수 있는 빌라를 6개월 계약으로 구해주었더니 며칠 일하다 말고 갑자기 몸이 아파 그만두겠다며 그날까지 일한 돈을 챙겨달라고 요구했다. 미안한 기색도 없었다. 또 한 주방 직원은 틈만 나면 경찰청, 검찰청 간다고 시간을 뺐다. 보험사기단으로 몰렸다면서 조사받는다고 반나절씩 빼는데 실제 조사를 받으러 간 것인지 술 마시고 못 일어난 날마다 그런 핑계를 댄 것인지 알 수 없었다. 하여간 그는 그렇게도 자주 아팠고 타던 차도 주인 닮아서 자주 아팠다. 본인이 아프건 차가 아프건 지각과 결근의 좋은 핑계가 되니 말이다. 같은 차를 타도 교육업계에서는 일 년에 한 번 있을까 말까한 사건사고들이 매월 혹은 매주 터진다.

잠시 돈 버는 재미에 빠져서 지점을 2개 더 열었는데 직원 관리에 질려서 동시에 다 문을 닫고 말았다. 걸핏하면 집에 일이 있다던 '카톡대마왕' 알바생이며 친구랑 전화하며 음식 서빙하는 '이원 생중계 전문' 알바생 등 세상에 본 적 없던 종족들을 한꺼번에 몇 명씩 영접하고 보니 평정심을 유지하기가 쉽지 않았다. 몇 년 후 나는 3개 식당을 동시에 폐업했다. 폐업 신고하는 날 백일 묵은 숙변이 쾌변으로 빠져나가는 듯한 후련함을 맛봤다.

내 수준에 딱 맞는 것들이 내 것이 된다

기본적으로 식당 알바생이 식당 사장이 된다. 어학원 강사가 어학원 원장이 된다. 출판사 영업사원이 출판사 사장이 된다. 페이닥터가 병원장이 된다. 야구 선수가 야구 감독이 된다. 여기서 재미난 사실이 있다. 월급쟁이 직원 시절에는 사장을 욕한다. 그랬던 그가 대표가 되면 직원을 욕한다.

애초에 사장과 직원이 좋은 관계가 되기 어렵다. 둘 다 서로에게 불평과 불만이 없기가 어렵다. 직원 입장에서는 '라떼병'에 걸려 있는 사장의 잔소리가 듣기 싫다. 사실 사장도 직원 시절에 똑같이 듣기 싫었던 말이기도 하고, 그 직원이 사장이 되면 똑같이 걸릴 병이기도 하다. 만족은 완벽함에서 나오는 감정이라기보다 포기에서 나오는 희생정신에 가깝다. 사람들은 만족을 모른다. 더 큰 만족을 원하기 때문이다. 사장과 직원은 서로에 대한 기대감이 크다. 직원 입장에서는 사장이 자신의 능력을 인정해주길 바라면서 월급을 올려주길 원한다. 사장 입장에서는 시키지 않아도 일을 알아서 처리하는 만능이길 원한다. 그들에게 직장에서의 만족은 결국 은행잔고 같은 것이다. 채워도 채워도 채워지지 않는 공허함 같은 것이다.

중견기업 이상의 사장으로 일자리의 충성도가 높은 곳이라면 직원들로부터 존경을 받을 수 있다. 그러나 일반 창업을 통해 설립된 중소기업이나 영세기업 혹은 자영업 오너에게 존경심은 사치다. 욕만 안 들어도 다행이지 않을까? 자신이 고르고 골라서 결혼한 남편이나 아내도 살아보면 마음에 썩 들기 어렵다. 자식도 마음에 들지 않아서 '공부를 좀 더 잘했으면' 혹은 '말을 좀 더 잘 들었으면' 하고 아쉬워한다. 마찬가지로 지원해서 취업한 직장이라 할지라도 마음에 썩 들지 않는 것이 세상 이치다.

사실 남편, 아내, 아들, 딸, 직장 등 이 모든 것들은 나의 수준에 딱 맞는 것이다. 나를 사랑하는 사람도 그렇고 나를 닮은 자식도 그렇고 나를 고용해준 회사도 그렇다. 고로 다니는 직장을 비난하는 것은 자신의 수준을 비난하는 것과 다를 바 없다.

흔히 좋은 직장의 조건으로 자택과의 거리, 급여 수준, 발전 가능성, 복지, 동료애, 회사의 브랜드파워, 직업 안정성 등을 꼽는다. 이중에서 어느 하나라도 아쉬움을 느끼면 그때부터 불평은 시작된다. 설령 일곱 가지가 다 채워진다 해도 새로운 불만이 생겨나 쌓일 것이다. 친구들의 직장보다 자신의 직장이 더 낮다면 이제는 눈을 돌려 국내 굴지의 기업들과 비교할 것이다. 그런 다음 실리콘밸리의 구글과 시애틀의 아마존과도 비교할 것이기에 한 번 시작된 불만은 끝이 없을 것이다. 주는 사람은 항상 벅차고 받는 사람은 항상 부족한 것이 직장생활이다.

직장생활에 회의가 들 때 돌아보는 4가지 선택지

직장생활에 한계를 느끼면 어떻게 해야 할까? 선택지는 4가지다. 참고 버티기, 이직하기, 창업하기, 자연으로 떠나기.

첫 번째 선택은 참고 버티기다. 무능한 상사가 자기 잘못을 나에게 뒤집어씌우더라도, 직속상사가 내 작업에 이름만 살짝 얹어서 자기가 한 일이라고 떠벌리더라도, 일 잘하는 동기에게 시도 때도 없이 비교당하더라도, 상사들에게 손바닥 비비며 아부하는 얌체들을 보며 속에서 천불이 나더라도 참고 버텨야 한다. 직장이란 게 원래 치사한 것을 참고 버티는 값으로 월급을 주는 곳이라고 생각하면 좀 참을 만하다. 참고 지내다 보면 직장의 좋은 점이 눈에 들어오기도 한다. 그리고 함께하는 시간이 많다 보면 회사에 정이 생기기도 한다. 40대가 지나면 오히려 더 오래 하고픈데 회사가 참지 못하고 희망퇴직으로 갈라서기를 시도하려는 경우가 대부분이다.

두 번째 선택은 이직하기다. 멋지게 사표를 던지고는 다른 회사로 옮기는 방법이다. 분명히 기존 회사보다 더 나은 점이 있어서 이직을 결정했을 것이다. 그러나 아뿔싸! 분명히 그 점은 해결되었지만 새로운 문제점이 발견되기 시작한다. 게다가 '전 직장에서 이런 거는 챙겨줬는데' 하며 이직하기 전에는 몰랐던 이전 직장의 장점을 깨닫게 된다. 혼돈을 느끼게 되면서 더더욱 자신의 상황에 대해 말하기가 어려워진다. 오히려 옆에서 물으면 훨씬 좋다고 대답해야 한다. 별로라고 얘기하면 자신의 선택이 얼마나 멍청했는지 커밍아웃하는 셈이 될 테니 말이다. 입에 게거품을 물고 더 열심히 옮긴 회사에 대해 자랑해야 한다. 시간이 지나면서 결국 원점으로 돌아가 고민을 되풀이하게 된다. 참고 버티기냐? 아니면 이직이냐? 30대 초중반의 고민은 대부분 이 지점으로 수렴된다.

세 번째 선택은 창업하기다. 몇 군데 회사를 돌아다녀 보니 약간의 급여 차이만 있을 뿐 다 거기서 거기라는 것을 깨닫는다. 차라리 내가 사장이 되어보자 싶어 야심차게 준비한다. 하지만 놀랍게도 드라마 〈미생〉의 대사가 귓가에 울려 퍼진다.

"회사는 전쟁터지, 바깥은 지옥이야!"

분명히 취업 준비할 때는 취업만 하면 모든 고민이 끝나고, 직장생활할 때는 사표만 쓰면 고민이 끝나고, 창업을 하고 나면 상사의 잔소리와 실적 압박에 대한 고민이 끝나는 것으로 알았는데, 그렇지 않다는 것을 알게 된다.

끊임없이 솟아나오는 옹달샘같이 고민도 끊임없이 샘솟는다. 직장 스트레스와 맞바꾼 자유는 또 다른 대가가 뒤따르는 것임을 깨닫게 된다. 직장생활에서는 몰랐던 혹은 전혀 알 필요가 없었던 또 다른 고민들이 생겨난다. 직장생활할 때는 그렇게 더디게 오던 월급날이 사장이 되니 월급 주고 돌아서면 어느새 또 월급날인 것에 놀라게 된다. 바라보는 시선에 따라 결과가 다를 수 있다는 아인슈타인의 상대성이론을 몸소 체감하게 된다.

직장인들은 자유롭게 근무하면서 대박을 꿈꿀 수 있는 창업가들을 부러워하고 창업가들은 안정적인 수입과 정년을 보장받는 직장인들을 부러워한다. 직원은 월급이 적다고 불만이지만 창업가는 자칫 죽도록 일하고도 월급이 없거나 오히려 돈을 빌려다 직원 월급과 월세를 내야 하는 적자 상태에 처할 수 있다. 물론 운 좋게 대박이 나면 직장인은 꿈꿀 수 없는 수익을 올릴 수 있다. 그러나 4대 보험과 각종 공과금, 관공서 업무, 세무처리 등 직장에서는 회사가 알아서 해주던 모든 일들을 본인이 직접 해야 한다. 자신이 경영자이자 마케팅 담당자, 재고관리 담당자, 설비과 직원이 되어야 한다. 사정이 어렵더라도 스스로 직장을 나온 것이니 어디다 하소연도 불평도 할 수가 없다. 그래도 꼴 보기 싫은 직장 상사나 '갑질'하는 거래업체 사람들을 보지 않고 마음 내키는 대로 일할 수 있는 것만큼은 확실한 위로가 된다.

마지막 선택은 자연으로 떠나기다. 물욕을 버리고 자연인으로서의 삶을 선택할 수도 있다. 산속에 들어가 혼자 살면 직장 상사 욕할 일도, 갑질 손님 욕할 일도, 월급 적다고 욕할 일도, 이번 달 매출을 걱정할 일도 없다. 『공지영의 지리산 행복학교』를 보면 연봉 150만 원으로 행복하게 사는 사람들이 있다. 텔레비전 '나는 자연인이다'에서도 최저생계비를 지원받으며 욕심 없이 살아가는 자연인들이 있다. 최고다. 그런데 맨 정신으로 가긴 어렵고, 대개 앞에서 얘기한 3가지 선택지를 두루두루 거치면서 실패를 겪은 이후 세상을 등지고 싶은 절망감을 딛고서야 가능해지는 신의 경지다. 마음만 먹으면 언제든지 실행 가능한 일이지만 웬만한 박탈감으로는 행동으로 옮기기 어렵다. 그러니 좋은 선택지라고 할 수는 없다.

불만스런 직장에 대처하는 법

첫째, 원래 백 퍼센트 마음에 드는 직장은 꿈에서나 존재하는 것이라 믿어라. 흠 없는 사람이 없듯이 흠 없는 직장도 없다. 아무리 좋은 기업도 이직률이란 게 존재한다. 지인의 동생과 초등학교 동창은 공대생 모두가 동경하는 다국적기업 G에 근무하다가 제 발로 나왔다. 두 사람은 각각의 게임 애플리케이션 개발회사를 창업했다. 그들이 다니던 G에서는 그들의 기획력과 아이디어에 대한 인정을 해주지 않았던가 보다. 급여, 비전, 복지혜택, 브랜드파워, 화목한 업무 분위기 등 여러 요건 중에서 몇 개는 포기하자. 백 퍼센트 마음에 드는 직장은 원래 없다.

둘째, 좋은 점을 보려 애써라. 우울감이 심한 사람들은 행복한 순간에도 마음 언저리에서는 이 행복이 언제 끝날지를 걱정하는 법이다. 새로운 일을 시작도 하기 전에 망치지 않을까 걱정한다. 사소한 말과 행동에도 큰 의미를 부여하며 걱정한다. 누군가로부터 원치 않는 말을 들으면 하루 종일 그 말이 생각나 견딜 수가 없다. 같은 상황에 놓여도 부정적인 면에만 집착한다. 상대하는 사람이 큰 문제가 없는 사람이라도 좋은 면보다 부정적인 면이 눈에 더 밟힌다. 끼리끼리 만나기 때문에 주위 사람도 성향이 비슷해서 만나면 서로 자신들의 걱정과 불만을 털어놓다 보니 만남 자체가 우울해져 관계를 지속하기도 어렵다.

반면에 자신의 삶에 만족도 높고 자존감이 높은 사람들은 좋은 면, 긍정적인 부분을 보려 한다. 주위 사람들에게 칭찬이나 감사의 말에 능숙하고 아낌이 없다. 좀 부족해 보이는 사람들에게도 칭찬해 줄 만한 부분을 찾으려고 애쓰고 좋게 봐주려고 노력한다. 끼리끼리 만나니 주위 사람도 비슷해서 서로 칭찬과 격려를 하다 보니 관계가 더욱 돈독해진다.

직장도 마찬가지다. 보는 시각에 따라 최악의 직장이 될 수도 있고 꽤 괜찮은 직장이 될 수도 있다. 선택에 달린 것이다. 좋은 면을 보려는 노력만으로도 실제로 많은 것이 달라진다.

셋째, 취업 시즌엔 동창모임에 가지 마라. 남들이 부러워할 만한 기업에 취업하여 입이 근질근질한 그들이 귀신같이 알고 찾아온다. 그리고 만나자마자 그들의 입술은 실룩실룩 들썩이고 있다. '회사 연봉이 얼마냐고, 어떤 복지혜택이 있냐고 빨리 물어보지 않으면 안달이 나 죽을 거야'라는 눈빛으로 당신을 쳐다볼 것이다. 그러고는 당신의 마음을 할퀴고 갈 것이다.

친구들 근황이 궁금해서 모임에 참석할 거라면 마음 단단히 먹고 가야 한다. 궁금해서 물어본 대가가 생각보다 클 수 있다. 사실 대부분의 직장인들이 취업 초창기에 겪는 현상이다. 원래 없던 걸 가지게 되면 자꾸 알리고 싶고 자랑하고 싶은 게 사람의 심리다. 그들도 나중에는 자신의 말과 행동이 친구들에게 상처가 될 수 있음을 깨달을 때가 오겠지만 입사 초창기에는 그 자신도 어쩔 수가 없다. 이런 자리에 갔다 오면 세상이 미워지고 자신이 초라해질 가능성이 99퍼센트다. 그러니 자신을 지켜라. 적당히 눈을 가려주는 것도 전략이다.

넷째, 직장인들의 현실은 익명 게시판에서 보라. 각종 취업 사이트의 익명 게시판을 들여다보면 실제 근무하며 겪는 직장인들의 애환을 확인할 수 있다. 익명의 글에는 현실적인 얘기가 많다. 부러워할 만한 대기업에 근무하는데도 각자 자신만의 고충을 토로하는 것을 들으면 묘하게 위로가 될 것이다. 정도의 차이만 있을 뿐 다들 비슷하게 산다는 것을 깨닫게 된다. "그래도 너희들은 연봉이라도 많이 받잖아"라고 말하는 순간 당신은 패배자다. 그런 감정을 느끼면 앞으로도 우울감에 젖을 날이 훨씬 많을 것이다.

'마인드셋'을 해보라. 자기 전에 일기장에 오늘 하루 감사한 일 3가지씩 쓰고 잠자리에 들어보라. 억지로라도 떠올리다 보면 순대국밥 아줌마가 특별히 순대 좀 더 많이 넣어준 게 감사할 수도 있다. 아침에 엘리베이터에서 귀여운 꼬마가 환한 미소로 인사를 했을 수도 있다. 정 없으면 뉴스에 나오는 각종 사건사고 없이 하루를 보낸 것을 감사하며 일기장에 적어보는 것도 추천할 만하다. 이런 습관이 차곡차곡 쌓여서 천천히 변화가 찾아온다.

다섯째, 직장과 연애 혹은 결혼 상대는 결국 자신의 모습이다. 사람은 대개 자신의 수준을 크게 벗어나지 않고 비슷한 상대를 만난다. 그러므로 상대를 무시하는 것은 당신 자신의 수준을 무시하는 것과 같다. 밖에 나가서 지나가는 부부들을 보라. 다들 비슷하다. 비슷한 사람끼리 결혼하거나 혹은 살다 보면 서로 닮아가거나 둘 중 하나다. 배우자도 직장도 결국은 또 다른 나의 모습이다. 고로 더 나은 직장을 얻고자 한다면 당신부터 수준을 높여야 한다. 자격증, 외국어능력, 자신감 넘치는 발표능력이 없다면 그토록 입사를 갈망했던 회사도 당신에게 기회를 주지 않을 것이다.

성공으로 가는 길에 가장 어려운 것이 첫발 내딛기

영국 드라마 〈셜록〉의 주인공 베네딕트 컴버배치의 연설이 화제가 된 적이 있다. 미국 출신 개념미술주의 조각가 솔 르윗이 자신의 동료이자 미래를 불안해하는 에바 허세에게 보낸 편지를 베네딕트 컴버배치가 읽어주는 연설이었다.

걱정하고, 염려되고, 불안하고, 구시렁대고, 툴툴거리고, 두려워하고, 남 눈치 보고, 신경이 곤두서는 그런 모든 부정적인 생각을 멈추고 그저 해보라. "Stop it! Just Do!"

완벽하게 준비된 도전은 없다

나는 오래전부터 영어교재 외에 다양한 분야의 책을 쓰고 싶었다. 비즈니스 에세이도 쓰고 싶었고, 추리소설도 쓰고 싶었다. 나의 삶과 생각을 정리하고 싶었고 내가 설정한 가상의 세계에 대한 사람들의 반응도 궁금했다. 이런 이야기를 하면 웬 추리소설이냐고 되묻는 사람도 있고 "다 먹고살 만하니 저러지!" 하며 시큰둥한 반응을 보이는 분들도 있다. 하지만 내게는 이 또한 도전이다. 나의 삶이 그랬던 것처럼 글을 쓰는 것도 하나의 도전일 뿐이다. 가보지 않은 길에 대한 도전의식이 지금의 나를 만들었다고 해도 과언이 아니다. 막연히 생각만 하지 않고 일단 저질러보는 생활방식의 결과인 셈이다.

도전이란 게 그렇다. 완벽하게 준비하려 들면 시작도 못해보고 주저앉게 된다. '이게 과연 성공하겠어?' 하는 근심과 걱정이 생기는 순간 포기하게 된다. 그래서 나는 결과를 생각해보지 않고 그냥 부딪혀보도록 스스로에게 주문을 건다. 그렇게 해서 나에게 수많은 경험이 쌓이기 시작했고 몇 번의 실패와 성공을 통해서 도전 자체의 두근거림과 설렘에 중독되었다.

난 일단 저지르고 본다. 행동심리학에서 문간에 발 들여놓기(foot-in-the-door) 기술이 있다. 짧게 말하자면 방문판매자가 고객의 집을 노크해 일단 현관에 발을 들여놓으면 그다음에는 고객을 설득해서 문을 열고 들어갈 수 있고 원하는 물건을 팔 수 있다는 가능성의 이론이다. 어차피 초짜는 아무리 준비를 철저히 해도, 그리고 기획과 구성이 완벽하다고 해도 시간이 지나 돌아보면 그것은 언제나 엉성하기 마련이다. 1년 전에 쓴 자기소개서를 다시 읽어보니 그렇게 유치할 수가 없고, 감상에 젖어 써 내려갔던 에세이나 시는 닭살 돋게 만들다 못해 닭껍질 튀김에 맥주 한잔이 생각나게 만든다. 레스토랑 운영하던 시절 최선을 다해 직접 만들었던 메뉴판은 지금 보면 그렇게 누추해 보일 수가 없다. 그렇다. 처음 해보는 모든 것들은 누추하다. 그러나 지금 내 눈에 그것들이 누추하게 보인다면 필시 내가 발전했음을 의미한다. 아무리 완벽한 준비라도 실전에서 얻는 경험에 비할 수 없다.

먼저 한 발을 내밀어야 몸이 따라온다. 나의 새벽 운동도 한 발 내밀기에서 시작되었다. 단 며칠 만이라도 해보자는 시도에서 시작되었고, 새벽 운동은 나 자신에게 동기부여가 됐다. 그렇게 10년을 지속할 수 있었다.

나의 성공 방정식은 어느 분야건 비슷하게 적용되었다. 준비를 완벽하게 해서 성공하는 방식이 아니라 일단 누추하더라도 시작해서 성공할 때까지 계속 두드리는 것이다. 이런 방식이면 시작이 굉장히 쉬워진다. 모든 도전에 쉽게 나설 수 있게 된다. 첫 번째의 작은 성공을 맛보면 이후로는 계속 두드릴 수 있는 동기가 부여된다. 목표한 바가 달성될 때까지 끈기 있게 계속 두드리면 된다. 나는 창업이건, 주식투자건, 부동산투자건 결실을 맺을 때까지 끈기 있게 두드렸다. 지치지만 않으면 되는 일이었다.

남의 눈을 의식하지 않으니 도전이 즐겁다

나는 남의 눈을 의식하지 않는다. 실패를 부끄러워하지 않았기에 그 많은 도전이 가능했을 것이다. 내 주위에는 걱정하는 사람이 항상 많았다. 아마 다른 사람들이 하지 않는 일에 겁 없이 덤벼들기 때문이었던 듯하다. 스물넷의 유학시절에 쓰리잡을 뛰며 모은 돈으로 침실이 4개인 집을 임대하여 공유하우스를 시작했다. 처음부터, 겁도 없이, 어린놈이 간 큰 사업을 시작한 것이다.

첫 공유하우스를 여는데 세입자를 못 구하면 월세 감당 어떻게 할 거냐?

첫 책이 나왔는데 이런 책이 잘 팔릴 것 같으냐?

첫 식당을 오픈했는데 왜 손님이 별로 없느냐?

첫 강의를 시작했는데 왜 학생 수가 빨리 늘지 않느냐?

첫 어학원을 개원했는데 왜 흑자가 빨리 안 나느냐?

첫 스터디카페를 오픈했는데 왜 이용자가 별로 없느냐?

첫 포차를 오픈했는데 왜 평일엔 손님이 없느냐?

첫 아파트를 매입했는데 부동산으로 돈 버는 시대는 이제 끝나지 않았느냐?

첫 상가를 매입했는데 온라인 시대에 상가는 뭔 상가냐?

첫 주식을 샀는데 주식하면 다 망한다던데 너도 그러는 거 아니냐?

근시안적인 조급함을 애써 애정 어린 걱정으로 포장한 '남걱정위원회' 위원들의 근심 퍼레이드가 쏟아졌다. 걱정인지 '돌려 까기'인지 애매하게 들리곤 했다. 꾸준히 전문서적을 출간하다 보니 운 좋게 베스트셀러가 나오게 되었고, 다들 '어쩌다가 하나 얻어걸리긴 하는구나!'라는 표정을 짓고는 입을 꾹 다물었다. 식당이 성공적인 권리금 계약을 체결하고, 어학원이 2호점을 열고, 스터디카페가 이용객들로 넘치고, 중화포차에 대기표가 생기고, 상가와 아파트 시세가 몇 억씩 오르는 것을 보더니 어느새 겸손해졌다.

처음 시작할 당시의 미약한 모습을 안타깝게 여기던 그들은 사업이 안정 궤도에 오르자 어느새 전광석화 같은 태세전환을 하고는 칭찬을 퍼붓는다. 그러고는 질문한다. "창업 성공비결이 뭐죠?" 하지만 그들을 위한 비결은 없다. 비결을 이야기해준다 하더라도 고개만 끄 덕일 뿐 다음 날 아침이면 그저 사촌이 땅 산 얘기로 치부하고 말 것이다. 그들은 어차피 나의 이야기에 아랑곳하지 않고 지조 있게 '남걱정위원회'의 생활양식인 '남 하는 대로만' 살아갈 것이다.

실패는 당연한 일, 어쩌다 운 좋으면 성공하는 것이다

어느 분야건 첫 작품은 언제나 어설프다. 그러나 첫 작품이 나와 야 훗날 성공작을 꿈꿀 수 있다. 꿈만 꾸다가 포기하는 것보단 낫지 않은가? 카레이서 수준의 운전 실력을 갖추어야 운전면허시험에 도 전하는 게 아니다. 초보 시절에 운전이 서툴러도 기어를 넣고 액셀 러레이터를 직접 밟았기에 더 나은 운전 실력을 얻은 것 아니겠는 가? 초보 시절을 겪지 않고 카레이서가 된 사람은 없다. 운전이란 게 별건가? 자동차 시동 걸고 운전대를 잡고 숨 한번 크게 들이켜고 기어를 D로 넣은 다음 액셀을 밟으면 운전은 시작된다. 물론! 접촉 사고가 날 수 있다. 운행 중에 시동이 꺼질 수도 있다. 그런 실패의 경험이 현재의 운전 실력을 만든 것이다. 그냥 해보는 거다. 일단 시 작하면 된다.

거창하게 준비할수록 기대도 크고 결과에 대한 실망도 크기 마련 이다. 내가 본 한 초밥집은 근 3개월 인테리어 공사를 하면서 오픈 준비를 하더니 한 달 만에 문을 닫았다. 초보 강사들 중에도 자료 준비만 몇 개월을 하고 실제 강의는 얼마 못 버티고 그만두는 사람이 업계의 70~80퍼센트를 차지한다. 거창한 준비는 기대를 키우기 마련이고, 기대에 못 미치는 결과는 그만큼 받아들이기 힘들다.

내가 벌이는 대부분의 도전은 별다른 기대를 하지 않는 데서 시작된다. 실패는 당연한 일이라 생각하고 혹시나 성공하면 그것은 대단한 운으로 여긴다. 실패하면 거기서 배움을 찾는다. 잘한 것과 잘못한 것을 연구해서 잘한 부분은 좀 더 키워나가고, 잘못한 부분은 주위의 평가를 받아서 수정하며 발전시켜나가는 것이 나의 도전방식이다. 그렇게 반복하다 보면 어느 순간 꽤나 괜찮은 작품이 만들어져 있다.

오랜 시간 준비했던 영상은 쪽박인데 별생각 없이 툭 던진 방송이 조회 수가 대박 났더라는 유튜버들의 증언이 많다. 조사를 철저히 하고 올린 정성스런 글은 빠르게 묻히고 간단한 시황 설명 몇 줄 적은 블로그 글이나 카페 글이 이슈화되기도 한다. 큰 준비가 없었고 기대가 별로 없었으니, 다음 글이나 방송이나 작품이나 사업을 이어가기가 쉽다. 그러면서 자신도 모르게 시장이 무엇을 원하는지, 자신의 차별화된 장점은 무엇인지 차츰 알게 되는 것이다.

천만 명의 구독자를 보유한 유명 유튜버 케이시 네이스탯은 "어떤 걸 시작만 하고 끝내지 않으면 그건 루저"라고 말한다. 18세기 프랑스 작가 볼테르도 "완벽함은 좋음의 적"이라고 했다. 준비를 하지 말라는 말이 아니다. 준비를 해야 한다. 그러나 완벽한 첫 시작을 준비하다가 때를 놓치거나 포기하는 것을 피하라는 말이다. 100에 맞추는 데 시간을 보내지 말고 70에서 일단 시작하라는 뜻이다. 그리고 학습과 경험으로부터 배움을 구하다 보면 실전에서 겪는 시행착오가 발전가능성을 배가시켜줄 것이다.

주위의 충고는 귀를 열고 듣되 언제나 참고사항일 뿐이다. 식당을 오픈했다면 백종원급 전문가라면 몰라도 나머지는 다들 자신보다 비전문가들이다. 망하더라도 돈 한 푼 책임질 사람이 아니다. 그들 주머니에서 나온 돈이 아니기 때문이다. 남들의 충고는 취사선택하여 참고하되 창업 초기 철학은 흔들림이 없어야 한다. 본인 돈은 오로지 본인만 지킬 수 있다.

성공할 때까지 계속 두드려라

다시 화제를 돌려 '창업 성공비결'에 대하여 이야기해보자. 장기투자가 가능한 사람들에게만 유용한 이야기다. 나의 조언은 성공할 때까지 계속 두드리라는 것이다. 목표는 세우되 기대는 최소화하고, 바른 충고는 실천하되 서두르지 않고, 버티면서 계속 두드리다가 성공으로 가는 과정에서 알게 되는 단점을 수정하고 장점은 극대화하다 보면 전형적인 성공업체로 성장해 있는 모습을 발견하게 될 것이다. 긴 호흡으로 남의 눈 의식하지 않고 뚜벅뚜벅 걸어가면 된다.

나는 한때 베트남 푸꾸옥섬에 자리한 '솔레일 리조트'라는 휴양단지 옆 공터를 매입할지 말지를 고민한 적이 있다. 토지 매입 리서치를 하는 데 소요된 시간이 일 년이 넘었다. 너무 꼼꼼하게 알아보고 준비하는 사이에 땅값이 폭등해 얼마나 배가 아팠는지 모른다.

매입을 타진하니 원래 알고 있었던 매매가의 7배를 제시하는 데 한 번 기절했고, 몇 년 뒤 15배로 올랐다는 소식에 한 번 더 기절했다. 『탈무드』는 나를 위로하며 이렇게 말했다.

"이미 끝나버린 일을 후회하기보다는 하고 싶었던 일들을 하지 못한 것을 후회하라."

자영업이 살아남으려면
어떻게 해야 할까?

자영업의 어려움은 무엇 때문일까? 사람들은 대개 경기와 관계없이 치솟는 임대료 때문에 자영업이 망한다고 말한다. 그런데 이 주장이 사실이라면 그 엄청나다는 임대료가 얼마인지 알면서도 임대차계약서에 서명하는 창업자들은 이미 자기가 망할 것을 알고 있다는 얘기인가? 높은 임대료 때문에 망한다면 낮은 임대료의 가게나 혹은 정부가 임대료를 전액 지원하는 청년 창업자들이 망하는 이유는 무엇일까?

창업을 준비할 때 반드시 알아야 할 것들

임대료가 높고 낮고의 문제는 사실 크게 신경 쓸 필요가 없다. 임대료가 높다는 얘기는 유동인구 및 수요가 많음을, 임대료가 낮다는 얘기는 그것이 적음을 의미할 뿐이다. 아직 상권이 형성되지 않은 신축상가를 제외하고는 인근 시세에 걸맞는 상가 임대료는 대부분

합리적인 이유를 가지고 있다.

임대료가 매우 저렴한 상가를 찾고 있다면 휴전선 근처의 산골마을에서 찾으시라. 3평 매장에 월 임대료가 2천만 원에 달하는 곳들은 유동인구나 거주인구가 많아 그에 상응하는 매출을 올릴 가능성이 높은 곳이기 때문이다. 강원도 두메산골의 땅값과 서울 강남의 땅값이 같을 수 없는 이유다. 상권이 형성된 곳에서는 업종에 따라 차이가 있겠지만 임대료와 매출규모가 비례하는 것이 보통이다.

임대료는 결국 수익률의 차이를 만드는 요소일 뿐이다. 자영업 운영에 가장 큰 고정비용 항목은 임대료가 아니다. 업종에 따라 차이는 있지만 임대료는 보통 매출규모의 10퍼센트 정도에 지나지 않는다. 반면 1인 이상의 종업원을 고용한 자영업을 운영함에 있어서 소요되는 가장 큰 고정비용 항목은 바로 인건비다. 20~30퍼센트가 인건비다. 월 1억 원 매출의 식당이면 월 1000만 원의 임차료가 내년에 올라봤자 1050만 원이다. (상가임대차보호법에 따라 임대차 10년 기간 동안 연 5% 이하의 인상만 가능하다.) 그러나 인건비는 월 3000만 원에서 3492만 원이 된다. 50만 원 상승과 492만 원의 상승의 차이다(2018년 기준).

통상적으로 마케팅을 통해 유동인구를 창출할 자신이 있는 창업자는 임대료가 저렴한 지역에서, 특별한 광고 없이 기존의 유동인구를 통한 매출을 기대하는 창업자는 임대료가 높은 입지를 고른다. 잘 모르겠다면 임대료가 비싼 곳을 고르는 것이 초보 창업자에게는 별다른 마케팅 및 홍보활동 없이도 무난하게 사업을 시작할 수 있음을 기억하자.

나는 교육서비스업, 외식업, 출판업, 공간임대업, 상가임대업을 운영하는 개인사업자다. 다양한 업종의 창업과 경영을 경험함으로써 자영업이 창업 후 5년을 버티기 어려운 숨은 이유를 알게 되었다. 결론부터 이야기하자면 삼각 편대의 융단 폭격이다. 매출하락+과다한 세금+인건비 상승이다.

잘나가는 회사도 문 닫는 것은 한순간이다

자영업과 기업의 존폐를 결정하는 가장 근원적인 문제는 바로 매출하락이다. 코로나 사태로 사람들이 장거리 여행을 꺼리자 세계 각국의 항공사들이 인력감축, 임직원의 임금반납, 더 나아가 파산신고로 회생 및 청산 절차를 밟게 되었다. 손익분기점을 넘지 못할 정도의 매출하락은 사실상 모든 사업체의 파산을 의미하고 심지어 아르헨티나 같은 나라도 2020년 상반기 디폴트(채무를 갚을 수 없는 상황)를 선언하면서 결국 모라토리엄, 즉 파산에 이르기도 한다.

사실 최저임금 상승이냐 비싼 임대료냐의 논쟁도 손익분기점을 넘어서 안정적인 수익이 나오는 매출이 꾸준하면 언급될 문제가 아니다. 그러나 비대면 시대로 전환하면서 그동안 한국을 대표하던 포스코, 현대중공업, 대우해양조선 등의 제조업이 지고, 네이버, 다음 카카오 등의 4차 산업으로 유동성이 이동하는 것처럼 자영업도 대격변기를 거치는 중이다. 네이버 스마트스토어와 같은 온라인 상점, 클래스101과 같은 온라인 교육, 쿠팡과 같은 온라인 마켓 등으로 소비자들이 이동하면서 기존 시장이 허물어지고 있다. 트렌드의 빠른 변화로 인해 소비자들의 입맛도 급변하기에 얼마 전 소비자들이 줄서서 기다리던 매장이 얼마 후 폐업하는 경우도 허다하다.

코로나 발발 이후의 자영업 매출하락을 구체적으로 살펴보자. 1부터 10 중 4가 손익분기점이라고 생각해보자.

기존 10의 매출을 올리던 대박집이 7~8의 매출을 올리고 있다.
기존 7~8의 매출을 올리던 평타집이 4~5의 매출을 올리고 있다.
기존 4~5의 매출을 올리며 버티던 평타 이하 집이 2~3의 매출을 올리고 있다.

"어라! 그 집 문 닫았다면서? 전에 갔을 때 사람들이 많던데? 장사 잘되던데, 왜?"

당신은 이런 말을 듣거나 해본 적이 있는가? 일반인들이 잘 모르는 자영업계의 현실이란 게 있다. 자영업계의 매출은 일반인들이 눈으로 보고 계산하는 것과 차이가 크다. 크리스마스이브 저녁에 레스토랑에 들러 손님이 많은 것을 보고 '이 가게는 장사가 잘되는구나!' 하고 생각하는 것은 '장님 코끼리 다리 만지기' 수준인 것이다. 주말 고객이 많아도 평일 매출이 어느 정도 받쳐주지 않으면 평범한 매출이거나 오히려 적자가 발생하는 경우도 있다. 1년 반을 성공적으로 운영해도 남은 6개월의 매출하락이 발생하면 그동안 벌어들인 수익을 모두 까먹고 바로 폐업 수순을 밟을 수 있다.

예를 들어, 음식서비스업을 운영하는 경험이 쌓이게 되면 임대료, 직원 수, 좌석 회전율, 주말과 평일의 차이, 프랜차이즈인가 아닌가

(매월 정산하는 로열티의 유무), 단가에 대한 마진율 계산 등을 통해서 해당 업장의 세전수익을 어느 정도 예측할 수 있다.

반대로 자영업 경력이 적은 업주들이 초반 몇 개월 동안 호황이라면서 바로 확장을 계획하고 미래 수익을 미리 당겨서 외제차 리스를 뽑는 경우가 있다. 초심자의 행운(beginner's fortune)이 끝나고, 업계 용어로 '오픈발'이 끝나고 나면 그들은 냉혹한 현실을 마주하게 된다. 상당한 매출을 유지했다 할지라도 1월과 7월에 부가세 신고를 하고 나면 순수익이 확 줄어든다. 그리고 5월에 종합소득세 신고를 하면 수익은 더 쪼그라들어 손에 남는 게 별로 없다.

각종 세금을 계산하고 난 뒤에도 지출이 발생한다. 직원들의 경우 월급 및 4대 보험에 더해서 퇴직금도 계산해둬야 하고, 시설투자비의 경우 감가상각비(시설 노후화로 줄어드는 투자비용의 가치)를 계산해야 한다.

잘나가던 대기업도 한 방에 넘어가는 일이 비일비재하다. 1998년 IMF 당시 대우, 한보철강, 대동은행 등 대한민국을 호령하던 대기업들이 한순간에 사라졌고, 2008년 미국 금융위기에는 리먼브라더스 등 세계 톱 규모의 금융기관들도 무너졌다. 2020년 코로나 팬데믹 시기에는 미국을 세계 최대의 산유국으로 만든 셰일오일 업체들과 백년 역사의 유명 백화점들마저 역사의 뒤안길로 사라졌다. 대한민국의 D그룹 계열사, W그룹 계열사, 여행 및 항공업계 중견기업들도 비슷한 수순을 겪는 중이다.

자영업자야말로 유리지갑이다

말을 꺼내기 어려운 민감한 주제가 바로 세금 이야기다. 핀테크 시대에 살고 있는 우리는 신용카드마저 들고 다니지 않아도 다양한 금융활동 및 소비활동을 할 수 있다. 현금 사용이 거의 없고 소비자들이 신용카드를 사용함으로써 사실상 매출의 90퍼센트 이상이 드러나는 투명한 경제시대다.

면세업종을 제외한 모든 업체는 1년에 2번 부가세를 신고해야 한다. 사실 부가세는 정부가 자영업자들에게 정부를 대신해서 세금을 걷어달라는 명목으로 제품 및 서비스 판매가격에 10퍼센트를 걷는다. 원래는 정부의 돈이니 따로 보관하고 있다가 1년에 2번 국세청에 신고해서 돌려줘야 할 돈이다. 그러나 예전에는 현금매출을 누락시키는 방법으로 제대로 신고하지 않는 경우가 많았다. 그래서 1980~1990년대는 어떤 장사건 창업만 하면 소위 '노나던' 시절이었다. 국세청 직원들이 식당 계산대 앞에 앉아 하루 종일 손님이 얼마나 드는지 확인하는 방식으로 탈세하는 식당을 잡아낼 정도로 세금 징수과정이 허술했다. 그들이 점포 안에서 손님들이 사는 물품 개수를 일일이 세던 시절에는 업체들의 현금매출 누락이 공공연한 사실이었고 불법적인 탈세가 만연했다. 지금은 다르다. 투명한 매출보고, 전산화와 AI 기술의 발달로 사실상 탈세가 불가능한 시대가 되었다. 건전한 현상이지만 이 지점에서 속앓이를 하는 자영업자가 적지 않을 것이다.

매출액의 10퍼센트인 부가가치세 징수만 따져 보더라도 일반과

세 자영업자들에게는 큰 금액이다. 대기업의 영업이익률은 10퍼센트 이하가 대부분이다. 네이버, 다음카카오와 같은 4차 산업체를 제외하면 영업이익률이 10퍼센트를 넘는 기업이 거의 없다. 2019년 반도체 · 자동차 · 전자제품 · 조선 · 철강 · 화학 등 한국 6대 제조업 기업의 평균 영업이익률은 5.4퍼센트다. 중소기업은 거기에 절반 정도에 불과한 상황이니 부가세 10퍼센트가 얼마나 큰 금액인지 짐작이 갈 것이다.

내가 20년간 몸담고 있는 교육서비스업은 면세사업이다. 그래서 다른 업종에 비해 교육서비스업의 수명이 긴 것이다. 또한 현재까지도 오로지 현금으로만 거래하는 자영업자들이 그나마 망하지 않고 계속 운영되고 있는 이유도 여기에 있다.

IMF 이후 역대급 경기불황이라는 최근에도 세금 수익이 역대 최고치를 올리고 있다는 사실에서 그동안 누락되었던 현금매출의 존재를 짐작해볼 수 있다. 2019년 국세청은 수립한 세수 계획 목표액보다 25.4조나 더 많은 세금을 징수하게 되었다. 그 세금의 일부가 자영업자들의 호주머니에 숨어 있던 돈일 것이다. 성실신고대상자 같은 부자세가 도입되고, AI 기술 도입으로 탈세 가능성을 보다 정확히 모니터링할 수 있게 되었고, 인정받는 경비처리의 범위가 점점 줄고 있어서다. 예전에 10을 벌던 자영업자들이 8을 벌면서 그만큼의 수익이 줄어들었다. 또 전에는 8에서 세금을 제하면 7이었지만 지금은 6밖에 안 되니 그만큼 수익이 또 줄어든다. 이전에 직장인들이 원천징수를 두고 상대적 박탈감을 느끼며 '유리지갑' 운운하던 말이 사라진 이유다.

준비되지 않은 시급 만 원 시대

앞서 얘기한 것처럼, 임대료는 창업자가 이미 알고 있는 부분이며 '향후 임대료'도 거의 정확하게 예측 가능하다. 연 5퍼센트의 상가임대료 상한선이 있기 때문이다. 창업자가 비싼 임대료를 감안하고도 계약하는 것은 그 이상의 매출을 예상하고 있다는 뜻이므로 매출 문제 외에는 폐업에 이르게 할 만한 요소가 아니다. 애초 비싼 임대료를 감당할 자신이 없었다면 창업하지도 않았을 것이라는 얘기다.

그러나 '향후 최저임금'은 완전히 다른 문제다. 매년 6월에 정부, 재계, 노동계가 협의를 통해 결정하기 때문에 얼마나 인상될지 예측할 수 없다. 최저임금 폭등은 정권이 바뀌면서 나타난 정책적 변화이기에 기존 창업자 입장에서는 예상할 수 없었다. 근로자의 최저임금을 인상하는 것 자체는 반길 일이다. 나 역시도 근로자이기 때문이다. 문제는 방법이다. 최저임금 인상을 통한 소득주도성장이라는 해괴한 경제논리가 대한민국 국민들에게 실험하듯 저질러지고 있는게 문제다. 2018년 노벨경제학상을 수상한 폴 로머 뉴욕대 교수도 단순 소비를 늘리는 것이 경제성장을 의미하지 않는다는 논평을 내놓으며 소득주도성장 정책에 대해 비판했다.

준비되지 않은 시급 만 원 시대는 사업자에게나 근로자에게나 분쟁만 조장하는 최악의 정책이다. 2019년 상승한 최저임금과 달리 이마트 계산원들의 급여는 오히려 감소했다. 매출이 줄어든 자영업자들은 늘어난 인건비를 감당하기 어려워 직원의 근무시간을 줄이거나 해고하고 자신의 근무시간을 늘렸다. 혜택을 받는 조건도 까다로운 일자리안정자금은 매년 그 규모가 줄어들고 있다.

한국전쟁 때 도입된 주휴수당, 지금 굳이 필요할까?

가장 큰 문제는 주휴수당이다. 근로기준법상 하루 3시간, 일주일에 15시간 이상을 일하면 하루 유급휴일을 주는 제도다. 1953년 한국전쟁 이후 폐허가 된 세계 최빈국 시절, 일주일 내내 일하는 국민들을 하루라도 쉬게 하자는 취지로 제정한 법이다. 취지는 훌륭했지만 오랜 기간 동안 아무도 관심을 갖지 않았던 법이다.

내가 중고생 시절, 인형 눈 붙이고, 신문 돌리고, 손수건 찍어내는 공장에서 아르바이트할 때는 듣도 보도 못했던 이른바 명목상의 법 규정이었다. 대학 시절, 새벽 인력시장에 나가 승합차에 올라 공사판으로 이동하던 때는 단 한 번도 받아본 적이 없는 돈이었다. 정작 필요한 시기에는 대한민국 근로자들 대부분이 받기는커녕 들어본 적도 없는 수당이었다.

그런데 지금, 주 5일 근무제에 전 세계적으로 역사상 유례없는 속도의 최저임금 상승과 아울러 주휴수당을 대대적으로 홍보 중이다. 노동청에서 법적으로 강제하며 주휴수당 미지급 건으로 근로자가 신고하면 검찰 고발 대상이 된다. 2년 이하의 징역 또는 천만 원 이하의 벌금이라는 형사처벌을 받게 된다.

당시엔 선진국이 만든 법안을 흉내 냈지만 현재는 OECD(경제협력개발기구) 국가 중 주휴수당이 있는 나라는 터키가 유일하다. 1년 내내 일하면서 노동착취를 당했던 시절에 단 하루라도 쉬게 만들어 주자고 만든 법이 지금은 그저 돈으로 환산되어버렸다. 주휴수당이 아니더라도 이미 법적으로 휴무일이 강제되었다. 주 52시간 근무제가 도입된 선진국 노동시스템에 불필요한 법인 것이다.

한국의 국민소득 대비 '실질 최저임금(주휴수당 포함)' 수준이 최저임금제를 시행하는 OECD 회원국 27개국 가운데 1위다. 한국보다 1인당 GDP가 1만 달러가량 더 많은 일본은 한국의 65.5퍼센트 수준에 지나지 않는다(한국경제연구원 2019년 자료 참조). 우리나라 GDP 규모에 삼성전자 같은 회사가 2개는 더 있어야 경제규모가 비슷해질 독일이 76.1퍼센트 수준이니 좀 민망하다. 주휴수당을 폐지하더라도 이미 현재의 최저임금 수준은 세계 최상급에 속한다.

주휴수당 폐지는 근로자도 살고 자영업자도 사는 길이다. 최저임금은 올랐지만 근무시간이 줄면 근로자에게도 좋을 것이 없다. 주휴수당 때문에 주 15시간 이하로 근무시간을 쪼개는 통에 하루 3시간씩 인근 가게들을 돌면서 일하는 경우도 많다. 시간 쪼개기는 근로자나 자영업자에게 모두 손해다. 근로자는 이동하면서 교통비와 근무시간을 낭비하게 된다. 자영업자에게는 추가적인 인력을 관리해야 하는 수고가 발생한다. 결국 양쪽 모두에게 손해가 발생하는 정책인데 친노동 정권이라는 선의의 포장으로 절대 다수인 근로자의 표를 얻기에는 딱 좋다.

내가 운영하는 업체들은 무인사업 및 자동화시스템 구축으로 인건비를 최소화해놓은 상태라 최저임금 상승이나 주휴수당 지급 문제의 영향을 거의 받지 않는다. 그렇기에 나는 객관성을 유지하며 더 직설적이고 신랄하게 주장할 수 있다. 주휴수당은 폐지해야 마땅한 법이다. 아울러 단계적인 최저시급 인상 정책에 대해서는 찬성하는 바다. 다만 최저시급 만 원의 정부정책은 사회적인 합의를 토대로 속도조절이 필요하다고 생각한다. 먼저 자영업자와 기업이 살아야 근로자를 위한 일자리도 유지될 수 있지 않겠는가. 일본처럼 업계와 기업들의 상황에 맞춘 기업 지급 능력별 최저임금 조정으로 가는 것이 옳다고 생각한다. 살찐 학생들이 많이 보인다고 학교 급식양을 반으로 줄여버리면 가뜩이나 키가 안 커서 속상한 말라깽이 아이들은 어떡하란 말인가!

건물주가 바라는 건 안정적인 임대수입

상가 임대료는 법정 임대료 인상률 연 5퍼센트 한도가 있고 자영업의 경기도 고려해야 하기에 건물주가 매번 인상할 수 없다. (상가 임대차보호법은 서울의 경우 환산보증금 6억1000만 원 이하만 적용되지만 그 이상의 사례도 유사 적용이 가능하다는 법조계의 전언이다.) 고로 임대료 올려서 임차인 쫓아낸다는 말은 88올림픽 성화 주자 임춘애가 라면 먹고 달려서 아시안게임 금메달 따던 시절의 얘기다. 무리하게 임차료 올리려다 가로수길의 건물처럼 임차인이 동료들과 가게 앞에서 드러눕기도 하고 서래마을의 도끼 만행 사건이 터지기도 했다.

내가 임차한 한 상가는 권리금을 받고 양도하려는데 건물주가 기존 월세의 3배가 넘는 금액을 불렀다. 결국 증거자료 잘 모아서 상가분쟁조정위원회에 회부시켰다. 과한 월세 인상으로 인한 권리금 회수 방해로 민사소송 걸어서 현재 재판이 진행 중이다. 권리금을 건물주가 뱉어내야 하고, 상가에 가압류 걸어둔 기간 동안 임대료 수익 기회도 잃게 될 것 같다.

건물주의 최대 목표는 안정적인 임대료 수입이다. 가장 무서운 것은 무리한 월세 인상으로 몇 푼 더 벌려다가 세입자가 나가버리고 차기 임차인이 들어오지 않아서 공실이 발생하는 것이다. 건물주라면 이 말이 어떤 의미인지 잘 알 것이다. 경기 불황으로 인해 공실이 많은 요즘은 월세 잘 내는 임차인을 받들어 모셔야 할 시대다.

평균적인 도심 상가투자수익률은 3~4퍼센트대에 형성되어 있다. 서울 핵심지의 경우 2퍼센트대에 머물고 있다. 상가투자에 나서는 투자자들이 100퍼센트 현찰로 건물을 매입하는 경우는 거의 없다. 은행 대출을 일으켜 투자수익률을 높이는 방식을 취하는데 공실이 단 1개월만 발생해도 은행 대출이자상환에 부담이 생길 수밖에 없다. 여러 상가건물을 보유해서 몇 개의 공실에 대해 버틸 만한 '찐부자'가 아니라면 요즘 같은 상가 공실 시대에는 세입자보다도 어려운 건물주도 많다.

프랜차이즈 사업도 빛 좋은 개살구가 많다

코로나 불황의 시기에 살아남은 자영업자라고 하더라도 좋은 점이라고 해봤자 대기업 직장인에 비해 직장 상사 눈치 안 보고 편하게 일하는 정도다. 수익이 늘어난다고 해도 근무시간이 늘고 휴일도 없이 자신의 뼈와 살을 갈아넣어야 하므로 꼭 직장인의 수익보다 더 낫다고 볼 수도 없다. 대박을 노리려면 프랜차이즈 사업이 그나마 가능성이 보이지만 역시 마케팅, 고객업무, 기획, 자신의 사업체 관리 등 1인 3역에서 5역까지 일을 맡아서 근로시간을 늘려야 한다.

매장마다 매출 3~5퍼센트 수준의 로열티로 고정수입을 만들고, 장비 구입이나 인테리어 비용에서 수수료 및 교육비, 가맹비 등의 추가 수입이 생기지만 대리점주의 모든 불평 및 불만사항을 다 챙겨주는 해결사 노릇도 해야 한다. 나 역시 인테리어 업체를 끼고 스터디카페 프랜차이즈 사업을 위한 브랜딩 작업을 시도했지만 도저히 혼자서 감당할 수 없는 '인력 싸움'이라는 판단이 서자 미련 없이 철수했다.

실제로 프랜차이즈 사업은 장사 안 되는 점주들의 엄청난 민원과 애로사항을 다 떠안아야 한다. 무리하게 가맹점 유치하다가 광고에 기재된 목표수익률이 달성되지 않은 점주들의 컴플레인을 온몸으로 버텨내야 한다. 가맹점 수와 비례해서 점주들의 컴플레인 수도 늘어날 것이다. 그리고 프랜차이즈 점주들 대부분이 생계형 투자자들이기 때문에 창업투자가 실패로 이어지게 되면 프랜차이즈 본사가 비난의 대상이 되고 민사상 법률문제로 커지기도 한다.

내 주변에서도 프랜차이즈 사업을 일으켜서 가맹점 수를 자랑하고 월 수천만 원의 수익이 생겼다고 자랑하던 지인들이 고급 외제차를 타고 골프장 드나들더니 오래지 않아 조용히 사라졌다. A는 80개가량의 지역 베이커리 프랜차이즈 업체 대표였다. 공격적인 마케팅을 펼치기 위해 대구 중심 상권에 안테나 매장을 세 군데나 열었다. 하지만 마지막 두 곳의 직영점 운영 실패로 프랜차이즈 사업을 접어야 했다. 두 곳의 안테나 매장에서 월 1억 원씩 적자가 발생했고 결국 버티다 못해 폐업을 결정한 것이다. 한 곳은 그나마 약간의 권리금이라도 받고 정리했지만, 다른 곳은 권리금은커녕 임대상가의 원상복구에 폐점 이후에도 오랫동안 비싼 임대료를 계속해서 내야 했다. A는 지금 월세 60만 원짜리 허름한 사무실에서 아파트 시행 관련 일을 하면서 생계를 유지하고 있다.

B와 C는 동업으로 대구 중심지에서 자그마한 음식점을 시작했다. B는 음식점을 오픈하고 어느 정도 성공을 이룬 후 독립했다. C는 그 이후로도 공격적인 마케팅을 펼쳐 대구 경북 전역에 직영점 및 체인점을 오픈했고 결국 서울 중심지에도 성공적으로 론칭하면서 지역 외식업계의 큰손으로 떠올랐다. 대기업에 브랜드 지분을 팔고 나오면서 백억 원대의 젊은 부자로 거듭났으니 신데렐라 탄생이 따로 없었다. 승리감에 도취된 C는 여기서 한 발 더 나갔다. 동일한 스토리를 음식 재료만 살짝 바꾸어서 새로운 프랜차이즈 외식업을 론칭한 것이다. 그는 이전의 위대한 성공을 그대로 재현해냈지만 고객의 입맛은 변해 있었고 시장엔 이미 아류작들이 넘쳐나고 있었다. 그러나 성공에 대한 확신편향은 그에게 몇 번의 오판의 단서를 제공했다. 눈요깃감으로 넘치는 럭셔리 매장에서 큰 실패를 경험하고 결국 C는 파산을 신청했다. 초반의 승승장구도 한 방의 대형 베팅이 실패하면 그간 쌓아온 모든 것을 잃는 것이 외식업 프랜차이즈 시스템인 것을 큰돈을 치르고 배운 것이다.

자영업자로 살아남기 위한 6가지 포인트

나는 대구 지역 최대 번화가에서 20년째 일하고 있다. 직장 인근 100미터 이내에 자리한 수백 개의 자영업체 중에서 20년 동안 살아남은 곳은 단 두 곳뿐이다. 그 일대에서 2년 안에 폐업한 곳이 80퍼센트에 이른다. 최근에는 인테리어 공사만 3개월 동안 하고 영업 1개월 내내 손님 있는 것을 본 적이 없던 가게가 폐업했다. 그 자리를 싹 다 갈아엎고 2개월 인테리어 공사 후 오픈한 음식점도 상황은 별반 다르지 않은데 좀 더 오래 버티고는 있다. 그 음식점 사장이 다른 곳에도 가게를 몇 개 운영하고 있는 터라 그나마 적자를 버티는가보다. "앞으로 남고 뒤로 밑지다"는 옛말은 요즘 자영업 분위기에 딱 들어맞는다. 그나마 '자기 인건비 따먹기'라도 가능한 영업장은 근근이 살아남는다.

도대체 자영업으로 살아남으려면 어떻게 해야 할까? 수차례의 성공과 실패를 겪은 후 체득한 해답은 생각보다 명료하다.

첫째, 인건비 최소화가 가장 중요하다. 1인경영 혹은 부부경영 체제로 인건비를 최소화해야 한다. 무인사업 시스템을 도입하면 초기 창업비용은 커지지만 고정비로 빠지는 인건비를 최소화할 수 있다. 인건비는 단순히 월 급여만을 의미하는 것이 아니다. 노무사건으로의 비화, 직원과의 관계 및 소통 등으로 인한 정신적인 스트레스도 포함된다.

둘째, 법인사업은 세무사와 상담해서 신중히 결정해야 한다. 국회에서 법인세 인상 움직임이 감지되고 있다. 개인사업에 비해 세금혜택이 많지만 자금융통이 불리해서 여차하다 횡령으로 몰릴 수 있다. 법인을 통해서 받을 수 있는 세금혜택과 그에 뒤따를 더 많은 제한 및 책임의 균형을 찾기 위해서는 여러 명의 세무사와 신중하게 상담하고 판단해야 한다.

셋째, 가게 하나로 성공하는 건 거의 불가능하다. 100개 이상의 체인점을 확보한 프랜차이즈화 혹은 대형화 및 자본형 매장이 아니면 나머지는 그냥 대표의 가족이 먹고살아갈 정도의 수익을 노리는 생계형 창업이다. 엄청난 수익을 목표로 프랜차이즈 창업을 하려 한다면 일찌감치 마음을 접는 게 낫다. 최고의 인기를 누리는 프랜차이즈 쌍두마차인 베스킨라빈스와 파리바게트의 수익률조차도 이자 수익보다 나은 세전 월 2퍼센트 정도다.

넷째, '누군가에게 간섭받지 않으며 하고 싶은 일을 하며 산다' 정도의 개념으로 창업에 접근하라. 단, 과장과 부장의 '갑질'은 없지만 매일 접하는 고객들이 그에 못지않을 수 있다. 커피 맛에 푹 빠져 살던 울산의 한 지인도 카페 창업 1년 만에 투자비용의 절반에 매장을 넘기고는 이후로 커피를 입에 대지 않는다.

다섯째, 프랜차이즈건 권리양도 업체건 직접 눈으로 본 것 외에는 믿지 마라. 양도인이 말하는 매출이나 수익률은 어디까지나 판매자의 입장에서 나온 수치일 뿐이다. 장부나 포스(POS, 판매시점 정보 관리 시스템)에 기록된 수치도 언제든 조작이 가능하다. 양수를 계획하는 업소는 현장에서 직접 눈으로 봐야 한다. 권리금을 인수할 가게는 가게 앞에서 하루의 점심, 저녁, 그리고 평일과 주말에 직접 손님 수를 카운팅하는 것이 기본이다. 또한 그 분야의 현 운영자에게 반드시 자문을 구해야 한다. 내 지인은 약국 하나 잘못 인수하는 바람에 억 단위의 돈을 날리기도 했다. 법적 자문도 받아봤지만 결국 자신의 실수로 인정할 수밖에 없었다. 직접 눈으로 보지 않고 남의 말을 믿은 대가가 생각보다 컸던 것이다.

여섯째, 아무것도 하지 않는 것도 투자다. 은퇴자의 경우에는 창업 업계에서 아르바이트 3개월 정도 할 의지가 없다면, 그냥 집에서 벌어놓은 돈 까먹고 사는 게 돈 버는 길이다. 창업을 5회 이상 하면서 잔뼈가 굵어진 나 같은 사람과 경쟁하는 것이 쉽지 않을 것이다. 그런 나조차도 업계에서는 중수 소리라도 들을 수 있을까 싶을 정도로 치열한 경쟁사회다. 정말 대단한 용기와 열정으로 한번 부딪쳐보겠다고 불타오르는 사람인지 자문해본 뒤에 시작하기 바란다.

발등 찍는 것은 언제나
믿는 도끼였다

나는 외식업 세 군데를 일시에 미련 없이 정리했다. 표면상으로는 건강상의 이유였다. 당시 나는 간의 섬유화 진행 소식을 들었고 만성 소화불량 진단을 받았으며 과도한 스트레스로 정신과 진료까지 받고 있었다. 우울증 진단을 받고 약을 먹으며 어려운 시기를 보내야 했던 이유는 외식업체를 경영하면서 생긴 '사람에 대한 스트레스' 때문이었다.

몸과 마음을 모두 다친 외식업 스트레스

세 업장 모두 창업 직후부터 호조를 띠며 제법 괜찮은 매출을 기록하고 있었다. 그러나 그 일을 하면서 만난 사람들은 두 번 다시 만나고 싶지 않은 부류였다. 사람 때문에 겪은 마음고생은 사실 다시 입에 담기도 싫을 정도다.

A는 연거푸 사업에 실패하고 우리 가게 인근에서 월급쟁이로 일

하다가 해고를 당한 사람이었다. 어느 날 그가 우리 가게에 일자리를 부탁하러 왔다. 그의 성실하고 겸손한 모습에 나는 그에게 재기의 기회를 주고 싶었다. 나이도 나와 같은 데다 재혼 후 월세 낼 돈도 없다는 얘기에 마음이 아팠다. 나는 새 가게를 A에게 맡겼고 그는 매우 감사해하며 가게 일을 했다. 나는 그를 동업자로 받아들여 당초 약속보다 훨씬 많은 수익을 그에게 배분해주었다.

그런데 가게가 자리를 잡게 되면서 일이 터지기 시작했다. 현금 매출이 계속 사라지고 사업자카드가 엉뚱한 곳에서 계속 사용되고 있었다. 서울에서 사용된 빵집 결제는 도가 지나쳤다는 생각이 들어 다시는 그러지 말라고 주의를 줬더니, 황당한 대답이 돌아왔다.

"어려워서 그래. 넌 살 만하잖아."

"있는 사람이 너무 하는 거 아니냐?"

내가 만난 외식업계 사람들은 거의 그런 식이었다. 있는 사람 돈은 빼먹어도 괜찮다고 노골적으로 얘기하는 것 아닌가! 한결같이 비극의 주인공인 그들은 내가 챙겨주고 얹어주는 것들에 대한 고마움은 잠시고, 어느 순간 배려를 권리로 주장했다. 걸핏하면 등장하는 아이 학원비를 포함 온갖 궁리로 이것저것 조르는 데 지쳐버렸다.

A는 어려운 시절 손 내밀어준 나의 호의는 잊어버렸고, 그저 사업 정리할 때 퇴직금(투자는 100% 내 돈으로, 수익은 A가 거의 다 가져가다시피 하면서 세금은 내가 다 처리하는 동업관계, 일명 호구계약) 안 챙겨줬다고 나를 비난하며 연락을 끊어버렸다.

B는 당장의 생활비도 부족하니 4대 보험 내지 않게 해달라고 부탁하던 중년 여성이었다. 자기는 딸 직장보험에 이름을 올려놓아야

한다고 4대 보험을 계속 미뤘다. 세무사에게 의논했더니 나중에 뒤통수를 맞는 수가 있으니 방법을 내라고 했다. B는 자기는 절대 그런 일로 문제 만들 사람이 아니니 걱정 말라며, 혹 개인부담금이 문제가 되면 자기 아들 이름도 같이 올리도록 편의를 봐주겠단다.

그러더니 딱 1년 지나고 느닷없이 실업급여 받아야 되는데 내가 가입해주지 않아 못 받게 되었다고 하면서 지금이라도 자기는 신고해서 실업급여 받겠다고 하는 것이 아닌가. "저기요, 4대 보험 얘기는 저희가 문자로 얘기해서 기록이 다 남아 있는데 보여드릴까요?" 했더니 당황하며 바로 말을 바꾸었다. 갑자기 식당 정책이 바뀌어 자기는 혼란스러워 일 못하겠고, 이 모든 잘못은 사장에게 있으니 1개월치 월급과 위로금을 달라는 것이다. 나는 길게 말하기도 싫어서 각서 한 장 받아놓고 원하는 돈을 송금해주고 일을 마무리했다. 어차피 그녀가 노리는 것은 돈이었으니 그게 제일 빨랐다.

C는 만 6개월, 그리고 만 1년째 되는 날 갑자기 변했다. 면접으로 처음 만난 C는 여느 구직자들처럼 일에 대한 열정이 가득 찬 예의바른 청년이었다. (대개 면접일이 열정 넘치는 눈빛과 표정을 볼 수 있는 마지막 날이다.) 일에 대한 배움을 즐거워했고 동료 직원들과 스스럼없이 지내는 친근한 모습으로 식당생활에 적응해나갔다. 그리고 만 6개월을 채우더니 욕을 하기 시작했다. 함께 일하는 동료에게 욕을 하고 주방장이 시키는 일을 곧잘 거부하고 짜증을 냈다. 겨우 어르고 달래면서 만 1년을 보냈다. 그러더니 어느 날은 주방 집기들을 집어던지고 행패를 부렸다. 차량 사고 핑계, 아프다는 핑계로 지각, 조퇴, 결근을 반복했다. 결국 해고할 수밖에 없었는데 나에게 딜을

해왔다. 음식물 쓰레기통 뚜껑을 안 닫은 것을 촬영해뒀다든지 식당 창고에서 직원이 담배를 피웠다든지 등을 거론하며, 하물며 자신이 한 행위임에도 구청 위생과에 고발하겠다고 협박했다. 그러고는 경영상의 이유로 직원이 원치 않는 해고를 한 것으로 근로복지공단에 통보해달란다. 결국 그가 원한 것은 퇴직금과 실업급여였다.

상당수의 직원들이 이렇게 실업급여를 노리면서 근무하는 동안 은밀한 거래의 구실을 찾고 있었다. 매월 수기하지 않은 임금대장을 노동청에 고발한다든지, 며칠 늦은 임금을 임금지급일 미준수로 신고한다든지, 주걱을 일부러 음식물 쓰레기통 위에 올려두고 사진 촬영한다든지 등 방법은 다양했다.

3개 외식업을 모두 정리한 날, 몸과 마음의 병이 씻은 듯이 나았다. 그리고 나는 다시 내가 몸담고 있었던 교육서비스업으로 돌아왔다. 내가 원하는 것은 함께 일하는 사람들과의 인사 및 격려와 칭찬이었다는 것을 외식업을 하면서 깨닫게 되었다. 교육서비스업이라고 좋은 일만 있는 것은 아니지만 이곳의 최악도 외식업에서는 양반이었으니까. 그 후로 나는 불평불만 없는 항상 밝은 일꾼이 되었고 언제나 감사하는 마음으로 하루를 보낼 수 있게 되었다.

마음을 주는 일은 언제든 배신당할 위험이 있다

자그마한 주방 안에서도 권력의 서열이 정해지고 주방장의 갑질이 시작된다. 나의 따스한 말과 선물을 배려가 아니라 조공으로 여겼던 그 부류들을 생각하니 치가 떨린다.

"그 일은 주방장님만 할 수 있습니다. 가게를 이만큼 키워주신 건 다 주방장님 덕분입니다."

선의의 칭찬과 격려는 그들을 고무시키는 행위가 아닌 독재자로서의 갑질을 정당화시켰다. 처음에는 누구나 천사 같은 눈빛으로 접근해서 영원히 함께 일할 것처럼 웃음을 보이다 이내 불평불만을 쏟아놓기 시작한다. 무슨 가정사가 그리도 힘든지, 서글픈 자신의 성장 스토리를 읊어대면서 동정심을 불러일으키려 애쓴다. 보너스나 임금인상 등의 구실로 이용해 먹는 것이다.

나는 외식업에서 함께 일했던 사람들에 대해 얘기하거나 글을 쓰는 것조차 힘들다. 모든 일은 나의 섣부른 동정과 측은지심도 한몫했다는 것을 인정한다. 검은머리 짐승은 거두지 말라는 옛말을 나는 독하게 체득했다. 마음을 주는 일은 언제든 배신당할 위험이 있다.

교육서비스업이나 출판업계 사람들과는 좋은 추억을 공유하고 있다. 글로 먹고사는 사람들이 그나마 합리적이고, 적어도 남부끄러운 짓은 안 하려 노력하는 것 같다. 뒤에서 까대는 호박씨 정도는 애교다. 어디에든 진상은 있게 마련이지만 업계에 따라 그 비율이 다르다. 나는 내 아이들에게 이렇게 말하곤 한다.

"무엇이든 열심히 하면 좋다. 어느 분야에서건 성공의 기회는 열려 있다. 기왕이면 한 방을 노리는 사람이 많은 직업이나 직장보다 성실하게 살면서 그 대가를 얻을 수 있는 직업이나 직장을 갖도록 해라. 성실한 사람들이 주위에 많은 것도 네 자신이 결정한 것이다. 그곳이라고 진상 동료가 없는 것은 아니지만 훨씬 적을 것이다."

무인 스터디카페를 운영하며
배운 것들

말 나온 김에 무인사업 창업에 대해 짚고 넘어가자. 나는 무인 스터디카페를 4년째 운영하고 있다. 최근 최저임금 인상, 사회적 거리두기 등의 영향으로 무인사업에 대한 관심이 커졌다.

직원 없이 사업자 1인이 시스템 지원으로 운영

호텔, 카페, 스터디카페, 피자가게, 스크린골프장, 동전노래방, 자판기사업 등이 주위에서 쉽게 볼 수 있는 무인사업체다. 자동차 자율주행 시대라지만 운전대에 사람 손이 닿아 있어야 하는 것처럼, 아직 시스템만으로 완벽하게 운영되는 무인사업은 없다. 직원을 고용할 필요가 없다 뿐이지 사람의 손이 필요한 것은 여전하다.

기본적으로 청소가 자동으로 이루어지기는 어렵다. 사람이 이용하는 점포는 청소와 관리가 필수이기 때문에 이 정도 인력은 있어야 한다. 또한 무인시스템의 하드웨어 혹은 소프트웨어 오류 발생 시

즉각적인 처리가 가능해야 하기 때문에 관리자가 필요하다. 사람의 힘을 시스템이 보완해줄 수 있지만 그 시스템을 관리할 인력은 필수적이다. 다만 시간에 얽매인 관리자 시스템은 아니라는 점이 다르다.

직원들이 해야 하는 일을 기계가 대신해주는 개념으로 접근하면 이해가 쉽다. 계산원의 역할을 키오스크 기계가, 도난 및 방범 관리 역할을 CCTV가, 조명이나 에어컨을 끄고 켜는 것을 자동화 시스템이 대신할 수 있다. 고객으로부터의 문자 및 전화 응대는 시스템화가 된 중간관리업체를 통해 대신할 수 있다. 화장실의 휴지 등 일회용 소모품의 교체도 중간관리업체가 대신할 수 있다. 그러나 그런 모든 업무의 조정은 관리자가 직접 처리해야 한다. 다만 많은 부분을 기계와 시스템이 대신하므로 별도의 고용 없이 사업자 1인이 최소한의 시간을 투자해서 운영하는 것이 가능하다고 보면 된다.

무인 스터디카페 운영의 장단점

장점

1. 기계는 결근하지 않으며 무단조퇴가 없고 근무시간에 SNS나 채팅을 하지 않는다. 딱 하나 문제라면, 간혹 시스템 오류가 발생한다는 점이다. 기술 발전으로 오류가 적어지고 즉각적인 해결 시스템을 만들어가는 중이다. 야근수당, 주말수당, 주휴수당 및 퇴직금을 정산할 필요가 없다. 직원 관리에 대한 스트레스가 한 방에 사라진다.

2. 관리비만 주면 청소, 화장실 내 핸드타월과 휴지 채우기, 방범, 서버시스템 오류점검 등의 관리문제가 해결되는 대행서비스를 이용할 수 있다. 일주일에 두세 차례 방문하여 점검하는 정도로 일을 최소화하는 것이 가능하다. 심지어 월 10만 원대의 비용으로 좌석예약과 불만처리 같은 전화응대를 해주는 대행서비스를 이용할 수 있다.

3. 근로자에 대한 법정 휴게시간을 계산할 필요가 없으며, 주 52시간 근무제에 신경 쓸 필요가 없다. 24시간 365일 운영이 가능하므로 고정 임대료에 대한 수익을 극대화시킬 수 있는 사업시스템이다.

4. 자리 이용료 외에도 다양한 수입원이 발생한다.
① 자판기를 이용한 매출 수입을 발생시킬 수 있다. (자판기 대당 800~1000만 원으로 초기비용이 부담되는 자영업자들은 월 렌트 형식으로 비치할 수 있다.)
② 2인실, 4인실, 8인실 등의 공간을 이용해 독서모임, 회화모임, 미니 발표회 등의 대관료 수입을 올릴 수 있다.
③ 일반적인 카페와 마찬가지로 사업주가 직접 커피나 차 등의 음료를 판매해서 수입을 올릴 수 있다.

5. 책 읽기 좋아하는 사람이라면 직장이 힐링 장소가 되는 신세계를 경험할 수 있다. 카페에서 책을 읽는 것 자체가 스터디카페의 운영 업무 중 하나다. 혹시 모를 고객들의 요구에 신속하게 대응하기 위한 활동이다. 나는 스터디카페에서 책을 읽고, 글을 쓰고, 이용자

들과 소소한 잡담을 즐긴다. 이용자들이 공무원 준비생, 공기업 준비생, 각종 대학원 준비생들이고 장기적으로 이용하다 보니 친분이 생긴다. 이용자 대부분이 진지하게 공부하는 사람들이라 예의 바르고 남에게 피해 주지 않아서 진상 고객에 의한 스트레스가 거의 없다. 좋아하는 음악을 틀어놓고 커피 한잔하면서 창가 자리에 앉아 책을 읽고 있노라면 무릉도원이 따로 있는 게 아니다.

6. 월 매출의 편차가 크지 않고 수익이 안정적이다. 학생들 시험 기간에 매출이 늘어나는 약간의 차이가 발생할 뿐 특별한 이벤트에 관계없이 연중 안정적인 매출을 가져다준다. 코로나 사태에도 적자를 보지 않았고, 1인당 공부하는 공간이 넉넉히 확보된 만큼 생활방역이 자연스럽게 이루어지다 보니 코로나 이전 매출과 차이가 거의 없다. 내가 운영하는 어학원 매출이 작년 대비 50퍼센트도 안 되는 상황과 비교된다. 상가임대업은 매출감소로 재정적인 어려움을 겪는 임차인에게 월세를 인하해주었음에도 불구하고 3개월분 월세가 밀려 있는 상황을 고려해보면, 스터디카페 사업은 안정적인 것이 가장 큰 장점이다. 흔한 바이럴 마케팅이나 홍보도 없이 이 정도 선전하는 걸 보면 규모에 비해 알짜 사업이다.

7. 임대료, 공과금, 소모품 같은 고정비 외에 매출 대비 추가지출이 미미하다. 이게 아주 중요한 포인트다. 일반 매장은 매출이 늘면 응대직원 수가 늘어야 하며 재고관리에 문제가 발생하고 각종 관리비도 증가한다. 매출신장 대비 순수익이 비례하지 않는다. 인력이

추가되는 순간 매출이 들쑥날쑥하면 어중간한 매출증대가 오히려 손해로 이어지기도 한다. 그러나 무인 스터디카페는 추가비용이 거의 들지 않아서 매출증대의 80~90퍼센트가 순수익이다.

단점

1. 완벽한 무인시스템은 존재하지 않는다. 청소 인력은 기본적으로 필요하다. 단, 공부하는 곳인 만큼 이용자들의 동선이 매우 짧기 때문에 청소가 용이해서 하루 4시간 정도의 청소 용역으로 해결 가능하다. 무인시스템 오류의 경우 서버 관리본부에 전화 한 통으로 90퍼센트 정도 해결 가능하지만, 지폐 배출기나 영수증 출력기 등은 사람 손이 필요하다. 일주일에 두세 번 정도 직접 손이 가는 일이 있는 정도다. 나의 경우는 스터디카페 이용자들 중에서 3명 정도 뽑아서 소소한 잡무를 맡기는데 일주일 정도 여행을 다녀와도 별일 없는 정도다. 참고로 소소한 업무를 대신할 사람에게 고정적인 돈을 주는 순간 앞서 언급한 모든 근로문제가 발생할 수 있다. 아주 소소한 일만 맡기는 걸로 무료 이용 카페 매니저 모집 공지를 게시하면 지원자들이 줄을 선다.

2. 초기 창업비용이 많이 든다. 인테리어 비용, 무인시스템 설치비용, 방범시설 설치비용, 자판기 설치비용, 사물함 설치비용 등 50평 기준 2억 원 정도가 일반적인 창업비용이다. 저렴한 비용을 들고 나오는 프랜차이즈 업체들의 꿍꿍이가 여기 감춰져 있다. 인테리어 비용이 적으면 가맹비, 교육비, 혹은 서버 월 관리비 등으로 뒷돈이

더 들어가면서 비슷하게 창업비용을 맞춘다.

3. 진입장벽이 낮다. 사업자에겐 가장 큰 문제다. 전문 지식이 없더라도 누구든 손쉽게 창업이 가능하다는 장점이 돈만 있으면 창업이 가능한 업종이라서 경쟁업체가 난립하기 쉽다는 단점이 된다. 특별한 기술과 노하우가 필요 없는 업종이라 누구나 손쉽게 진입이 가능하다. 나의 경우, 2016년에 시장조사와 창업 준비를 해서 이듬해 봄에 오픈했는데, 몇몇 수상쩍은 사람들이 손님인 척 들어와서 어슬렁거리더니 4년이 흐른 지금은 인근에 스터디카페가 6개나 된다.

입지 선정과 공간 활용 노하우

스터디카페의 성패는 입지가 8할이다. 대단지 아파트, 학원 밀집가, 중고등학교 등 3가지가 핵심 요소다. 그리고 해당 지역에서 가장 공간이 넓은 곳이어야 한다. 가까운 곳에 규모가 더 큰 스터디카페가 들어오면 이용객을 뺏기기 때문에 애초에 가장 넓은 공간을 선점하여 추가 스터디카페의 진입을 막는 것도 한 방법이다.

입지 분석이 어렵다면 운영을 오래하고 폐업 처리하거나 저렴하게 정리하는 기존 독서실 매물을 보는 것도 좋다. 수요는 어느 정도 확보된 자리라는 뜻이다. 관리형 프리미엄 독서실 혹은 무인 스터디카페로 전환하기 좋다. 수익률은 관리형 독서실이 훨씬 높지만 무인 사업 창업 아이템이 아닌 것을 명심하자. 무인 스터디카페는 일의 강도가 훨씬 낮은데 본인 성향 따라 관리형 독서실의 경영 스타일과 적정선에서 조절할 수 있다. 관리형 독서실에서 스터디카페의 장점을 수용할 수는 없지만, 스터디카페에서 관리형 독서실의 장점을 수용할 수 있다는 점이다. 법적인 규제도 독서실에 비해 훨씬 덜한 게 장점이다(독서실은 24시간 운영이 불가하다).

공간의 활용도에 따라서 숍인숍(스터디카페 안에 별도의 가게를 오픈)도 가능하다. 어차피 용도 자체가 공간임대사업이니 다양한 아이템과 결합이 용이하다. 유리방 하나 만들어서 변호사, 세무사 사무실로 임대 놓기도 하고 프리랜서 강사들의 과외장소가 되기도 한다.

대박보다 안정성 중시하는 투잡족에게 적합

독서를 좋아하거나 실내 장소 꾸미는 것을 좋아하는 사람들 혹은 스마트스토어 관리자, 블로거, 유튜버, 소설가, 웹툰 작가 같은 직업군에게 추천할 만한 창업 아이템이다. 크진 않더라도 안정적으로 고정수입을 유지할 수 있어 투잡을 꿈꾸는 창업가에게 잘 맞는 업종이다.

오픈 비용을 줄이기 위해 창업 준비를 직접 해보겠다는 사람도 많다. 나는 딱 잘라 조언한다. "그냥 프랜차이즈 업체에 맡기세요."

인테리어 혹은 무인시스템 분야에서 일하는 사람이 아니라면 전문가에게 맡기는 게 낫다. 나는 스터디카페 창업 이전에도 대여섯 번의 창업 경험이 있었다. 인테리어 공사, 시스템 분야 등등 전화 한 통으로 해결 가능한 인맥을 가지고 있다. 손쉽게 보이는 일이지만 기술적으로 들어가면 한도 끝도 없다. 전문가의 노하우를 돈으로 사는 것이 가장 절약하는 방법이다.

스터디카페가 아무리 전문 지식 없이도 운영 가능한 업종이라고는 하지만 초기 세팅이 이뤄지는 시기에 방음 공사나 시스템 서버구축 등이 제대로 이행되지 않으면 상당한 보수비용이 추가될 수 있다. 사람들이 장시간 공부하는 곳인 만큼 조명 시스템이 일반 카페와 달라야 하는데 창업자들이 이런 세심한 부분에 관심을 가지기 어렵다. 사소한 부분이지만 워낙 비슷한 업체가 난립하는 상황이라 이런 부분에서 드러난 불편이 이용자들의 발길을 돌리게 만들 수 있다.

그러나 유의해야 할 점이 있다. 각종 스터디카페 프랜차이즈 체인본부의 수치를 절대 믿어서는 안 된다. 어느 프랜차이즈 업체건 매출액은 가맹을 유도하기 위해 부풀려져 있을 수밖에 없다. 가맹점주들이 말하는 매출액 수치도 걸러 듣는 게 현명하다. 프랜차이즈를 통한 스터디카페 창업비용은 브랜드별로 큰 차이가 없다. 이 항목이 싸면 저 항목이 비싸니 차라리 월 지급 로열티가 낮은 곳을 추천한다. 로열티는 3퍼센트에서 가감된다. 월 고정비용이 낮은 사업이 불황에 강하고 안정적이다.

최소 스트레스로 연간 투자수익률 40~50퍼센트

모두가 궁금해하는 것은 수익 규모다. 나의 스터디카페 월 매출은 천만 원 정도다. 유튜브 채널에서 월 매출이 3천만 원이 넘는 스터디카페 가맹주들의 증언에 비하면 소소한 금액이다. 그러나 각종 이벤트 행사를 통해서 일시적으로 달성한 고액 매출액이 아닌 월 평균매출액이다. 하지만 사업의 성패는 매출로만 판단할 수 없다. 간단하게 설명해보자. 월 지출금액이 5백만 원 이하다. 월세, 청소용역, 각종 관리비, 수도, 전기, 인터넷, 일회성 소비재 통틀어서 5백만 원을 넘은 적이 없다.

나의 스터디카페는 60평 조금 넘은 비교적 큰 규모이지만, 창업비용은 보증금을 제외하고 1억3천만 원이었다. 인테리어, 건축자재, 무인 키오스크, 브랜딩까지 모든 일을 직접 추진했다. 시작 단계에서는 프랜차이즈 사업을 구상하고 진행했지만 전문적인 노하우가 필요한 사업이 아니다 보니 너도나도 뛰어들면서 빠른 속도로 레드오션이 되었다. 유사업체가 난립하면서 프랜차이즈 사업의 꿈은 접은 상태다.

오픈 당시를 제외하고는 홍보 마케팅 비용을 지출하지 않았는데도 연 투자수익률 40~50퍼센트 뽑아내는 사업장이다. 대박을 노리는 창업투자라기보다 사람 스트레스를 받지 않고, 조용히 음악 감상하고 책 읽으며 따박따박 들어오는 월 수익이 안정적인 사업이다.

내가 아는 스터디카페 중에는 40평 규모로 월 3천만 원의 평균 매출액을 올리는 곳도 있다. 이 정도 매출액이면 순수익이 적게는 1천5백만 원에서 많게는 2천만 원 이상의 규모다. 더 많은 수익을 낼 수 있는 다양한 방법이 있겠지만 나는 창업 대박 관점에서 스터디카페를 홍보하는 것이 아니다. 안정적인 수입과 더불어 자기만의 시간을 누리고자 하는 사람들이나 투잡을 생각하는 직장인들을 위해 다양한 창업 대안 중 하나로 제시하는 것이다. 나는 사업가로서 공격적인 사업을 할 당시에는 월 1억 원의 순수익을 올리기도 했지만 반퇴 라이프로 살아가는 지금은 여유 있는 시간을 즐기며 노후에 편안하게 일할 수 있는 사업체를 선호한다. 그런 관점에서 무인사업이야말로 반퇴 라이프를 살기에 최적화된 창업이 아닐까.

제 3 장

모으기

종잣돈 만들기
불변의 법칙

돈을 많이 벌어서
부자가 되는 것이 아니다

　나는 돈을 많이 벌어야 부자가 되는 줄 알았고, 그래서 돈 많이 벌 수 있는 직업이나 직장을 찾아 헤맸다. 그런데 믿기지 않는 일이 생겼다. 내가 취업 준비를 하던 당시 H백화점 점장이었던 작은아버지는 전혀 부자가 아니고 30평형 아파트에 살며 그랜저를 모는 그저 평범한 중산층이었다. 또 내가 가고 싶어 했던 은행의 본점 인사부장도 화려한 법인카드 뒤에서 용돈 아껴가며 살고 있는 평범한 중산층이었다. 그토록 꿈꾸던 대기업, 공무원에 합격해봐야 돈 문제로 시달리지 않고 살아가는 정도일 뿐 부자가 되는 것과는 거리가 멀었던 것이다. 나는 직장생활만으로 부자가 되는 꿈은 포기하게 되었다.

　사회 초년 시절에 나는 안정적인 삶보다 부자의 삶을 꿈꾸며 성인어학원 일을 시작했다. 시행착오와 행운이 새옹지마처럼 반복되다가 강의 5년차에 꿈에 그리던 억대 연봉에 도달할 수 있었다. 그런데 텔레비전 드라마에서 봐왔던 억대 연봉자로서의 화려한 삶을 맛볼 겨를도 없이 나는 현실의 삶을 이어가야 했다. 여전히 2001년식 코란도 화물 밴을 타고 있고, 점심으로는 라면에 김밥 혹은 된장

찌개 백반을 먹고 있었고 명품 가방과 해외여행은 언감생심이었다. 분명히 억대 연봉이 모든 직장인들의 꿈이라고 했다. 2006년 당시에는 억대 연봉이 흔하지 않았던 시기라서 자긍심에 어깨뽕이 치솟아 하늘을 찔러댔지만 실제 삶은 달라진 게 없었다. 투룸 빌라에 살고 있었고, 마트에서 몇백 원 더 저렴한 계란 한 판을 사기 위해 줄을 섰다. 한우를 구워먹는 것은 부잣집에서나 하는 럭셔리 문화라고 생각했다.

내 인생은 여전히 구질구질했고 무언가 잘못됐다고 느낄 즈음 고등학교 동창 J에게서 전화가 한 통 걸려왔다. 결혼을 하게 되었고 신혼집은 부모님으로부터 대구 범어네거리 인근의 33평짜리 아파트 (강남 아파트를 제외하면 전국에서 제일 비쌌다)를 받았다고 했다. 그 순간 나는 피카츄가 쏜 백만 볼트 전류가 온몸을 휘감는 전율을 느끼며 탄식했다. "앗! 결국 이건가?"

내가 만난 최고의 종잣돈 마니아

J의 아버지는 고위 교육공무원을 지낸 엘리트였는데, 빼어난 공부머리는 일찌감치 첫째인 딸에게 다 물려줘버리고 J에게는 하나도 안 물려주었다. 그런데 이 부유한 집의 재산은 놀랍게도 J의 어머니가 거의 다 일궈낸 것이었다. 아버지는 좋은 머리와 공무원 시절의 화려한 인맥을 통해 얻어낸 주식정보를 활용해 주식투자에 뛰어들었다고 했다. 짧은 시간에 주식계좌를 시원하게 다 털어내셨고 지금

은 넓은 저택의 바닥을 밀대로 밀면서 노후를 보내고 있다.

J가 전해주는 어머니의 돈 버는 기술은 대단함 그 자체였다. 처녀 시절에 시작한 일수놀이로 '돈 버는 데는 돈이 최고'라는 기술을 자식에게 몸으로 보여주었다. 돈 떼먹고 도망 다니는 사람 잡으러 J를 대동하고 다녔다 하니 대단한 여장부였던 모양이다. 그렇게 모은 종잣돈으로 빌라 건물을 지어 파는 일을 했다고 한다. 공사 인부들을 모아 팀을 꾸렸고, 감리도 직접 보면서 건설 현장을 진두지휘했단다. 그리고 빌라와 상가건물로 일확천금을 벌었고 딸이 미국에서 대학교, 대학원 다 마칠 수 있게 뒷바라지를 했다. 아들에게는 자동차와 집을 주었을 뿐만 아니라 돈 버는 머리도 함께 주었다.

J는 지금도 잘살고 있다. 본업으로 무역업체를 경영하고 있지만, 유통업과 대부업으로 투자수익을 벌어들이고 있다. 현재 4채 집을 가진 다주택자이고 차도 3대를 굴리는 여유로운 삶을 즐기고 있다. 주위에 만나는 친구는 거의 없다. 술을 마시지 않는다. 피우던 담배도 돈 아깝다며 끊은 짠돌이다. 돈 아껴 쓰는 습관과 돈 버는 방법을 어릴 때부터 보고 배운 덕에 자기 사업체를 몇 개 운영하면서 벌어들이는 수익의 대부분은 ELS나 펀드로 재투자한다. 짠돌이 짓하는 것이 얄밉기도 하지만 분명한 사실은 J는 내가 만난 최고의 종잣돈 마니아다. 점심값 아끼려고 법인차로 집에 가서 밥 먹고 다시 출근했으니 말이다.

중요한 것은 화려한 과거가 아니라 현재

J와 상반된 삶을 살아가는 사람들도 많다. S는 현재 대구 경북 지역 성인어학원 매출 1위의 강사다. 그와의 만남은 2005년으로 거슬러 올라간다. 나는 당시 업계 1위 강사로부터 후계자로 선정되어 그의 자리를 대신하게 되었고, S는 나보다 두 살 많지만 이제 진입한 신참이었다. S와 나는 20평대 소형 아파트를 샀고 각자의 가정을 꾸려나가고 있었다.

그리고 몇 년의 시간이 흘러 다시 S를 만났다. 그의 넋두리가 끝없이 이어졌다. 나는 50평대 아파트에 살고 있지만 그는 여전히 20평대에 살고 있었다. 나는 투자용 아파트와 상가건물을 가지고 있었지만 그는 여전히 20평 아파트의 은행 빚이 있었다. 나는 이미 은퇴를 한 이후 하루 2시간만 일하는 반퇴 라이프를 살고 있지만 그는 강의만 하루 10시간을 하고 있었다. 나는 창업과 다양한 투자를 통해 현금흐름의 다변화가 이뤄진 상황이었지만 S는 아무것도 해놓은 게 없이 쉰 살을 향해 달려가고 있었다.

S는 자주 해외여행을 갔고, 명품 옷과 명품 시계 쇼핑을 즐겼다. 초창기에는 2년마다 타던 차를 바꾸었고 분위기 있는 바에서 고급 양주를 마셨다. 누구보다 화려한 삶을 살았고 내가 떠난 자리에서 업계 1위 스타강사로서 대단한 현금흐름을 창출하고 있었다. 무엇이 그와 나의 삶을 달라지게 만들었을까?

쇼핑리스트라고 말하고 싶다. 그와 나의 구매 목록이 달랐다. 나는 종잣돈을 모을 때까지 돈을 쓰지 않았고, 투자기간 동안에 대출이자 갚느라 허리띠를 졸라맸고, 더 큰 집으로 옮기기 위해 감가상 각이 있는 상품에 대한 모든 구매를 제한했다. 억대 연봉이었지만 가난을 벗어나지 못한 내가 부모의 도움으로 시작선이 달랐던 J를 따라잡기 위해 할 수 있는 일이라고는 절약, 저축, 투자 이 세 가지 밖에 없었다. 반면 들어오는 현금이 큰 만큼 씀씀이를 늘렸던 S는 30대에는 화려한 삶을 살 수 있었지만 40대 후반이 된 지금은 올드 패션이 되어버린 명품 옷가지와 액세서리만 남았다.

S는 뒤늦게야 우리에게 중요한 것은 화려한 과거가 아니라 현재 라는 것을 깨달았다. 그러면서 종잣돈이 생길 때마다 나에게 맡아달 라고 했다. 자기가 가지고 있으면 분명 또 어딘가에 쓰고 싶어질 게 뻔하니 내가 투자하는 곳에 같이 넣어달라고 부탁했다. 투자수익을 떠나서 돈이 있으면 쓰고 싶어 미치겠다는데 어쩌겠는가?

지금은 거주 지역 최고의 아파트를 계약한 상태고, 불경기라지만 월 2, 3천만 원의 수익을 내고 있다. 나의 강의 노하우를 자기 것으 로 만들고 자기만의 강의 기법으로 지역 매출 1위 강사 타이틀을 유 지하고 있다. 추가로 온라인 교육사업을 창업하기도 했다. 그는 안 정적인 현금흐름과 자산 증식의 환희를 즐기는 중이다. 전에는 돈 쓰는 재미에 빠져 있었는데 이제는 모으는 재미가 쏠쏠하단다.

"푼돈은 모아봤자 푼돈, 티끌 모아 티끌."

젊은 세대들이 신세 한탄하며 내뱉는 말이다. 하지만 스타벅스 아메리카노 한잔 값을 30년간 날마다 모으면 이자 합쳐서 6000만 원이 되는 원리를 깨달은 20대 후반 이후로 나는 밖에서 커피를 사 먹는 일이 없다. 부자들의 조언은 대꾸하지 않고 시키는 대로 했다.

누군가는 꼭 그렇게까지 궁상맞게 살아야 하는지 물어볼 수도 있겠다. 하지만 어쩌란 말인가? 지금의 내가 누리는 것들을 생각해본다면 20대 시절에 내 몸에 익힌 궁상맞은 행동이 그렇게 감사할 수밖에 없는데 말이다.

푼돈은 푼돈이라고 생각하면 영원히 푼돈이다. 당신이 푼돈의 가치를 그렇게 매겼다면 당신에게만큼은 그 정도의 가치가 맞다. 그러나 그 이상의 가치를 매기고 그 가치에 복리의 마법을 더해서 종잣돈으로 만드는 사람도 있다. 아껴서 잘산다기보다 아끼는 마음이 습관으로 몸에 배게 되면 돈뿐만 아니라 시간을 아끼고 노력을 아껴서 필요한 곳에 집중시킬 수 있다. 더 나아가 부자로 가는 첫 단계인 종잣돈의 가치를 깨닫게 되어 향후 부자가 될 가능성을 높일 수 있다.

몰락의 길은 항상 한 발 옆에 있다

C는 지역 유지 집안의 장손이다. 명문대 출신의 C는 선친의 사업을 물려받아 사업가로도 승승장구했다. 미모의 전직 아나운서와 결혼하고 대구 핵심지의 대형 상가건물을 유산으로 받으면서 주위 사람들의 선망의 대상이 되었다. 금요일이면 비서가 고급 외제차에 C를 태워 강남으로, 월요일 새벽에 다시 대구로 모시기를 몇 년 반복했다.

그렇게 잘나가던 C였지만 하루는 은행 대출 심사에서 거절 통보를 받았다고 분통을 터트렸다. 카지노 도박에 빠지면서 사업에 소홀히 하고 서울에서 연예인들과 술파티를 벌이면서 돈을 탕진하고 있었던 것이다. 월 순수익 1억 원을 넘겨도 유흥과 도박으로 펑펑 써 대는 그의 씀씀이를 버텨낼 수 없었다. 결국 집과 차, 건물 등 모든 것을 매각해야 했고 아내와도 이혼했다. 그리고 카지노 블랙리스트에 오르더니 오래지 않아 신용불량으로 파산했다. 하루에 얼마를 쓰면 저 많은 돈을 다 쓸 수 있을까 싶었는데 몰락의 길은 불과 한 발 옆에 있었던 듯하다.

이런 경우는 흔하다. 1988년 봄, 26세의 나이에 당시 2000만 달러(한화 약 240억 원)의 복권에 당첨된 폴 쿠니는 평범한 자동차 수리공 생활을 끝내고 자신이 일하던 회사를 통째로 사버렸다. 1년 만에 회사는 부도가 났고, 그는 이혼과 재혼을 거치면서 엄청난 위자료를 지불해야 했다. 사치와 방탕한 생활 끝에 11년 만에 모든 돈을 탕진하고 오히려 500만 달러(한화 약 60억 원)의 빚을 진 채 파산신고를 했다. 폴 쿠니의 사례가 빈번하여 미국에서는 한 번에 큰돈을 주지 않고 평생 동안 매주 1만 달러씩 받는 복권이 만들어지게 되었다고 한다. 내가 아는 재미교포 D도 비슷한 케이스다. 미국에서 234억 원의 복권 당첨금을 모두 탕진하는 데 겨우 8년밖에 안 걸렸다. 지금은 영세민 아파트에서 실업급여를 받으며 살고 있다.

왕년에 잘나가던 시절을 떠벌리는 사람들의 공통점은 한 번에 목돈을 쥘 수 있었지만 돈 버는 시절이 영원할 것처럼 돈을 펑펑 쓰다가 전 재산을 탕진하는 경우가 허다하다. 한 번에 벌어들인 목돈 맛에 빠져 있기 때문에 직장인들의 월급이라는 것이 성에 차지 않는 것이다. 오로지 큰 거 한 방으로 대역전을 꿈꾸며 테마주, 기획부동산, 온라인 도박, 경마와 같은 사행성 사업 주위를 배회하고 있다.

잘 버는 게 아니라 잘 모으고 잘 굴리는 게 핵심

창원에서 유년시절을 보내고 혈혈단신 대구로 올라와 쇼핑 유흥 거리인 동성로에서 옷가게를 시작하여 지금은 대구 부동산계의 거물이 된 E를 보면 '기하급수적'이라는 표현이 떠오른다. 본인의 옷가게가 있던 허름한 건물이 경매로 나오자 자신의 보증금을 지키기 위해 경매에 입찰해 낙찰받은 것이 그의 첫 번째 부동산투자였다. 당시 E는 다양한 형태의 부동산 거래를 시도하고 있었다. 그의 자산가치가 10에서 100으로 성장하는 데 소요된 시간이 1에서 10으로 올라간 시간보다 훨씬 짧았던 것이다. 수많은 재테크 서적들도 이 점에 주목한다. 빈손에서 종잣돈 3천만 원을 모으기까지는 오랜 시간이 걸리지만, 3천만 원이 1억 원이 되는 시간은 훨씬 짧고 1억 원이 5억 원으로 불어나는 시간은 더 짧다는 것이다. 나도 그렇고 주위 자산가들도 공감하는 바다.

E는 항상 검소한 옷차림에 겸손한 말투였고 타인에 대한 배려심을 잃지 않았다. 유흥에는 돈을 아끼지만 사람들과의 만남에 필요한 돈은 아끼지 않았다. 경제기사 읽는 시간도 아끼지 않았고, 투자에 대한 고민은 나무늘보처럼 오래 했지만 결단 이후의 행동은 황소와 같았다. 그는 나와 비슷한 연배로, 그의 아이들도 예의 바르고 겸손하며 계산은 철저하나 탐욕스럽지 않았다. 부자들의 모습이었다. 특히 자수성가형 부자들의 모습은 언제나 비슷하다. 푼돈 경시하지 않고 써야 할 돈과 아껴야 할 돈을 잘 구분한다. 나는 그들을 만나면서 돈을 잘 굴려 큰돈 만드는 기술도 결국 푼돈 아끼는 작은 습관에서

시작된다는 것을 알게 되었다.

평생 부자의 습관만 연구해온 토마스 스탠리는 자신의 명저 『이웃집 백만장자』에서 이렇게 말했다.

"진짜 부자란 사람들이 생각하는 것처럼 풍부한 물질을 소유한 사람이 아니라 근검절약하는 습관을 유지하되 투자에 관심을 갖고 사는 사람들이다."

나는 2001년에 구매한 코란도 자동차를 20년 넘게 소유하고 있었다. 호주 유학시절 쓰리잡과 셰어하우스로 번 돈을 아끼고 아껴 귀국 후 꿈에 그리던 코란도를 샀고, 나와 젊음과 도전을 함께했다. 그런데 사업이 안정기에 접어들자 '대표답게 느껴지는 차량'으로 바꾸라고 주위에서 하나둘 입을 보태기 시작했다. 하지만 사업이 잘되고 안 되고를 떠나 자동차는 언제나 나에게 있어서 차(次)순위였다. 선(先)순위는 언제나 집이었다. 걱정위원회 위원들의 애정 어린 질타에도 나는 집 1순위 원칙을 고수했다. 집을 장만하고 사업도 안정적인 운영이 이루어지고 아이들의 덩치가 커지자 그때서야 새로운 세단차량을 구입했다. 감가상각이 이뤄지는 구매에 대한 쇼핑을 자제한 것이 종잣돈 시기를 앞당겼고 결과적으로 은퇴를 앞당겼다. 쇼핑은 지금부터 하면 된다.

존 리가
새내기 직장인에게 전하는 충고

대중교통과 자전거를 타고 다니는 메리츠자산운용 대표 존 리의 자동차 구입에 대한 충고는 간절하다 못해 애절하다. 그의 투자 철학은 차치하고 경제적 자유를 달성하고도 일에 열정적이고 검소한 모습이 존경스럽다. 새내기 직장인들에게 '자동차 사지 마라'는 그의 의견에는 정말 많은 메시지가 담겨 있다.

신입사원이 저지를 수 있는 최악의 선택

S무역에 입사하여 월급 250만 원을 받는 2명의 신입사원이 있다.

A 경우

"이제 고정적인 월급이 들어오니 난 외제차를 질러야겠어! 한 번 사는 인생 즐기며 살아야지!"

A는 벤츠사의 E-Class 350 세단차량을 전액 할부로 구입했다.

- 장점 : 폼 난다! 감성충만! 자신감 뿜뿜! (하루 종일 차를 쳐다보면 즐거움)

- 단점 : 유지비용이 생각보다 많이 든다.

- 특이사항 : 시간이 흐를수록 구형이 되면서 쳐다보는 즐거움이 작아진다.

B 경우

"이제 고정적인 월급이 들어오니 종잣돈 마련을 위해 저축부터 하고 남은 돈은 용돈과 생활비로 써야지!"

B는 자동차를 사는 대신 안정적인 연복리 3퍼센트의 적립식 주식채권 혼합상품에 가입했다.

- 장점 : 돈 쌓이는 재미가 쏠쏠하다. (하루 종일 계좌를 쳐다보면 즐거움)

- 단점 : 나 말고는 보여줄 사람이 없으니 자랑하는 맛이 없다.

- 특이사항 : 시간이 흐를수록 금액이 쌓이면서 쳐다보는 즐거움이 커진다.

이제 보다 실질적인 계산을 해보자. A와 B가 각각 5년간 1억1천만 원의 돈을 투자한 결과의 차이다.

A 경우

찻값에 취득세, 자동차세 등의 세금과 보험료가 들어간다. A가 차량 구입으로 지출한 내역은 다음과 같다.

- 3400CC 차량가격 : 8700만 원

- 36개월 할부 시 이자비용 : 700만 원

- 취등록세 포함 이전등록비용 : 785만 원

- 자동차세 : 대략 350만 원(첫해 78만 원 이후 매년 경감)

- 차량보험 : 30세 기준 자차 포함 평균 180만 원×5년=900만 원
- 총투자비용 : 110,850,000원

찻값에 세금 및 보험료를 합치면 8천7백만 원의 차량가액에서 1억1천만 원으로 껑충 뛴다.

자동차는 구매가 이뤄진 직후부터 감가상각이 시작된다. 즉 차량 인도 계약서를 쓰는 순간부터 차량의 가치하락이 시작되는 셈이다. 국산차보다는 외제차가, 스포츠 유틸리티 차량(SUV)보다 세단차량이, 소형차보다 대형차가 감가상각이 커진다. 3년 정도가 지나면 대형 SUV는 30~50퍼센트가량 가격이 하락한다. 5년 후 차량은 50퍼센트 감가상각이 이뤄져 중고차 시세(SK엔카 참조)가 4350만 원이다. 결론은 이렇다.

차량 총투자비용 110,850,000원-중고차 시세 43,500,000원 =67,350,000원 손실.

B 경우

자동차 할부금에 해당되는 월 1,847,500원을 연복리 3퍼센트 투자상품에 60개월 적립식으로 투자했다. (수익률이 2배 이상인 ETF, ELS 상품도 많지만 비교하기 쉽게 적금 정도로 이해하자.) 결과는 다음과 같다.

- 원금합계 : 110,850,000원
- 세전이자 : 8,883,389원
- 이자과세(15.4%) : 1,368,042원
- 세후 수령액 118,365,347원, 7,515,347원 수익 발생

벤츠를 구매한 A와 연복리 3퍼센트 투자상품에 가입한 B의 5년 후 모습은 다음과 같다.

1억1천만 원을 자동차에 투자한 A의 잔고는 43,500,000원이며 67,350,000원의 손실이 발생했다. 연복리 3퍼센트 투자상품에 가입해 60개월 적립식으로 투자한 B의 잔고는 118,365,347원이며 7,515,347원 수익이 발생했다. A는 5년 후 차가 없는 상태에서 잔고가 약 4천3백만 원이다. B는 5년 후 차가 없는 상태에서 잔고가 약 1억2천만 원이다. 잔고가 3배 이상 차이 난다.

5년 후 A와 B가 등록비 포함 4천3백만 원의 차량을 구입했다고 가정해보자. A는 차가 있는 상태에서 잔고가 0원이다. B는 차가 있는 상태에서 잔고가 7천7백만 원이다. 5년 후 같은 차를 타고 있더라도 잔고가 다르다. B의 승리다! B는 5년간의 희생으로 인해 '투자용 종잣돈 모으기'에 성공했으며 이제 굴리기만 하면 된다. 사실 5년을 버텨내서 1억 원이 넘는 돈이 계좌에 찍혀 있는 것을 보면 이때도 4천3백만 원을 자동차에 투입할 가능성은 거의 없어 보인다. 이미 그때쯤이면 차 타는 재미보다 돈 모으는 재미가 몇 배 더 크다는 것을 깨닫게 될 테니까.

외제차 플렉스의 보이지 않는 재앙

외제차는 차량 구입 시 추가되는 지출비용이 많다. 우선 대중교통비에 비해서 유류비 지출이 현격히 크다. 기름 값으로 한 달에 30만 원 쓰면 5년에 1,800만 원을 도로 위에 들이붓는 격이다. 대중교통 이용하는 사람에게는 소요되지 않는 주차비가 추가로 지출된다. 또 요즘은 발렛파킹을 해야 되는 장소가 많아져서 팁을 포함 추가 지출이 발생한다.

그리고 이건 일반화할 수 없는 이야기이지만, 차량의 등급에 따라 소비지수 및 성향이 바뀌는 경향이 있다. 차량에 걸맞는 소비를 해야 하거나 타의적으로 할 수밖에 없는 상황에 내몰리게 된다. 고급 외제차 몰고 와서 더치페이 말하기가 쉽지 않으니 말이다. 또 고급차를 사서 모셔두고 집에 틀어박혀 주식 공부, 부동산 공부할 수 있겠는가? 스포츠카를 지하주차장에 신주단지 모시듯 주차시켜놓고 주말을 독서로 보낼 수 있겠는가? 결국 쇼핑의 목적은 보여주기 위함이니 누군가를 만나야 하고 어디론가 달려가야 한다. 나의 자산을 불려줄 투자 공부할 시간이 사라지게 된다. 그리고 부자가 될 시간은 점점 멀어지게 된다.

나도 좋은 차 타고 싶었고, 드림카 사진을 휴대폰 배경화면에 깔아놓고 싶었다. 경제적 자유를 얻은 후 사고 싶은 차량들을 맘껏 타면 된다. 젊을 때나 나이 먹어서나 좋은 차를 타고 싶은 마음은 똑같다. 차이라면 젊어서 드림카 몰면 '카푸어(car poor)'라고 시기 질투 받을 수 있지만, 나이 들어 드림카 몰면 진정한 플렉스로 박수 받는다.

자수성가형 부자라면
누구나 3단계를 거친다

종잣돈을 얼마나 빨리 모았는가가 얼마나 빨리 부자가 되는가를 결정한다. 이걸 제어할 수 없다면 평생 돈 때문에 고생한다. 반면 이게 가능하다면 절반의 성공이라 보면 된다. 나머지는 시간만 사면 된다. 투자 원리는 매우 심플하다. 그럼 돈 불리는 비법을 알아보자.

돈 불리기는 '벌기→모으기→굴리기' 3단계 과정을 거친다. 유산을 받거나 로또에 당첨되지 않는 이상 누구든 이 과정을 거쳐야 한다. 1단계를 거치지 않고 부자되려는 심보는 자칫 범죄로 이어지기 쉽고, 2단계를 거치지 않고 부자되려는 심보도 도박성이 강한 방법을 택할 가능성이 높아 위험하다. 3단계 굴리기는 크게 부동산과 주식으로 나뉘는데, 부동산투자는 90퍼센트가 성공, 주식투자는 90퍼센트가 실패를 경험한다. 3단계를 잘 거치면 4단계 돈 지키기 과정에 진입하게 되는데, 대부분 세금과 헤지(위험 회피)에 대한 내용이라 아직은 몰라도 된다.

1단계 : 돈 벌기

먼저 일자리를 구해야 한다. 경찰시험, 공무원시험 등을 통해 공무원이 되는 방법이 있지만, 공무원은 마흔에 은퇴하는 것이 불가능하다. 그리고 2000년대보다 시험 난이도도 높고 경쟁률이 치열해져서 준비 기간이 길어질 수 있다. 연봉이 더 높은 공기업이나 대기업에 입사하는 방법도 있지만 2000년대보다 채용 인원이 줄었고 준비해야 할 스펙이 더 많아져서 입사에 대한 확신이 없고, 공무원과 마찬가지로 마흔에 조기은퇴가 불가능하다. 따라서 단기간의 경제적 자유와 조기은퇴를 하기 위해서는 독특한 방식을 취해야 한다. 이해하기 쉽게 다시 20대로 돌아가서 사회생활을 시작하는 것을 예로 들어 설명해보겠다.

유형 1

일단 나는 원래 직업인 영어 강의를 할 것이다. 안정적인 급여에 매출에 대한 인센티브가 있으니 언제나 대박 가능성이 있는 분야다. 예전에는 오프라인 강의 수익이 전부였지만 지금은 강의 영상 촬영을 통한 온라인 강의 수익과 유튜브 등 기타 온라인 TV 채널 등으로 추가적인 수익을 올릴 수 있다. 3년 내로 월 평균수익 천만 원에 도달할 수 있을 것 같다. 평일에는 강의 및 영상 강의 촬영을 하고 주말에는 과외를 두 군데 잡아서 진행한다. 그리고 국내 굴지의 사교육기업인 메가스터디 손주은 대표를 만나서, 나를 강사로 채용해야 하는 이유를 담은 PT자료를 통해 설득하겠다. 거절하더라도 입사가 될 때까지 매주 찾아갈 것이므로 채용된다고 보자. 그런 다음 성인 영어시장이 아닌 규모가 훨씬 큰 중고등 입시시장을 두드려보겠다. 두드린다고 돈 드는 게 아니니까.

유형 2

만약 영어에 대한 지식마저도 사라진 상황이라면 온라인 플랫폼을 이용한 세일즈를 할 것이다. 네이버 스마트스토어, 쿠팡 파트너스, 아마존, 이베이 플랫폼을 이용해서. 해외서 들여오는 물품은 유통기한이 긴 건어물 위주로 농협 하나로마트, 홈플러스, 롯데마트에 매대 권리를 매입해서 판매할 것이다. 그런데 이게 쉽고 편하다는 소문으로 경쟁이 치열해서 수수료는 오르고 수익률은 떨어지고 있다. 그래서 온라인 몰을 운영하며 주문을 기다리는 동안 파트타임으로 문서작성 업무, 맛집 블로그 글 올리기, 유튜브 채널로 세계의 물품 촬영 및 개봉기 업로드 등을 통해 구글애드센스 광고료 등 추가 수입을 노릴 것이다.

유형 3

식재료를 식당에 납품하는 유통 관련 사업을 할 것이다. 중고 냉동차량을 대출로 매입해서 육류 및 해산물을 납품할 것이다. 고령축산 같은 도축공장의 육류를 도매로 직접 대구 및 경북 지역의 식당에 신선하게 납품하고, 소매로도 식당들과의 계약을 성사시킬 것이다. 힘든 일인 만큼 경쟁이 덜하고 마진율은 높다. 젊은 사람들이 꺼리는 일일수록 수익률이 높고 안정적이다. 단기간에 종잣돈을 만들

만큼 충분한 수익이 나온다.

신선육 고르는 법과 고기 손질 등에 관한 유튜브 채널도 운영할 것이다. 또 신선육 배송 중의 이동 시간을 이용해서 실시간 영상을 만들어 편집 없이 꾸준히 올릴 것이다. 고기 맛집 소개, 고기 맛의 비결, 도축 장인이 전하는 맛있는 고기 구별법 등도 영상으로 만들어 올릴 것이다. 요리도 배워서 주말에 캠핑 갈 때면 캠핑장에서 해 먹을 수 있는 바비큐 고기 요리 영상도 선보일 것이다. 이 유튜브 채널은 조회 수보다는 신선육의 배송주문 의뢰에 맞춰져 운영될 것이다. 패러다임이 4차 산업으로 바뀐다지만 고기는 언제나 맛있다.

유형 4

일반 직장인이다. 중견기업으로 오후 7시 퇴근이다. 종잣돈이 없는 직장인이 돈을 모으는 가장 빠른 방법은 투잡. 중고 오토바이를 구입해서 출퇴근한다. 평일 오후 9시부터 12시까지, 주말에는 풀로 '배민 라이더스' 일을 한다. 언젠가 드론이 배송업무를 대신하겠지만 몇 년은 가능한 일이다. 몸으로 때우고 발로 뛰는 일은 종잣돈을 가장 빠르게 얻는 방법. 아무리 다양한 투자기술을 익힌다 할지라도 투자금액이 소소해서 투자수익률은 높지만 수익금액이 미미한 경우 시간 투자 대비 가성비가 떨어진다. 고로 젊은 시절엔 몸을 움직여야 한다. 나도 유학 시절에 새벽 공사인력, 저녁 주방보조, 주말 심야 야채배달 및 판매라는 쓰리잡을 뛰면서 돈을 벌었고 그 종잣돈으로 셰어하우스를 운영하며 주거비 및 생활비를 충당했다.

4가지 유형에서 무엇을 선택하건 핵심은 이렇다. 휴무일은 월 2회 정도로 하고 미친 듯이 일하는 것이다. 죽도록 일하고도 다음 날 한숨 자고 나면 멀쩡한 게 20대의 축복 아닌가?

2단계 : 돈 모으기

종잣돈은 '안 쓰기'가 포인트다. '안 쓰기'의 최대 장애물은 자동차와 명품이다. 이 두 개로 인스타그램의 사진들은 늘어나고 계좌 잔액은 줄어든다. 종잣돈 모으기에는 담배, 커피, 술 등의 기호식품과 취미생활 등이 장애물이다. 적당하게 타협을 봐야 한다. 대개 당장의 쾌락을 중요시하면 기호품 소비 비율이 높고 종잣돈 구간은 길다. 충고하자면 그 어떤 쾌락도 종잣돈을 손에 쥘 때의 기쁨보다 크지 않다.

나는 감가상각이 발생하는 모든 소비재를 철저히 배제했다. 앞에서도 언급했던 내용이지만 난 고급 주택을 매수할 때까지 보유한 지 15년 넘은 코란도 차량을 계속 탔다. 나라고 럭셔리카에 대한 유혹이 없었겠는가? 그래도 난 버텨냈다. 그리고 훗날 충분한 재정적 여유가 생겼을 때 다섯 대까지 차량을 늘리며 인내했던 젊은 시절의 나를 크게 칭찬해주었다. 무조건 안 쓰고 버티며 종잣돈을 만들어라. 훗날 '분노의 쇼핑'으로 응징해주면 된다. 대개 분노의 쇼핑을 너무 일찍 하기에 나이 들어서 잔고는 비고 사회에 대한 분노와 부자들에 대한 분노만 남는 것이다.

- 3년간 월 평균수익 4백만 원(1억4천4백만 원)+추후 3년간 월 평균수익 1천만 원(3억6천만 원)=4억4백만 원(세후 수익 기준)
- 과외 : 월 100만 원×2건×연 10개월×6년=1억2천만 원
- 생활비 : 월 50만 원(종잣돈 모일 때까지 부모님 집에서 기거하는 뚜벅이족)+강의 마케팅 비용 월 50만 원(최초 3년)

유형 2~3

- 3년간 월 평균수익 4백만 원(1억4천4백만 원)+추후 3년간 월 평균수익 1천만 원(3억6천만 원)=4억4백만 원(세후 수익 기준)
- 생활비 : 월 50만 원(종잣돈 모일 때까지 부모님 집에서 기거하는 뚜벅이족)+비용 월 50만 원(매출 대비 증가)

유형 4

- 3년간 월 평균수익 4백만 원(1억4천4백만 원)+추후 3년간 월 평균수익 5백만 원(1억8천만 원)=3억2천4백만 원
- 생활비 : 월 50만원(종잣돈 모일 때까지 부모님 집에서 기거하는 뚜벅이족)+비용 월 50만 원(매출 대비 증가)

월 3백만 원씩 적립하면 대략 유형 1은 20개월 후, 유형 2~4는 이자 및 시세차익 제외하고 40개월 후 1억 원의 적립이 가능하다. 어느 쪽을 선택하건 종잣돈 1억 원이 모일 때까지 미친 듯이 허리띠 졸라매고 최소 생활비 50만 원 외에는 적립식 주식투자를 할 것이

다. 3개 종목인 삼성전자(우) 33퍼센트, 현대차(우) 33퍼센트, 미국 S&P 34퍼센트 적립하는 방식이다. 이 기간에는 근로소득에 집중해야 하기 때문에 투자수익보다 꾸준히 모으기에 집중해야 한다. 투자수익의 짜릿한 맛에 빠지다가는 자칫 근로수익의 가치를 평가절하할 수도 있고 테마주의 유혹에 빠지기 십상이다. 어린 나이에 저지를 수 있는 최악의 실수다.

종잣돈을 최대한 빨리 모아야 할 이유를 몇 가지만 말해보자. 첫째, 2017년 서울 아파트 가격과 2019년 가격을 비교해보라. 1억 원으로 2017년에는 살 수 있는 아파트가 있었지만 2019년에는 없다는 것을 알게 될 것이다. 돈의 가치가 달라졌기 때문이다. 둘째, 미국 테슬라 주식을 샀다고 치자. 2020년 7월에 종잣돈으로 주당 1200달러에 사야 할 테슬라 주식이 불과 한 해 전인 2019년 7월에는 주당 200달러에 살 수 있었다. 좋은 아파트와 주식은 일찍 살수록 싸다. 셋째, 워런 버핏보다 연 평균수익률이 더 뛰어난 투자자들이 많지만 그의 누적수익률이 압도적 1위인 이유는 복리의 마법 때문이다. 투자기간이 길어질수록 복리수익은 기하급수적으로 증가한다.

3단계 : 돈 굴리기

종잣돈이 모였다면 굴리기를 시작해보자. 첫 투자는 빌라와 소형 아파트만한 게 없다. 여차하면 내가 투자한 매물에 들어가서 살 수도 있기 때문에 손해 볼 게 없다. 1천만 원부터 빌라 경매에 참여할 수 있다. 3천만 원부터는 빌라와 소형 아파트 경매가 가능하다. 5천만 원부터 소형 아파트 갭투자가 가능하다. 1억 원부터 중소형 아파트 갭투자 혹은 본인이 직접 거주할 수 있는 실거래 한 채 구매가 가능하다.

당신이 워런 버핏 같은 본능 조절 능력이 없다면 주식투자는 최대한 늦게 시작하기 바란다. 초기에는 부동산투자로 장기투자의 기본을 배우는 게 좋다. 주식은 일희일비하다가 좌절감에 빠지기 십상이다. 주식은 장기투자가 기본인데 적은 돈으로 투자하면 30퍼센트씩 상승해도 금액이 별로 티가 나지 않으니 결국 테마주 동전주로 가기 마련이다. 어차피 워런 버핏이 주장하는 가치우량주에 3년 이상 장기투자할 게 아니라면, 추후에 여유자금 가지고 해도 된다. 아직 반백년은 주식투자할 수 있으니 여유 가져도 좋다. 무조건 부동산으로 첫 투자를 시작하는 것을 추천한다!

4년차 : 펀드에서 적립한 1억 원으로 부동산투자

부동산 청약을 시도하겠지만 가점이 낮고 경쟁률도 치열해서 청약에 당첨이 되지 않은 경우에는 경기도 GTX 역세권의 갭 1억 아파트(자본금 1억 원으로 전세를 낀 아파트 투자)에 투자하겠다.

5년차 : 늘어난 월 수익의 적립식 펀드에 투자한 금액 1억 원으로 투기과열지구가 아닌 광역시에 부동산투자

대구, 부산, 울산, 세종의 갭 1억 아파트로 일시적 2주택(취득세 1~3%)이 되면서 양도소득세가 면제되는 최대 3년의 기간을 활용하여 투자하겠다.

6년차 : 2주택 유지하면서 주식 포트폴리오 조정

50퍼센트는 국내+미국 인덱스 ETF에서 안정적인 투자를 하겠다. 나머지 50퍼센트는 공격적인 주식투자로 성장주 중기(3개월 이상 1년 미만)의 개별 주식투자(이때도 삼성전자우, 현대차우 유지)를 하겠다.

7년차 : 아파트 2채의 수익률을 보면서 일시적 2주택 양도세 면제를 택할지 아니면 보유 연장할지 선택

양도세 면제를 택해서 매매하는 경우에는 매도가와 유형 1~3에서 발생하는 추가 근로수익 3억6천만 원을 이용해서 서울 마용성(강남을 제외한 핵심지)의 전세를 낀 아파트에 투자하는 이른바 '똘똘한 한 채 갭투'를 하겠다.

투자수익이 얼마인지 예상이 불가능하기 때문에 3년차 이후의 투자는 두루뭉술하게 표현했다. 7년차까지가 고비일 것 같고 그 이후 5년간은 순탄하게 흘러갈 것 같다. 원래 자동차도 1단에서 토크가 크게 걸리고 기름도 가장 많이 먹는 법이다. 시속 80킬로미터에서 자동차의 연비가 가장 좋다는 사실이 돈 버는 이치에도 그대로 적용되는 법이다.

대략적인 예상으로는 4년차 때 순자산은 1억 원, 5년차 때는 2억 원, 6년차 때는 4억 원, 7년차 때는 8억 원 이런 기하급수적 자산상승이 가능하지 않을까 생각해본다. 그리고 7년차에서 똘똘한 한 채 구입 혹은 꼬마빌딩 투자를 통해서 자본투자의 선순환이 발생하리라 본다. 7년차 세팅이 되면 이후에는 방향만 맞으면 저절로 흘러간다. 이 모든 선순환은 첫 3년의 시간이 결정할 것이다.

작은 돈이라도
현금흐름을 다양화해라

미국 서브프라임 모기지 부실사태가 불러일으킨 금융위기와 같은 상황이 다시 닥친다면 대처할 수 있겠는가? 갑작스레 건강에 이상이 와서 운영하고 있는 업체를 휴업해야 한다든지, 회사에서 명예퇴직 권고가 떨어졌을 때 대처할 수 있겠는가? 코로나 사태로 인해 수입이 현격히 줄어들었을 때 대처할 수 있겠는가? 이렇게 우리의 삶에 블랙스완(예상치 못한 위기)이 나타나더라도 흔들리지 않을 현금흐름에 대해 이야기해보자.

준비된 자만이 살아남아 과실을 독식한다

아래 상황을 가정해보자.

1. 온라인에서 기업의 파산과 실직 관련 글들이 이어진다.
2. 국내외 전문가뿐만 아니라 모든 사람이 경제위기라고 외친다.

3. 코로나 사태로 인해 매출하락이 발생한 기업들 중에서 현금보유액이 부족한 기업부터 공적자금회수가 이루어지는 시점 이후로 연쇄 파산이 발생한다.

4. 해당 기업 직원들의 대거 실직 상황이 발생하고 그로 인한 가정 붕괴가 일어난다.

5. 현금보유고가 원래 충분했던 기업이라 할지라도 경제회복에 대한 불확실한 미래 때문에 기업의 전격적 구조조정을 통해 직원 대량 해고가 발생한다.

6. 가족 및 기업, 더 나아가 국가의 구조조정 및 긴축으로 인한 하락장은 전 세계적 흐름으로 이어지는 수순이다.

이런 상황에서는 준비된 자만이 살아남아 남은 과실을 독식한다. 한국에 금융위기가 닥쳐 IMF 지원을 받던 시기에 박현주 회장이 설립한 미래에셋증권이 위기에서 살아남아 업계 1위로 올라선 것이 대표적인 예다. 한국의 금융위기건 2008년 미국발 금융위기건 간에 언제나 준비된 자들만이 살아남아서 부자가 되었고 일류기업으로 성장시켰다. 반면 상대적으로 온실 속의 화초처럼 위기감 없이 일해 온 직장인들이 위기 대처가 미흡하다. 코로나 팬데믹이 불러온 실물경제의 위기를 전 세계 각국의 정부가 엄청난 유동성을 시장에 투입함으로써 경제를 부양하고 있다. 하지만 이 치트키(속임수)가 제 역할을 해낼 수 있을지는 아직 미지수다.

언제 찾아올지 모를 재정적 위기에 버텨내기 위해서 그리고 살아남기 위해서는 현금흐름의 다변화가 중요하다. 그 수입이 비록 적다고 할지라도 긴축재정 시기가 도래하면 동전 한 푼이라도 중요하다. 자동차의 기름 값은 있어야 판매할 참외를 사러 가고 배달 일을 할 수 있으니 말이다. 본인은 끼니를 굶더라도 자식 학원비는 있어야 하지 않겠는가? 빈 지갑을 움켜쥐고 발만 동동 구를 수 없는 노릇이다. 직장에서 별안간 해고되어도, 느닷없이 병원에 입원하더라도 쓸 돈은 써야 하고 나갈 돈은 나가야 한다.

현금흐름의 5분면

2010년 『부자들의 음모』에서 제시한 로버트 기요사키의 현금흐름 4분면을 2021년 바이런베이 버전으로 각색해보았다.

1. 노동수입면

투자 : 노동 10, 자본 0

자신이 직접 투입하는 노동력을 통해 자신을 고용한 회사로부터 돈을 버는 방식이며 거의 모든 직장인과 파트타이머를 포함한다. 직장에서 갑작스런 해고를 당하더라도 택배, 건설현장인력 등의 대체업무를 통해 근로수익을 이어나갈 수 있는 체력을 키워둬야겠다. 공인중개사, 주택관리사, FP관리사, 유통관리사 등 재취업 시 도움이 될 자격증을 취득해야겠다. 노동수입의 장점은 아침에 일어나서 집을 나서기만 하면 된다는 점이다. 회사 사정으로 해고되거나 몸이 아파 일을 못하게 되면 몇 개월의 실업급여가 위로가 될 뿐 수입이 사라지게 된다.

2. 1인 자영업수입면

투자 : 노동 5, 자본 5

자영업자 및 온라인스토어 운영자를 포함하고 있다. 자신이 대표이자 사원 역할을 동시에 수행하는 1인 기업인 셈이다. 기타 필요한 노동력은 필요할 때마다 서비스를 구입한다. 세무사 기장서비스, 배달 대행서비스 등을 의미한다. 네이버 스마트스토어, 이베이, 아마존에서 다양한 물품을 판매하는 통신판매업이 오프라인 유통업체보다 인기를 얻고 있다.

1인 자영업은 직장 내에서 발생하는 상하관계의 불편함에서 벗어날 수 있고 일한 만큼의 금전적 보상 혹은 그 이상도 바라볼 수 있다는 가능성이 장점이다. 그러나 매출이 없으면 수익이 사라지는 불안정한 현금흐름이 단점이다.

3. 기업수입면

투자 : 노동 2, 자본 8

1인 이상의 근로자를 고용한 자영업자와 기업을 포함한다. 자신의 노동만으로 수익창출의 한계가 생길 때 타인의 노동력으로 자신을 대신해서 만들어내는 고용형 수입창출 방식이다. 프랜차이즈 혹은 기업화를 통해서 부자 계층으로의 진입을 꿈꿔볼 수 있는 단계다.

4. 투자수입면

투자 : 노동 0, 자본 10

자본이익을 발생시키기 위해 금융투자 및 부동산투자를 통한 수익을 발생시킨다. 종잣돈이 없이는 불가능한 방법이다. 주식, 부동산, 금, 원유, 채권 등의 다양한 투자상품이 있으며 저위험 상품부터 고위험 상품에 이르기까지 다양한 리스크에 비례하는 수익을 가져다준다.

5. 지적재산수입면

투자 : 노동 9, 자본 1

(자본 1은 최소한의 프로그램 및 장비의 최초 구입에 필요)

인세, 저작권, 광고수입, 음원수입 등 이제 일반인도 다양한 지적재산권의 수익을 발생시키는 플랫폼의 혜택을 받기 시작했다. 노동수입면과 차이가 있다면 시간, 장소, 소속에 얽매이지 않고 자유로운가, 그리고 1회성의 노동으로 지속적인 수익창출이 가능한가 하는 점이다.

셀프 브랜딩을 통해 '나'라는 상품을 만들자

지적재산수익의 사례를 잠깐 살펴보자. 최근 가장 큰 관심을 받고 있는 것은 유튜브와 SNS 인플루언서다. 유명 유튜버인 '보람튜브'의 95억 원 건물매입 소식이 알려지면서 일반인뿐만 아니라 현직 연예인들도 유튜브로 몰리고 있다. 보람튜브부터 박막례 할머니에 이르기까지 거의 전 연령대가 유튜버 도전이 가능한 시대다.

개인블로그와 온라인카페 운영 등을 통해 인플루언서로 등극한 사람도 많다. 다루는 분야와 관련 있는 업체들의 광고료를 통해 수익이 지급된다. 인스타그램이나 페이스북 등에서도 광고료와 함께 강연 수입, 굿즈 판매 등으로 추가수익을 얻기도 한다.

책 쓰기도 몇 년 사이 관심자가 크게 늘었다. 예전에는 일반인들이 책을 출간하는 일이 쉽지 않았다. 최근에 독자의 관심사가 세분화되고 출판의 형태도 독립출판, 전자책 등으로 다양화되면서 지평이 넓어지고 있다. 음악적 재능이 있다면 음원 제작도 욕심내볼 만하다. 요즘은 유튜브 영상 제작용으로 BGM을 만들어서 음원 판매하는 아마추어 작곡가도 많다. 온라인에서 쉽게 구할 수 있는 작곡 소프트웨어 및 애플리케이션을 이용해서 창의적인 배경음원을 만들기도 용이해졌다.

나 같은 사람이 가장 쉽게 접근할 수 있는 것이 온라인 영상 강의다. 한 번 촬영해두면 지속적인 수입이 가능하다는 장점이 있다. '클래스101', '굿티쳐'와 같은 다양한 온라인 영상 플랫폼에 자신의 교육 영상을 업로드하고 소정의 강의료를 받는 방식이다. 주식이나 부동산투자 관련 방송에서부터 요리, 미술교육, 요가 등 자신만의 노하우가 있는 내용이라면 무엇이건 스스로 촬영해서 편집 후 업로드하면 수익화할 수 있다.

이제는 직장인이 아닌 직업인으로 사는 시대다. 차별화된 전문성을 가지고 있다면 한 회사에 얽매이지 않고 시간과 장소에도 구애받지 않고 온라인 플랫폼으로의 확장까지 가능한 시대다. 그만큼 자신의 장점과 특기를 잘 살린 셀프 브랜딩이 중요해지고 있다. 나의 커리어 정체성을 파악하고, 나만의 차별성을 확립해, '나'라는 브랜드가 궁극적으로 지향하는 목표를 설정함으로써 셀프 브랜딩이 완성되는 것이다. 과거에는 회사에 몸담고 있는 것 외에는 돈을 벌 기회가 적었다. 그러나 지금은 회사를 다니면서도 할 수 있는 일이 많다. 개인들이 돈을 벌 수 있게 판을 깔아주는 온라인 플랫폼이 다양하다. 고양이와 잘 노는 것, 라면을 잘 끓이는 것, 심지어 복스럽게 잘 먹는 것도 상품이 될 수 있는 시대를 살고 있다. '나'라는 브랜드를 키워서 근로소득 외의 소위 '부캐'를 통한 수익을 창출해보는 것이 어떨까? 나 역시 유튜브 채널을 6개월간 운영하며 푼돈이지만 수익이 발생하기 시작했다. 얼마 안 되지만 "하긴 해야 되는데……"라면서 아직 시작조차 못한 사람들보다는 한발 앞서 있지 않은가?

아는 만큼
강한 포트폴리오가 만들어진다

　주택을 두 채 이상 보유하고 있으면 세금 폭탄이 떨어지고 세 채 이상이면 핵폭탄이 떨어지는 부동산 대책이 현 정부 들어 20여 차례다. 그리고 언제든 다음 정책이 준비되어 있다는 시그널을 보내는 정부의 눈초리가 매섭다.

　결국 다주택자들이 잡히고, 임대사업자 혜택도 사라지고, 절세수단 법인설립은 재앙설립이 되고, 주택수를 피했던 입주권과 분양권 그리고 오피스텔까지 전방위 집값 옭죄기에 들어갔다. 이제는 자산의 주택 몰빵으로 돈 벌기가 굉장히 어려워졌다. 그렇다고 현금을 들고 있을 수는 없지 않은가? 몇 가지 소소한 자산배분 방법을 알아보도록 하자. 특별하지는 않지만 직접 경험하면서 투자성이 좋다고 생각한 몇 가지 방법을 얘기해보겠다.

유형별 부동산의 변화와 체크포인트

1. 실거주 한 채

감당할 수 있는 적당한 레버리지를 통해 실제 본인과 가족이 거주하는 주택 한 채의 구입은 언제나 옳다. 모든 추가적인 투자는 집이라는 심리적 안전판 위에서 시작하는 것이 원칙이다. 정부의 무차별적 부동산정책 남발에도 피해가 가장 적은 부동산투자 방식이다.

2. 오피스텔

오피스텔이 주택수에 포함되면서 투자가치가 떨어졌다. 생활형 숙박시설인 레지던스도 같은 길을 갈 가능성이 크다. 2020년 7월 10일 부동산정책 발표에서 취득세는 기존 세율 4.6퍼센트를 유지하지만 주택수에 포함되기 때문에 오피스텔 추가매매에는 동일한 취득세가, 아파트 추가매매 시는 2주택자로 분류되어 8퍼센트의 취득세가 적용된다.

3. 해외부동산

보유 주택수에 적용되지 않기 때문에 다주택자의 징벌적 과세에 대한 공포에서 벗어날 수 있다. 몇 채를 가지건 취득세와 보유세가 국내에서는 없고 현지법에 따른다. 양도세 문제가 발생한다. 현지 국가 법령에 따른 양도소득세 납부 후 국내 양도세 비율과 비교하여 추가 이득 부분은 국내에서 납부해야 한다. 결국 양도소득세는 국내 세율에 맞추어 납부해야 한다. 반드시 한국으로 원화반입하지 않고 현지에 에셋 파킹(자산의 해외 분산)을 원하는 투자자들에게 알맞는 투자상품이다.

단점은 정확한 정보를 얻기가 어렵다는 것이다. 필리핀, 베트남, 캄보디아, 태국 쪽의 한인 부동산은 여러 면에서 조심하는 것이 좋다. 해외부동산은 정보싸움이다. 알면 돈이 되지만 어설프게 알면 오히려 덤터기 쓸 수 있으니 유의해야 한다. 믿을 만한 현지 인맥을 통해 직접 발품을 팔고 정보를 얻는 것이 중요하다.

4. 상가

주택수에 포함되지 않으므로 다주택자 징벌과세에서 벗어날 수 있는 장점을 가지고 있다. 수익형 부동산의 4.6퍼센트 취득세가 변경된 부동산법에 의해 상대적으로 낮은 세율이 되었다(2주택 취득세 8%, 3주택 이상 취득세 12%). 상가 임대소득은 기타소득과 합산되어 종합소득세로 신고한다. 세금을 덜 내는 예시를 하나 보도록 하자.

예시

- 임대소득 연 2400만 원+근로소득 연 1억 원
- 총소득 : 1억2400만 원
- 과세표준이 8800만 원 이하면 세율은 24퍼센트다. 과세표준이 8800만 원 이상이면 세율은 35퍼센트다. 그래서 과세표준이 가장 중요하며 8800만 원 이하로 잡는 세팅이 상가투자의 최고의 절세다. 임대소득이 3000만 원으로 과세표준이 35퍼센트면 실질소득이 줄어들 수도 있으므로 유의하자.

금액과 목적에 따른 주식 구성 제안

1. 주식투자로 발생한 주식양도차익 5000만 원 이하에 대한 양도소득세가 면제된다. 연 수익률 10퍼센트가 목표(중위험 중소득)면 5억 원 이하에서 주식투자를 추천한다. 연 수익률 5퍼센트가 목표(저위험 저소득)면 10억 원 이하에서 주식투자를 추천한다.

2. 연 투자수익(배당금 포함) 2000만 원 이상의 합산금융소득은 종합소득세를 납부한다. 시세차익이 목적이 아닌 배당수익을 노리는 분들은 배당금수익률을 최대 5퍼센트 잡고 배당주투자 4억 원 이하로 세팅하는 것을 추천한다.

금투자의 몇 가지 유형

1. 골드바

- 수수료 : 4.9~12퍼센트
- 세금 : 개인 0퍼센트, 사업자 부가가치세 10퍼센트

골드바를 구매하여 인수 후 개인이 보관 가능하다. 단점은 과다한 수수료가 발생하는 점이고 장점은 가장 안정적인 투자상품 중 하나로 주식과 채권 및 부동산 가격 하락에 대한 방어가 가능하다. 달러화 및 원화 가치 하락에 대비하여 헤지(위험 가능성 완화) 기능을 가지고 있다.

2. 금 ETF

● 수수료 : 매수 및 매도 시 각각 0.1퍼센트, 운용수수료 1년에 0.25퍼센트

● 세금 : 250만 원 면제, 그 이상부터 22퍼센트

세금이 과다한 것이 단점이나 운용수수료가 저렴하다.

3. KRX 한국거래소

● 수수료 : 0.165~0.33퍼센트(증권사별로 상이)

세금이 없는 것이 최대 장점. 실물 보관을 원하면 부가가치세 10퍼센트 내고 골드바 수령도 가능하다. 또한 1그램씩 소량 거래도 할 수 있다.

전통적인 부자들의 가장 보수적인 투자상품으로 골드바가 꼽히지만, 금 시세차익을 목표로 하는 일반 투자자들에게는 KRX 금 상품을 추천한다. 또한 2020년 8월 현 시점에서 역사상 최고치를 갱신 중인 금에 비해서 아직 시세 상승분이 충분해 보이는 은도 추천한다. '부자아빠' 로버트 기요사키의 최애 현물상품이자, 배당금이 없어서 투자대상으로 금을 싫어하는 주식왕 워런 버핏도 은에는 투자를 과감히 하고 있다.

해외예금의 장점과 단점

1. 베트남 예금금리가 5~10퍼센트. 단 현지 통화가 아닌 달러예

금은 4~8퍼센트. 이자소득과세 15.4퍼센트가 면제된다.

  2. 금융기관의 파산에 대비한 예금보호금액이 375만 원이다. 한국에서 보호해주는 이자 포함 5천만 원에 비해 매우 적은 금액이므로 고금리를 약속하는 베트남 은행보다 이자는 낮지만 신용도가 훨씬 뛰어난 현지 우리은행, 신한은행, 국민은행 이용을 추천한다. 국내 은행과는 분리된 별도의 법인이라는 특수성이 있긴 하다.

  단점으로는 환차손이 발생할 수 있다는 점이다. 달러예금에 가입함으로써 어느 정도의 헤지는 가능하다. 환전수수료 발생 및 한국 재반입 시 1인당 5천 달러의 베트남 반출 규정에 따른다. 팁을 주자면 4인 가족여행으로 베트남을 다녀오면 베트남 입국 시 1인당 1천만 원씩 총 4천만 원을 반입할 수 있고 베트남 출국 시 1인당 6백만 원씩 총 2천4백만 원을 한국으로 반입할 수 있다. 가족 해외여행을 실컷 즐기면서 돈 버는 방법이 된다. 게다가 달러벌이 애국자가 될 수도 있다. 단, 코로나 팬데믹 같은 이동제한 이슈가 발생하면 제대로 물릴 수 있다는 게 단점이다.

삶의 질을 높여주는 그림투자

  난 희귀 야구 글러브를 수집한다. 살 때도 팔 때도 보유할 때도 우리가 무서워하는 그것이 없다. 그렇다. 세금이 없다. 희귀한 글러브는 시간이 지날수록 가치가 오른다. 나는 지금도 미국 이베이 경매 사이트와 일본 옥션 경매 사이트에 가끔 들어가서 희귀품이 경매로 나오는지를 확인하고 있다.

그림투자의 경우에는 세금이 세다(20%). 작품 재판매 가격에 세금이 포함되는 게 불문율이다. 그림을 잘 모르면 그림에 투자하는 회사의 간접투자상품을 구입하면 된다. 전시회나 렌탈, 이미지 사용 등의 저작권 활동을 위탁운용사가 알아서 진행해주고 수익금을 배당하는 방식이다. 소득세법에 따라 생존작가의 미술작품을 매매할 때 발생하는 양도차익이 비과세 처리되어 절세효과까지 기대할 수 있다.

작가가 그릴 수 있는 그림의 수는 한정되어 있고 지명도가 높아질수록 가격은 상승하기 때문에 주식이나 부동산보다 더 안전한 상품이라는 평가도 받고 있다. 아파트는 시간이 지나면 땅값만 남고 주식은 기업이 망하면 남는 게 없다. 그림은 시간이 흘러 작가가 사망하면 오히려 가치가 오른다.

이런 현물투자의 장점은 삶의 질이 향상된다는 점이다. 주식이나 골드바는 매일 쳐다볼 수 없지만 글러브나 그림은 언제나 감상이 가능하기 때문이다. 인테리어 관점까지 생각한다면 투자 이상의 가치가 있다. 케이옥션이나 서울옥션에서 거래되는 화가의 작품들 위주로 거래하는 것이 투자가치가 있으며 고가일수록 투자안정성과 투자수익률이 높다. 어차피 부자들이 투자하는 상품이기에 부자들이 한순간에 쫄딱 망하지 않는 이상 구매가격보다 싼 가격에 매물로 나올 가능성은 없다고 봐야 한다.

몇 년 전, 캄보디아의 평당 1천 원짜리 땅을 사서 애플망고 농장을 만들려고 한 적이 있다. 아삭한 식감의 신품종 망고인데, 국내에서는 현지에 비해 10배 넘는 가격에 팔리던 때였다. 현지 땅은 10만 평에 1억 원이었다.

그런데 애플망고를 캄보디아에서 한국으로 바로 가져올 수는 없고, 베트남을 거쳐야 했다. 문제는 베트남에서 수출 퍼밋을 가진 사람이 소수라는 것이었다. 이미 기존의 수출업자들끼리 카르텔을 형성하고 있어 신규 퍼밋은 뒷돈 거래가 필요했다.

식약청 다니는 지인과 여러모로 의논해봤는데 딱히 좋은 방법이 없었다. 내가 직접 키운 애플망고를 국내 백화점에 파는 계획은 수포로 돌아갔다. 이 이야기를 하면 누군가는 지금의 팬데믹을 생각하면 오히려 다행이 아니냐고 되묻는다. 하지만 그건 뭘 모르는 이야기다.

내가 캄보디아에서 가져올 게 애플망고뿐이었을까? 그 몇 년 사이 캄보디아 땅값은 이전에 비해 5배나 올랐다. 일본과 한국에서 정부 차원 투자와 대기업 투자 형식으로 캄보디아 투자에 앞다투어 뛰어들면서 지가가 폭등 중이다.

투자상품이 어느 한쪽에 치우쳐 있으면 2008년 미 금융위기 혹은 2020년 코로나 사태 발발 등의 예상치 못한 이벤트에 취약하다. 다주택자들이 정부의 정책 변화로 인해 수익의 상당 부분이 강제 몰수되는 상황에 처하기도 한다. 이런 상황에서 나의 자산을 지켜주고

위기에서 벗어날 때까지 버텨낼 수 있게 만드는 것이 바로 균형 잡힌 자산 포트폴리오다. 포트폴리오 리밸런싱(Portfolio Rebalancing, 자산 재조정)을 공부해서 자신의 자산에 적용시켜야 한다.

제4장

굴리기 : 주식

개미를 위한
시장은 있는가

주식으로 돈 벌려면
용기 낸 겁쟁이가 되어라

내 주변의 전문직 종사자들을 보면 투자에 있어서 부동산에 강하고 주식에 약한 공통점이 있다. 그들은 안정적인 고소득 창출이라는 이점을 가지고 있다. 높은 신용등급을 바탕으로 은행 대출이 용이하다. 각 은행이 출시하는 닥터론(의사 전용 대출상품)의 경우 일반대출에 비해 더 낮은 금리에 더 많은 대출금액을 보장해준다. 역사상 유례없는 초저금리 시대이기에 월세보다 훨씬 저렴한 이자가 다소 과도하게 느껴질 수 있는 대출금액에 대한 부담감을 덜어준다.

의사, 변호사, 세무사 등의 전문직 종사자들은 대개 사회적 체면을 중시해 선망 지역의 신축 주택을 매입한다. 자녀교육에도 관심이 많기 때문에 학군이 좋은 아파트 단지를 선호한다. 자신의 직장은 학군과 떨어진 곳에 위치한 경우가 많아서 출퇴근 교통은 편리한 곳이어야 한다. 여기서 전문직 종사자들의 부동산투자가 성공할 가능성이 높은 이유를 알 수 있다. 명문 학군의 교통 편리한 대장급 신축 아파트를 구입했다면 사실상 부동산 전문가들이 입을 모아 추천하는 최적의 아파트투자를 달성한 셈이다. 의도한 바가 아니더라도 지역에서의 일등 아파트를 매수한 셈이다. 역사적으로 지역 일등 아파트가 대부분 투자수익률도 가장 좋았다. 금융 빚을 지는 것에 대한 별다른 거부감이 있는 사람이 아니라면 대부분이 성공하는 부동산 투자 방정식이다.

전문직 종사자들은 집값이 오르는지 내리는지에 대한 신경을 쓸 시간이 별로 없다. 고소득 전문직 종사자니만큼 자신이 종사하는 일만으로도 바쁠 것이고, 일에 집중하는 것만으로도 큰 수익을 얻을 수 있기 때문이다. 집값이 오르건 내리건 간에 자신과 가족이 살아야 할 곳이므로 신경 쓸 이유도 없다. 고로 부동산 시세표를 들여다볼 필요가 없다. 그러다 어느 날 문득 집값이 언제 이렇게 올랐나 싶다. 고도의 전략적 부동산투자라기보다 살다 보니 집값이 올라 있는 것이다. 적극적인 다주택 투자자가 아닌 일반적인 실거주 주택을 매수한 전문직 종사자들은 대동소이한 부동산투자 결과를 보여준다.

반면 주식투자에 대해서는 젬병인 사람들이 많았다. 그들은 좋은 머리로 기업 가치에 대해 조사하고 분석하며 그걸 바탕으로 과감한 베팅을 하기도 한다. 문제는 그들의 명석한 두뇌로 계산한 만큼 수익을 얻기에는 주식시장이 그렇게 합리적이지 않다는 점이다. 코로나 사태에서 항공주 투자로 큰돈을 잃은 가치투자의 달인인 워런 버핏이나 4계절 투자법으로 언제나 수익이 날 수 있다고 주장했다가 자산가치 폭락을 경험한 레이 달리오 같은 전설적인 투자가들의 헛발질이 그 증거다. 자신들이 기울인 인풋(시간과 노력)에 대한 아웃풋(투자 결과)이 비례하지 않아 당황하기 일쑤다. 가치주 투자로 주식투자 세계에 발을 들이지만, 결국 성장주 투자로 전환이 이뤄지고 더 높은 수익률을 좇아서 잦은 종목교체가 이뤄지게 된다. 업무시간에 증권사 HTS 프로그램을 열어놓고 있으면 주가는 주가대로 스트레스고 업무에 집중하기 어렵다. 어느덧 깨닫게 된다. 주식은 경제가 아니다. 주식은 주식일 뿐 경제가 아니라 심리라는 것을 깨닫게 된다. 대중의 심리를 한 발자국만 앞서가는 게임이라는 것을 깨달았을 때 이미 주식계좌의 잔고는 바닥을 향해 가고 있다.

천재들의 주식투자 실력

자문료, 강연료, 수수료 수입 등으로 부자가 된 경제전문가는 많아도 직접 주식투자에 뛰어들어 투자에 성공한 경우는 드물다.

18세기 최고의 과학자로 칭송받는 아이작 뉴턴도 자신의 주식투자금 대부분을 잃었다. 당시 사우스 시(South Sea Company, 영국의 남해회사) 주식을 사서 급등 시에 수익을 얻어 기분 좋게 매도했는데 이게 더 치솟는 게 아닌가! 이럴 때 다시 올라타지 않을 사람이 어디 있겠는가. 하지만 주가가 조금 더 치솟는가 싶더니 이내 폭락했다. 주가가 떨어질 때는 '자유낙하운동+중력가속도' 공식까지 적용된다. 결국 본인이 발견한 만유인력의법칙의 희생양이 되고 말았다. 사우스 시 주식을 모두 털고 나왔을 때는 이미 파산 상황이었다.

세기의 천재 과학자 아인슈타인은 아내와 이혼하면서 노벨상 상금을 위자료로 주기로 했지만 결국 그 약속을 지키지 못했다. 노벨상 메달과 함께 받았던 상금을 주식투자로 다 날렸기 때문이다.

"10월은 주식투자에 특별히 위험한 달이다. 7월과 1월, 9월과 4월, 5월과 3월, 6월과 12월, 8월과 11월, 그리고 2월도 그렇다."

소설가 마크 트웨인의 주식투자에 대한 위대한 명언이다. 그러나 그가 주식투자에서 수익을 냈다는 이야기는 전해지지 않는다. 그는 금광투자로 전 재산을 잃은 뒤 소설 출간으로 자산을 다시 마련했고, 또 다시 주식투자로 망했지만 재차 소설로 자산을 일구었다. 이후 사업투자에서도 실패했지만 그의 소설로 약간의 유산은 남겼다고 하니 천재성과 투자 성과는 큰 상관이 없는 것 같다.

옵션가격을 수학적 통계방식으로 공식화한 로버트 블랙과 마이런 숄즈는 옵션가격을 통계와 수학으로 모델화하여 노벨 경제학상을 수상했고 나아가 자신들의 이론을 바탕으로 투자회사 '롱텀 캐피털 매니지먼트'를 설립했다. 하지만 러시아가 모라토리엄을 선언하는 예기치 못한 경제상황이 발생하였고 이에 올바른 대처를 하지 못했던 그들의 투자 모델은(이론상 완벽했지만) 그들을 파산의 길로 인도했다. 이름은 '롱텀(Long Term)'이었지만 현실은 '숏텀(Short Term)'이었던 것이다.

어떤 성향의 사람들이 주식투자에 성공할까?

영국의 경제학자 존 케인스는 역대 최악의 주식 하락장인 대공황 시기에 90퍼센트 가까운 공격적인 투자로 위기에 처했었다. 그는 투자 초창기 10년간은 실망스러운 수익률을 보였으나 중소형주 장기투자 방식을 통해 놀라운 성공을 거두었고, 경제학자의 실전 성공의 희귀 사례로 기록에 남았다. 케인스를 제외한 나머지 노벨경제학상 수상자들이 주식투자에 성공한 케이스가 별로 없어서 1920년대 인물까지 거론하는 것이다. 케인스는 주식시장이 흔들릴 때 거기에 부화뇌동하기보다는 그로부터 이익을 얻는 방법을 찾게 되면서 단기적 투기꾼에서 장기적 투자자로 자신의 투자 철학을 전면 수정했다. 훗날 가치투자의 대가 워런 버핏이 자신의 투자 철학을 정립하는 데 있어 자신의 스승인 벤저민 그레이엄과 함께 큰 영향을 준 인물로 평했다. 1만 파운드의 자산이 사망 당시 40만 파운드를 훨씬 넘어섰으니 이론과 실전 모두에서 성공한 케인스조차도 자신이 가진 주식의 83퍼센트가 휴지 조각이 되는 경험을 했을 정도로 주식투자가 어렵긴 어려운가 보다.

오히려 주식은 겁쟁이들에게 유리한 경우가 많았다. 겁쟁이들은 버는 것보다 어렵게 번 돈을 날리는 게 더 큰 걱정인 부류다. 리스크를 최소화해서 자산을 안정적으로 운영하려면 개별 주식투자를 통한 공격적인 투자 운용을 꺼릴 수밖에 없다. 이런 유형들은 대부분 원금손실의 가능성이 없는 예적금을 선호하지만 투자 공부를 통해서 용기를 낸 겁쟁이들은 안정적이면서도 은행의 금리보다 높은 투자상품으로 뛰어들기도 한다.

IMF를 거치면서 우량주도 망할 수 있다는 불안감에 개별 주식에 뛰어드는 경우보다는 100퍼센트의 수익에 근접할 정도로 안전하면서도 5~8퍼센트의 중수익을 가져다주는 ELS, DLS 상품을 선호한다. 좀 더 적극적인 투자를 노리는 유형은 인덱스펀드나 우량회사들로 구성된 코덱스200 ETF 상품을 구매한다. 또 미국 주식에 투자하는 해외펀드나 미국 우량주식들로 구성된 S&P500 ETF 상품을 구매하기도 한다. 자산 증식보다 현금가치 하락에 신경 쓰는 은퇴자들의 경우에는 시세차익보다 은행 금리 이상의 수익을 노리는 안정적인 고정수입을 원하는 투자자로 배당주펀드로 들어가기도 한다.

직접투자 시 알아둬야 할 개별 회사들의 PER, PBR, ROE 같은 투자지표나 옵션만기일의 영향, 차트파동의 원리에 대해서 알고 싶어 하지 않는다. 애널리스트와 같은 전문 투자자들도 주식시장(경제가 아닌)에서 살아남기가 얼마나 힘든지 그들은 잘 알고 있기 때문이다. 용기 낸 겁쟁이들은 주식을 큰돈을 벌어다주는 마법의 공간으로 보는 것이 아니라 '은행보다 조금 더 나은 금고' 정도로 생각한다. 이런 사람들 중에는 투자에 실패한 사람을 찾는 것이 더 어렵다. 일개 회사는 망할 수 있지만 대부분 나라의 주식시장은 각종 위기를 맞으면서도 결국 우상향을 그리고 있으며 역사상 최고치를 찍고 있으니 말이다.

주식을 은행으로 생각하면서 자신들의 월급을 매월 주식계좌에 쟁여둔다. 결국 투자의 대가들이 말한 분할매수 장기투자를 몸소 실천하고 있는 셈이다. 이런 방식으로 용기 낸 겁쟁이들의 투자는 자신도 모르는 사이에 주식투자 대가들의 주식 성공 방정식을 몸소 익혀나간다. 자산이 불어나는 걸 보고 직접투자에 나서볼까 싶지만 이내 곧 포기한다. 겁쟁이니깐.

은행에 적금하듯 주식시장에 적립하라

주식투자를 저평가된 회사를 발굴하여 가치를 제대로 인정받을 때까지 장기투자하는 식의 거창한 의미를 부여할 필요도 없다. 주식투자를 은행이라고 생각하면 투자가 매우 쉬워진다. 월급 타서 10퍼센트를 적금 넣듯이 투자하는 방식이다. 인덱스펀드에 월급의 10퍼센트를 적금 넣고 있다고 주위에 알렸을 때 이를 반대할 금융전문가는 없을 것이다. 그런 사람이 경계대상 1호다.

단, 조건이 있다. 당신이 주식을 멀리하지는 않지만 무섭게 느껴지는 겁쟁이여야 한다는 것이다. 주식에 대한 자신감이 생기는 순간 이야기는 완전히 달라진다. 흔히 들을 수 있는 주식 실패담은 초심자의 행운과 함께 찾아오는 '겁대가리 상실'로 시작된다. 나라고 별수 있었겠는가? 주식투자 성공은 알면 알수록 고차원 방정식으로 바뀌어갔고 험난해졌다.

이런 이유로 주식투자에 성공하기 쉬운 유형은 주식시장을 완벽에 가깝게 연구한 사람이라기보다 약간의 용기를 낸 겁쟁이다. 주식을 멀리할 이유가 없다. 초저금리 시대를 살아가는 우리에게 가지고 있는 현금의 가치가 떨어지는 것을 막을 대안이 많지 않다. 겁만 약간 내도록 하자! 시장을 이길 자신감만 없어도 절반은 성공이다. 인덱스펀드나 ETF에 투자할 때는 투자라고 생각하지도 말자. 이제부터 주식은 적금 붓기다.

개미투자자들은
왜 주식투자에 실패할까?

"쌀 때 사서 비쌀 때 판다."

주식투자의 기본 공식이다. 그 외에도 "계란을 한 바구니에 담지 마라"는 분산투자 원칙, "일정 수준의 하락 시에는 투자 실패를 인정하고 매도하라"는 손절매 원칙, "사고 싶은 주식은 일정 기간 동안 나누어서 조금씩 사들이라"는 분할매수 원칙, "10년 후에도 살아남을 우량주식을 사서 오랫동안 보유하라"는 우량주 장기투자 원칙, "여윳돈으로 분산투자하라"는 미수 몰빵 금지의 원칙 등 주식을 처음 시작하는 시기에 많이 접하는 원칙들이다. 이것들만 철저히 지켜도 주식으로 망할 일은 없을 것이다. 그런데 왜 주식으로 돈 벌었다는 사람은 드물고 가산을 탕진했다는 사람은 그렇게 많은 것일까? 이유는 몸과 머리가 따로 놀기 때문이다. 아는 것과 실천하는 것은 완전히 다른 이야기다.

장기투자라는 것이 다이어트처럼 말은 쉬워도 실천하기가 어렵다. 인간이라면 누구나 갖고 있는 본능인 탐욕과 공포 심리 때문이다. 목표주가에 도달해도 더 오를 것 같아서 팔지 못하는 심리나 오늘도 상한가를 향해 달리는 잡주들의 유혹을 뿌리치기 힘든 것은 탐욕 때문이다. 우량주를 들고 있어도 단기 악재로 주가가 출렁이며 하락세를 계속 이어가다 보면 손실에 대한 공포가 생겨 버티기 힘들다. 반대로 이런 본능을 이겨내고 원칙을 지켜낸 사람들은 주식시장에서 결국 살아남아 승리자가 된다.

개미가 주식시장에서 실패하는 과정

최근 주식으로 돈 번 개미가 많다고 한다. 대한민국 주식시장이 2020년만큼 드라마틱한 반등을 그리며 폭등한 시기는 없었다. 코스닥의 경우 지구상의 모든 주식시장 중에서 가장 높은 수익률을 기록했다. 반백년에 한 번 나올까 말까한 초폭등 장세를 운 좋게 경험한 개인투자자들을 언론에서는 '개미의 첫 번째 승리'라 칭했다. 그러나 그들의 게임은 아직 끝나지 않았다.

최근 개인투자자의 투자를 분석한 재미있는 논문이 발표되었다. 「개인투자자는 왜 실패에도 불구하고 계속 투자를 하는가?」(김수현, 서울대학교, 2019년 8월)라는 제목의 논문은 2007년에 개설된 한 주식매매방에 입실한 개인 전업투자자들을 대상으로 개인투자자가 어떤 경험을 통해서 실패를 겪는지 그 과정을 분석했다. 13년 동안 주식매매방을 거쳐 간 사람이 200명이 넘지만, 초기부터 지금까지 개인 전업투자자로 남아 있는 사람은 겨우 두 명에 불과했다고 한다. 논문에서는 개인투자자가 실패하는 과정을 초심자의 행운, 확증편향이 만든 성공의 신기루와 자금 투입 확대, 물타기 프로세스의 3단계로 구분했다.

1단계 : 초심자의 행운

처음에는 경험해보지 못한 분야에 대한 두려움과 손실 가능성에 대한 걱정 때문에 조심스럽게 투자의 기본 원칙을 따르며 투자한다. 초심자의 행운이 작용해서인지 아니면 투자 원칙에 따른 매매 덕분인지 처음에는 수익을 올리는 경우가 많다. 역설적으로 주식시장에서 실패하는 개인투자자들이 바로 이 초심자의 행운으로 생각지 못했던 수익을 손에 거머쥔 1단계를 경험한다.

2단계 : 과신편향으로 자금 투입 확대

초심자의 행운을 얻은 투자자는 자금이 더 컸다면 더 큰 수익을 올렸을 것이라는 아쉬움을 갖게 마련이다. 레버리지를 일으켰다면 지금 수익의 두 배라는 사실도 알게 될 것이다. 2단계는 1단계에서 적지만 달콤한 수익을 맛본 개인투자자가 더 큰 수익을 바라며 투자금을 급격히 불리는 단계다. 논문은 2단계로 접어들면서 개인투자자가 자신의 능력을 과신하게 된다고 분석했다. 개인투자자는 1단계 성공 원인을 초심자의 행운보다는 자신의 투자 능력으로 돌리며 추후 투자 성공에 과도한 확신을 가진다는 것이다.

과신편향은 확증편향으로 이어지면서 주식투자자들이 실패하는 가장 영향력 있는 근거로 제시되고 있다. 확증편향은 개인투자자가 자신의 믿음에 부합하는 정보만 받아들이고 그렇지 않은 정보는 틀렸다고 생각하게 만드는 심리학적 용어다. 즉 믿고 싶은 것만 믿는 것이다. 자신의 생각에 반하는 기사, 정보는 보고 싶지 않은 것이다.

3단계 : 물타기

대부분의 개인투자자가 실패하는 또 다른 이유는 손절매를 못해 서다. 자신의 투자가 실패했을 때, 실수를 인정하고 손실을 확정해 야 하는데도 그 반대로 추가 자금을 투입해서 손실률을 낮추는 일명 '물타기'를 시도하는 경우가 빈번하다. 성공하는 경우도 있지만 실 패하는 경우 몇 번의 성공으로 얻은 수익을 단 한 번의 실패로도 다 날려버리게 된다. 결국 7할의 승률을 가진 개인투자자도 단 한 번의 거래에서 크게 손실을 보면서 수익률이 마이너스로 바뀌게 된다. 논 문에서는 이런 행위를 몰입상승이라고 분석했다. 어떤 판단이나 의 사결정이 잘못된 것임을 알게 된 후에도 그만두지 못하고 계속 추진 하는 현상이다.

주식시장에서 살아남으려면 어떻게 해야 할까?

대부분의 주식투자 유경험자들은 주식투자를 시작하려는 지인들 을 만류한다. 당신도 그런 경험을 해본 적이 있다면 한번 생각해보 자. 왜 그들은 자신들이 하는 주식투자를 남들에게 하지 말라고 충 고하는 것일까? 그들은 인간의 본성을 깨닫게 된 것이다. 합리적이 고 이성적이라고 생각한 자신이 어느 순간 공포와 탐욕에 휘둘리는 무서운 경험을 해본 것이다. 주식투자에서 초심자의 행운을 누려본 투자자는 눈빛이 달라져 있다. 당신이 유혹에 약해서 원칙을 자주 깨는 사람이라면 펀드와 같은 간접투자 방식이 아닌 직접주식투자 에는 발붙이지 말기 바란다. 논리보다 감정이 앞서는 사람, 하루에 도 몇 번씩 기분이 좋았다 나빴다 반복하는 사람, 쉽게 욱하는 성격 의 소유자들은 적성에 맞는 다른 투자처를 찾는 것이 좋다.

워런 버핏도 2020년 3월 중순 코로나 바이러스로 인한 폭락 사태 에서 큰 손실을 입었고, 당시 손절한 항공주들이 대거 폭등하면서 한물갔다는 평을 듣기도 했다. 80년을 주식 공부하며 살아온 사람마 저도 이해할 수 없는 경제구조가 돌아가는 곳이 주식시장이다. 항간 에는 전설적인 슈퍼개미 스토리가 적잖이 흘러 다니지만 그건 로또 당첨보다도 어려운 확률 게임이다. 로또는 매주 10명 넘게 나오지만 주식은 매해 고작 몇 명의 슈퍼개미가 탄생하는 정도다. 그들에게 주식투자 성공의 비결을 묻는 것은 로또 당첨자에게 당첨 비결을 묻 는 것과 같다. '조상님이 꿈속에 나타나 번호를 여섯 개 불러주더 라', '같은 번호를 30년 동안 찍었다' 식의 비결이다.

주식시장에서 단기매매를 추구하는 투자자는 주식이 오를지 안 오를지를 지속적으로 맞추어야 한다. 그들의 예측이 들어맞을 확률 은 사실상 50퍼센트다. 오르거나 내리거나. 이 주식 단기투자의 원 리는 블랙잭으로 설명이 가능하다. 호텔 카지노에서 딜러와 블랙잭 을 하는 능력 있는 플레이어들이 계속해서 호텔 VIP로 남아 있는 경 우는 없다. 9번의 승리도 10번째의 올인 한 판으로 모든 것을 잃은 플레이어도 있다. 반면 철저한 확률에 의한 승부를 벌이더라도 결국

승률은 50퍼센트에 수렴될 수밖에 없는데 무한 리필형의 딜러와 승부를 벌이는 혈혈단신의 플레이어는 체력 면에서 이미 진 거다. (딜러는 일정 시간이 지나면 교체되어 순환근무를 한다.)

시간이 지날수록 딜러는 마치 바둑고수들을 한 명씩 격파하면서 정보를 축적하며 점점 똑똑해지는 알파고와 같다. 한 번씩 좋은 패를 손에 쥐어주면서 환희를 느끼게 만들어주지만 결국은 주머니에 있는 모든 것을 털어내는 카지노의 습성과 너무나도 비슷하기에 주식시장을 합법적인 도박장이라고 말하는 것이다.

미국 인기 드라마 〈빌리언스〉는 월가의 헤지펀드 거물과 연방 검사의 대립을 그리는 화이트칼라 범죄물인데 헤지펀드에 고용된 정신과 의사가 정기적인 상담을 통해 소속 펀드매니저와 애널리스트의 심리적 압박감과 스트레스를 풀어주는 장면이 자주 등장한다. 유명 투자사의 투자전문가들마저도 스트레스와 높은 연봉을 맞바꾸며 버티는데 개인투자자는 오죽하겠는가?

65세에 300만 엔으로 주식투자를 시작하여 85세에 1천억 엔을 벌면서 투자의 신이라고 불리던 일본의 전설적인 주식의 신인 고레가와 긴조도 중장기투자 중에 몇 번의 파산을 맞이했다.

10대 때부터 천재적인 투자 능력을 보여준 미국의 제시 리버모어도 몇 번의 파산과 재기 끝에 결국 권총자살로 생을 마감했다. 장기투자라도 수익을 실현해야 하고 새로운 기업을 발굴하기 위해 엄청난 노력이 필요하며 그에 따른 스트레스도 뒤따를 것이다. 그래서 현재 성공의 길을 걷는 투자자들도 언제나 불안한 미래에 자신을 노출시킬 수밖에 없다. 그런 의미에서 마흔의 나이에 불현듯 은퇴를 선언하고 오토바이 타고 전 세계를 누비며 자유로운 삶을 살았던 짐 로저스의 선택이 투자자로서 가장 현명한 것처럼 보인다.

전 세계적으로 7백만 부가 넘게 팔린 베스트셀러의 저자 혼다 켄이 쓴『부자가 보낸 편지―돈보다 더 위대한 유산』에는 재벌 할아버지가 남긴 돈보다 더 소중한 말씀들이 실려 있다. 혼다는 여든 인생을 살며 배운 것 중 가장 소중한 교훈을 이렇게 말하고 있다.

"사람은 결국 변하지 않더라."

자신을 돌아보라. 그리고 주식형 투자자인지 부동산형 투자자인지를 냉정하게 판단해보라. 본능에 치우치는 사람이라면 주식 외에도 다양한 투자가 있으니 주식을 하지 않는 것도 투자라고 생각하자.

궁극의 주식투자란 무엇인가

내가 보는 주식투자 세계에서 가장 성공적인 투자자는 영원히 팔지 않을 주식을 보유한 사람이다. 독점적인 위치에서 안정적인 배당 수익을 주면서 복리의 마법을 극대화시킬 수 있는 초우량 주식을 말한다. 누구나 성공적인 투자자가 될 수 있다. 증권사 앱을 깔고 나서 그 주식을 사기만 하면 되기 때문이다. 아직은 성장주라서 배당이 없거나 적지만 업계 1위의 입지를 공고히 다지고 있는 셀트리온, 네이버 같은 2020년 기준 인기 주식일 수도 있고, 현대차나 농심, 롯데 칠성과 같은 비인기 우량주식일 수도 있다. 이것저것 재는 것이 귀찮으면 삼성전자를 골라도 된다. 혹은 지금은 찬밥 덩어리라 볼 수 있는 KT, 한국전력, KT&G와 같은 회사도 좋다. 미국으로 건너가서 애플, 아마존 같은 초인기주도 좋고, 코카콜라, 월마트 같은 무거운 비인기주도 좋다.

논리는 이렇다. 20년 전이건, 10년 전이건 한때 고수로 불리던 수백억대의 성공한 주식투자자들(일명 슈퍼개미)은 어느 순간 배임, 횡령, 주가조작, 파산, 자살 등의 뉴스로 귀결되는 경우가 대부분이었다. 산이 높은 만큼 골의 깊이도 일반 투자자와는 수준이 달랐다. 반면 워런 버핏을 위시해서 오랜 기간 동안 주식 성공 가도를 이어가는 투자가들은 대부분 안정적인 수익률을 장기로 끌고 가면서 배당수익과 투자원금의 복리효과로 끊임없는 수익을 만드는 투자방식을 가지고 있었다.

잃지 않고 지속적인 수익을 보장해주는 투자야말로 가장 완벽한 투자다. 자칭 슈퍼개미라고 홍보하는 이들이 리스크가 전혀 없는 수익사업인 투자 강연이나 멤버십 회비로 수익을 창출하려는 것이다. 슈퍼개미가 왜 개미들의 코 묻은 돈을 탐하는지 의심해본 적이 없는가? 능력 있는 애널리스트와 펀드매니저들도 자기 돈으로 투자하지 않고 남의 돈을 굴리면서 수수료로 억대 연봉을 받는 이유도 같다. 사업해서 벌어들이는 수익보다 책과 강연 티켓을 팔아서 번 돈으로 슈퍼리치가 된 로버트 기요사키를 보라. 하는 사업 족족 파산했지만 여전히 부자가 아닌가? 투자수익보다 강연료가 더 많은 혼다 켄도 그런 원리를 잘 이용하는 사람들 중 하나다.

독점적이고 시장지배력이 뛰어난 1등 기업 우량주를 찾는 것은 너무나 쉽다. 초등학교 다니는 아이들에게 종이와 펜을 주면서 알고 있는 대한민국 혹은 외국의 회사 이름을 적어보라고 한 후 거기서 고르면 된다. 그런 기업들을 평생 가지고 간다고 생각하며 투자하는 것이다. 사고파는 타이밍이 아니라 함께 나아가는 기업 공동대표 관계로서 말이다. 또는 수익률 3~4퍼센트의 상가건물 운영하듯이 가져가는 거다. 회사 가치가 혹은 상가건물 가치가 하루아침에 곤두박질하진 않는다.

조금씩의 지분수익 혹은 임대수익을 얻으면서 긴 시간 함께하다 보면 기업의 인지도가 올라가 있고, 상가 주변에 개발이 이뤄지면서 시세차익을 얻는 것이다. 그렇다고 내가 공동대표 자리를 한순간에 내려놓을 일도 없고 월 수익을 따박따박 갖다주는 상가를 팔 일도 없다. 시장지배력이 압도적인 1등 기업 주식을 사서 기업 공동대표의 마음으로 혹은 상가건물주의 마음으로 시간에 투자하라. 그러기 위해서는 바닥일 때 사겠다는 생각을 버리고 '영원히 팔지 않을 주식을 사겠다'로 투자 마인드를 다시 설정해야 한다.

그런 종목 고르는 것도 힘들다면 인덱스펀드를 하면 된다. 운용수수료가 가장 저렴하면서 수익률도 최상급인데 인기는 없는 요상한 펀드가 있다. 도박판에서 카드를 돌리며 판당 100원씩 수수료를 떼어가는 백수 아저씨 정도로 보면 된다. 그날 도박판에서 가장 적게 번 사람이지만 마지막까지 살아남아 도박판 최후의 승자가 되는 희한한 존재다.

일류기업 직원은 못 돼도 투자자는 될 수 있다

남들 3백만 원 벌 때 난 2백만 원 벌었다고 투자에 실패한 것이 아니다. 그건 분명 성공이다. 남들은 2개월 만에 두 배 수익 냈는데, 난 10년이나 지나서야 두 배 수익 냈다고 투자에 실패한 것이 아니다. 누군가는 돈을 더 벌 수 있는 기회비용을 날린 거 아니냐고 반문할 수도 있지만, 팩트를 말하자면 100퍼센트 성공이 맞다. 게임은 끝날 때까지 끝난 게 아니다. 화려하게 부활해서 주가 10만 원대를 노리고 있는 삼성전자 주식도 2019년 액면가를 인하한 이후 사람들이 거들떠보지도 않던 비인기 주식이었다.

건강한 주식투자를 표현할 때 곧잘 쓰는 말이 있다.

"투자한 회사에 동업자 마인드를 가져라."

나를 대신해서 인사, 노무, 홍보, 유통, 고객관리까지 회사 운영에 필요한 모든 것을 처리해주니 얼마나 편한가? 나는 그저 훌륭한 회사의 지분을 사는 것이다. 그리고 그 회사의 주인이 된 셈이다. 삼성전자에서 아무나 일하진 못해도 투자는 누구나 할 수 있다. 글로벌 일류기업에 투자한 동업자 관계라. 폼 나지 않은가? 일자리를 얻지 못했다면 차라리 소유해라! 단 한 주의 주식으로도 가능하다.

주식고수, 큰손, 세력의 끝은 어디인가

2020년 7월 24일 금요일 오후 3시 21분. 주식장 마감을 9분 남겨둔 시점에서 상한가였던 코로나 테마주 신풍제약은 상한가에서 폭락을 맞이하며 마이너스 15퍼센트로 마무리했다. 상한가에 신풍제약 주식을 매입한 투자자는 불과 4분 만에 투자금의 절반 정도를 잃은 것이다. 상한가에서 급폭락 후 시간 외에서 하한가 물량이 50만 주 쌓인 상태로 마감되었고 투자자들은 주식시장이 얼마나 무서운 곳인지 다시 한 번 깨달았다.

그 이전에도 써니전자, 우리들생명과학, 우리들제약, 미래산업, 태양금속우, 일경산업개발, 코데즈컴바인 등의 주가 차트에서 발생한 일이었다. 2020년 삼성중공업우, 남선알미늄우, 서울제약이 폭등 후 하한가로 폭락하는 것을 봤을 것이고 앞으로도 이와 유사한 사례는 반복될 것이다.

연 수익률 10퍼센트 초과 투자 제안은 사기다

주식 폭락 사태가 터지고 나면 투자자들은 작전세력의 장난에 개미투자자들만 피해를 봤다고 말한다. 그러나 폭락이 발생한 모든 주식은 이미 단기 주가 폭등을 경험하면서 투자 유의 종목으로 지정된 경우가 대부분이다. 정작 투자자 스스로도 도박 같은 투자임을 인지하고 있었을 터이니 누구를 탓할 일도 아니다.

그렇다면 작전세력, 주포, 큰손들은 모두 돈을 벌었을까? 주가가 폭락하고 나면 실체가 없는 작전세력 및 큰손들에 대한 책임 떠넘기기가 시작된다. '작전세력이 사라진 주식장에 남은 건 개미의 눈물뿐!' 이런 기사가 언론에 도배된다. 사실 주식시장은 그들에게도 어려운 시장이다. 몇몇 사람들의 이야기를 들어보자.

기업사냥꾼 A, 소규모 유통업체 대표 B, B의 사촌 C, A의 초등학교 동창 D의 이야기다. A는 동창 D에게 코스닥 상장기업 K의 인수를 제안했다. K는 LED 업체이며 자금 사정이 어려운 상황이어서 B와 사촌인 C의 자본을 합쳐서 최대주주가 되었다. 나에게도 지분투자를 제의했지만 단호하게 거절했다. C는 S기업에서 퇴사까지 하면서 B의 투자 제안에 긍정적으로 화답했다. D는 이런 사실을 모른 채 혹할 만한 입사 제안을 받고 운영하던 카센터를 정리하고 LED 업체로 입사하게 되었다.

B는 1년간 50여 차례 홍콩을 드나들었다. K사의 제휴업체와 거래업체의 네트워크를 위해 출장을 가는 것으로 알았지만, 사실상 페이퍼 컴퍼니 설립 후 K사와 대형 계약을 체결한 것처럼 위장하기 위

한 절차였다. A는 대형 계약 체결이라는 허위 공시를 띄우고 회사 이사진으로 S그룹 전문경영인(B의 사촌)을 영입했다고 발표했다. 지인들에게는 투자 제의를 지속했고, 실제 A의 말대로 초기에는 엄청난 폭등장을 연출했다. D는 이런 사실을 모른 채 K사의 국내 영업을 열심히 하고 있었고, 이는 마치 해외 계약 체결로 인해 K사의 국내 활동이 활발해진 것처럼 보였다.

몇 개월 후 K사는 폭락을 거듭하다가 상장폐지가 되었고, A는 적당한 수준에서 지분매각 후 잠적했다. B와 C는 더 크게 한탕 하려다가 배임 및 횡령 건으로 검찰 조사를 받았다. 영문도 모른 채 하루아침에 직장을 잃은 D는 일용직을 전전하며 생활하고 있다.

나는 '연 수익률 10퍼센트 초과 상품 제안은 사기다'라는 철칙을 고수하고 있다. 허황된 이익을 바라지 않기 때문에 크게 손해 볼 일도 없다. 주식거래에서 주식고수, 큰손, 세력들에게 당하지 않는 방법은 아주 쉽다. 그냥 그들을 모르면 된다. 그리고 작전세력이 들어올 만한 회사에 기웃거리지만 않으면 된다. 최대주주의 지분이 적고, 자본금이 낮으며, 현재 재정 상태가 좋지 않아 기업사냥꾼의 공격을 받기 쉬운 기업들이 있다. 파악하기 어려우면 그냥 코스피 우량주나 펀드로 가면 된다. 그러나 펀드도 생각만큼 안전하지 않다.

큰손도 순식간에 털리는 게 주식시장

2020년을 떠들썩하게 했던 옵티머스 펀드 사기 사건에 대해 쉽게 설명해보겠다.

1. 옵티머스 자산운용이 우량채권에만 투자하는 펀드상품을 만들었다.
2. NH투자증권, 한국투자증권 등의 금융사들이 이 펀드를 팔았다. (증권사를 백화점으로 생각하고 옵티머스 펀드는 백화점에 입점한 가게라고 생각하자.)
3. 일정 시간이 지난 후 고객들이 투자금을 돌려달라고 했다. (환매 요청)
4. 옵티머스는 지금 돈이 없으니 나중에 주면 안 되겠냐고 했다. (환매 연기)
5. 줄 돈을 못 준다고 하면 문제가 있는 거다. 조사해보니 금융 사기였다.
6. 우량채권에 투자한다는 약속은 거짓말! 수익률 높은 부실채권에 투자했다가 손실 환매할 금액을 또 다른 펀드로 투자금을 유치해서 마련하는 일명 폰지 사기였다.

폰지 사기(Ponzi Scheme)란 실제 자본금은 들이지 않고 고수익을 미끼로 투자자들을 끌어모은 다음 나중에 투자하는 사람의 원금을 받아 앞사람의 수익금을 지급하는 방식의 사기 수법을 말한다.

옵티머스 대표는 현재 구속된 상태다. 그는 세탁과정을 거쳐 자신의 개인명의 증권계좌로 수백억 원을 횡령했다. 주식 및 선물계의 큰손이 되었다. 이 돈을 주식, 선물 옵션 매입 등에 썼는데 금감원은 대부분 손실을 본 것으로 추정하고 있다. 즉 큰손이 망했다는 것이다. 수백억 원을 주무르는 큰손도 순식간에 탈탈 털리는 곳이 바로 주식시장이다.

국내 굴지의 계열사 대표가 출자금 465억 원을 국외에서 불법적으로 쓴 혐의(횡령)로 징역 4년의 유죄판결을 받고 법정구속됐다. 그리고 2년 7개월여의 수감생활 끝에 특별사면으로 출소했다. 최태원 SK그룹 회장 이야기다. 그는 주식과 선물에 투자했다가 개인자금과 출자금을 포함 총 1000억 원대의 손실을 입은 것으로 알려졌다.

시카고 대학원 경제학 박사 학위를 받은 최태원 회장은 SK 회장 취임 당시 32조 원에 불과한 자산을 2020년 기준 230조 원으로 증식시킨 천재 경영인이다. M&A에 능하며 한번 추진한 사업은 끝까지 밀어붙이는 저돌적인 경영 스타일로 재계 순위를 5위에서 3위까지 끌어올렸다. 이런 최태원 회장도 주식시장에서 그의 주식계좌가 탈탈 털리는 일명 '탈곡기' 수모를 당했다. 2005년부터 선물옵션에 투자한 금액이 6000억 원에 이르렀다고 한다. SK 자체 리서치 기관의 도움과 내부 정보를 활용 가능한 절대 갑의 자리에서 언론에 드러난 것만 1000억 원의 투자원금이 손실이 난 것이다.

여기서 더 재미난 사실은 최태원 회장이 잃어버린 원금 회복을 위해 돈을 맡아 관리했던 김원홍 전 SK해운 고문 이야기다. 그의 뒤에는 증권회사 출신 무속인이 있었단다. 경제학 박사 학위를 가진 큰손이 무속인이 찍어주는 투자처로 움직였다니 실소를 금할 수 없다. 미래를 훤히 본다는 족집게 무속인에게 주식의 미래는 안 보였나 보다.

부끄러운 나의 테마주 입성기

나는 다양한 분야의 넓지만 아주 얕은 지식을 자랑한다. 그런데 알고 싶지도 않은 분야가 있었으니, 바로 주식 세계다. 전문투자가, 경영의 달인, 세기의 천재, 심지어 노벨경제학상 수상자들까지 그들이 주식투자에서 오판으로 파산하는 걸 보고 현실과 이상의 괴리감이 생겼다. 투자는 공부만 한다고 될 일이 아니구나! 성공 투자의 원칙은 바로 마음을 다스리는 일임을 알게 되었다.

고백컨대 나도 장작불에 기름을 부은 불꽃처럼 주식 대박에 대한 욕망이 타올랐던 시절이 있었다. 2006년의 일이다. 당시 주식투자에 몸담았던 투자자들은 기억할 것이다. 대선주 이화공영, 홈센타와 남광토건, 울트라건설 등 건설주의 추억을. 절대 손대지 않기로 한 테마주에 난 악마에게 영혼이 팔리듯 빠져들었다. 4대강 테마주의 대장인 홈센타는 중학교 시절 동창의 아버지가 창업주인 곳이었다. 하지만 구차한 변명이었다. 나의 탐욕이었다고 고해성사하겠다. 부끄러운 나의 흑역사까지 굳이 들춰낸 이유는 단 하나! 버블의 끝을 다시 한 번 곱씹어보며 초심자에게 경각심을 주고 싶은 마음이다. 잘 안다는 주식마저도 위험해질 수 있다는 것을 기억하기 바란다.(1000원대에 머물던 홈센타 주식은 몇 개월 새 10배 급등했고 이내 폭락을 거듭하다가 2020년 현재 다시 1000원대에 머물러 있다.)

대중심리보다 한 발자국만 먼저 가면 큰돈 벌 수 있는 간단한 주식게임의 법칙 이면에는 열 번의 성공보다 한 번의 실패가 뼈아프다는 진리가 숨겨져 있다. 다양한 주식투자 기법을 체득하고 적용시킨 투자의 끝이 고작 코덱스200이나 S&P500 같은 인덱스펀드로 수렴되는 것도 이 때문이다. 80년 동안 주식투자했던 워런 버핏이 자신의 사후에 꼭 그렇게 하라고 아내에게 당부했던 투자상품이니 나도 진작에 납작 엎드려 실천할 것을, 문제는 항상 마음이 머리와 따로 움직인다는 것이다.

'나는 달라!' 주식투자를 하면서 가장 경계해야 할 말이다. 주식으로 패가망신했던 사람들이 그렇게 시작했고 그렇게 끝났다.

성급한 투자 마인드는
실패로 가는 가장 확실한 방법이다

부동산투자 관련 공부를 오래 해온 사람들 중에는 자신만의 투철한 투자 철학을 갖고 있는 사람이 많다. 본능 제어가 어려워 스스로를 주식형 투자와 거리가 멀다고 생각하면서 일체 주식거래를 하지 않는 사람들이다. 주식투자보다 훨씬 장기적인 운용을 해야 하는 부동산투자의 특성 자체가 투자자의 특성으로 귀결된다. 아래에서 언급되는 단타쟁이라 함은 빠른 투자 결과를 바라는 성급한 투자자를 일컫는다.

단타쟁이는 넘볼 수 없는 부동산투자의 세계

첫째, 부동산투자 자체가 단타가 어렵다. 부동산은 매매했다고 오늘 바로 시세가 오르거나 내일 시세가 오를지 내릴지 확인할 수 있는 투자상품이 아니다. (매매 후 실거래가 등록이 이루어질 때까지 최대 30일이 소요된다.) 기본적으로 장기투자의 마인드가 필요한 투자상품이며 그 기간 동안 끈기와 인내를 요한다. 투자하면 바로 그 결과를 확인하고 싶어하는 온라인 도박꾼들, 강원랜드 기부 천사들, 경마장 애마꾼들, 비트코인 초단타꾼들이 놀 곳이 아니다. 평범한 인내심 그 이상의 수준을 기본적으로 탑재한 투자자들 전용 놀이터다.

둘째, 종잣돈이 없다면 애초에 부동산에 투자할 수 없다. 돈 백만 원 들고 할 수 있는 투자로는 로또, 경마, 동전주, 노름판밖에 없다. 부동산투자는 초기 비용이 다른 투자상품에 비해 금액 단위가 크다. 부동산투자를 위해 이미 종잣돈을 마련했을 정도면 인내력이 대단한 사람이다. 종잣돈은 욜로(YOLO: You Only Live Once)의 유혹을 참아냈다는 확실한 증거다.

셋째, 클릭 한 번으로 쉽게 살 수 있는 주식과 달리 부동산투자는 투자자가 직접 공부해야 할 부분이 많다. 비트코인과 주식은 사거나 파는, 둘 중 하나의 포지션을 취하면 된다. 하지만 부동산은 입지, 금리, 세금 등 따져볼 게 많고 같은 단지 내 아파트라도 향, 조망, 층에 따라서 그 가치가 모두 다르다. 그리고 그 투자금액의 단위도 커서 옆에서 부추긴다고 쉽사리 할 수 없으니 거금을 투자하기 전에 스스로 공부를 많이 할 수밖에 없다. 또한 공부한 지식을 실제 적용하기 위해 부동산 매물에 직접 방문해서 둘러보는 '임장'이라는 귀찮은 과정을 인내해야 한다. 로또마저도 토요일까지 기다리는 게 힘들어 복권 사서 당장에 긁어야 속이 풀리는 쾌락형 인간들이 살아남기 어려운 곳이다.

첫 번째, 나의 성인영어 강의에 영어 공부하러 온 학생들은 언제나 쫓기듯 말한다.

"빨리 성적이 나와야 해요. 시간이 없어요!"

나의 속마음은 이렇다.

'그동안 뭐 하고 자빠졌다가 꼭 이제 와서 이러냐?'

기본 과정 따위는 안중에도 없다. 현재의 성적은 보지 않고 자신의 영어 실력에 과한 신뢰를 보인다. 그들은 바로 요령을 익히는 문제풀이 반으로 들어가길 원한다. 결과는 뻔하다. 그런데 이런 사람들이 기대치는 또 얼마나 높은지 1~2개월 깔짝거리다가 "내 점수가 왜 이것밖에 안 되는 거야! 시험이 이상한 거 아냐" 하며 지쳐 나가 떨어진다. 포기도 겁나 빠르다. 육상 스타 우사인 볼트급의 초스피드로 포기한다.

두 번째, 학원 강사들은 대박을 꿈꾸며 학원가에 진입한다.

"빨리 돈 많이 벌어야 해요. 쓸 돈도 많고 집도 사야 하고……."

그러면 나의 속마음은 이렇다.

'그동안 번 돈은 어디다 썼냐? 벌기도 전에 쓸 생각부터 하냐?'

그들은 자신들의 수입에 직접적인 영향을 끼치는 등록 수강생 수에만 신경 쓴다. 강의 실력을 키우기보다 멋지게 보이려고 옷과 헤어스타일에 집중한다. 결과는 이렇다.

"내 실력을 몰라보다니! 날 알아주는 곳에서 강의할래!"

포기도 겁나 빠르다. 초스피드다.

세 번째, 내가 운영하는 외식 사업장들 중 한 곳의 점장은 프랜차이즈 대박을 꿈꾸며 진입했다. 그는 오픈하자마자 바로 손님이 밀려든다며 가게를 확장 이전하는 꿈을 꾼다.

"손님이 많아졌는데 대기하는 공간을 만들어야 하지 않을까요? 음식 값을 좀 더 올려보죠?"

그러면 나의 속마음은 이렇다.

'음식 맛부터나 제대로 하지? 손님이 어떻게 여길 찾아오겠나?'

그러나 그는 "이 정도 맛이면 최곤데"라고 자화자찬하며 적당히 타협한 후 인스타그램, 블로그의 바이럴 마케팅에만 몰입한다. 곧 대박의 기운이 터질 거라고 꿈꾸면서. 그리고 시간이 지나면 "애초 가게 입지가 좋지 않았다", "인테리어가 트렌드에 맞지 않다", "손님들이 음식 맛을 잘 모른다" 등등 각종 불평불만 떠들다가 이내 포기하고 만다. 포기도 초스피드다.

단타쟁이가 되지 않으려면

사회에서 성공한 사람들을 관찰하면서 알게 된 그들의 공통점은 '끈질김'이다. 목표에 도달할 때까지 버티고 두드린 사람들이다. 백지연의 『크리티컬 매스』는 각계각층의 성공한 사람들이 각자의 역경을 딛고 일궈낸 성공스토리를 담고 있다. 그녀가 밝힌 그들의 공통적인 특성 역시 임계점(물질의 구조와 성질이 다른 상태로 바뀔 때의 온도)에 이를 때까지 포기하지 않고 온도를 끌어올리는 '끈질김'이었다. 한 분야에서 괄목할 만한 업적을 이뤄낸 대부분의 성공가들이 결국 끈질김을 바탕으로 하는 장기투자의 원칙을 지켰던 것이다.

단타쟁이가 되지 않고 장타쟁이가 될 수 있는 비결을 말해보자면, 그것은 바로 '기대 버리기'다. 대부분 사람들이 기대를 낮춘다고 해도 사실은 상당히 높은 기대를 갖고 있다. 하지만 기대를 하지 않아야 기대에 못 미치는 결과에 대해 실망하지 않고, 실망감이 없어야 오래 버티는 힘이 생기게 된다.

기대만큼 결과가 나오는 것은 그야말로 엄청난 행운이고 평생을 몇 번 나누어 사용하는 '조상님의 은덕'이라 생각하자. 원로 영화배우 엄앵란이 텔레비전에 나와서, 나이 여든이 되고 나서 깨달은 사실이 있다면서 이렇게 말했다.

"기대만큼 되지 않는 게 당연한 거였다. 그리고 당연한 것으로 받아들이면서 마음의 평온을 찾게 되었다."

주식은 차트를 볼 때 당장 내일의 주가 등락에 신경 쓰기보다 1~2년 후를 바라보는 장기적인 시야가 필요하다. 창업은 당장 이번 달 매출이 얼마나에 신경 쓰기보다 모든 세금을 정산한 후 일 년 뒤의 세후 순수익을 흑자로 만드는 전략이 필요하다. 체중감량은 당장 오늘 체중계의 바늘이 가리키는 숫자가 아니라 최소 한 달 후의 체지방율을 목표로 해야 한다. 근시안적인 자세로 일희일비하지 않고 장기적인 목표를 향해 꾸준함으로 승부하는 것이 장타쟁이가 되고 궁극적으로 투자 성공의 길로 가는 지름길이다.

때로는
투자를 하지 않는 것도 투자다

2020년 3월 31일 전 세계 주식이 폭락하던 시기에 나는 인덱스펀드의 1차 분할매수에 들어갔다. 그러나 추가 매수할 기회도 없이 전세계 주가는 V자 반등을 보이며 폭등세를 이어갔다. 1900대 지수에서 목표한 주가에 도달하자 나는 매도했다. 추가적인 상승을 거듭하면서 지수가 2200대에 올라섰지만 나는 투자를 하지 않았다.

각국의 폭락한 취업률, GDP, 소비지수 등과 함께 대공황에 맞먹을 미국의 실업률, 실업수당 청구 건수, 금융기관 연체율의 급상승, 그리고 2008년 금융위기 때보다 더 많은 파산 기업의 수를 고려한 실물경제 몰락이 주가지수와의 괴리감을 커지게 만들어서다. 또한 각국 정부가 시장에 투입한 무제한에 가까운 유동성 공급으로 시장을 버티는 형국인데 V자 반등이 과한 거품을 만들어낸 오버슈팅(일시적으로 폭등·폭락하는 현상) 구간이라고 생각했기 때문이다.

코로나 팬데믹으로 말미암아 무너진 실물경제의 회복은 코로나 바이러스 치료제와 백신 개발로 가능하겠지만 치료제 개발 기간 및 변종 바이러스 출현 등으로 세계보건기구(WHO)를 포함한 의료계는 바이러스의 완전한 종식에 회의적이었다. 그리고 실물경제와 주가와의 괴리감을 보여주는 각종 지표는 2008년 미국발 금융위기, 2001년 닷컴버블의 기시감을 불러일으켰다. 활황장임에도 불구하고 무언가 모를 두려움, 나아가 공포가 느껴졌다.

투수가 던지는 모든 공에 배트를 댈 필요는 없다

"개인투자자가 기관투자자보다 더 유리하다."

투자의 대가 피터 린치의 저서 『월가의 영웅』에 나오는 대목이다. 국내 주식을 기관과 외국인의 싸움에서 새우등 터지는 개미로 묘사한다지만 분명히 개미가 유리한 부분이 있다. 기관투자자는 투자 제약이 있지만 개인투자자는 그게 없다. 현금보유의 제한, 그리고 월말 및 회계연도 말까지의 목표 투자수익률 도달, 주식 비중 조절과 같은 제약을 개인은 신경 쓸 필요가 없다. 반면 기관투자자는 하락장을 맞이하더라도 주식을 사고 팔아서 거래를 일으켜야 하고, 투자를 지속해야 한다. 9.11테러 사건이나 미 금융위기가 찾아와도 현금비율을 100퍼센트로 유지할 수 없다. 그들은 풀스윙할 것인지, 커트할 것인지를 판단할 뿐 스트라이크건 치기 힘든 볼이건 투수가 던지는 모든 공에 배트를 휘둘러야 한다.

그러나 개인투자자는 다르다. 주식시장이 좋을 때만 참여해도 좋고, 스스로가 확신이 들 때만 투자해도 된다. 확신이 없는 시장에서는 주식투자를 멈추고 쉬어도 된다. 자산을 증식시키는 투자방식에 주식투자만 있는 것은 아니다. 채권, 전자화폐, 금, 은, 원유, 달러화, 엔화 등에도 투자할 수 있으며 국내뿐만 아니라 일본, 미국, 중국 등의 해외주식시장도 있다. 상가건물과 빌라 등의 부동산투자도 한 방법이다. 모든 투자상품이 한 방향으로 움직이는 것은 아니다. 각각의 투자상품은 경기 사이클을 탈 것이며 각자의 흐름을 가지고 있다. 즉, 상승곡선을 탈 사이클에 대한 강한 확신이 드는 투자상품에만 투자하면 된다는 뜻이다.

주식투자에 임하는 투자자들은 주식시장에서만 정답을 찾으려고 하는 경향이 있다. 그러나 주식시장 역시 상승기와 하락기를 거치면서 성장한다. 하락기에서 몇 안 되는 상승 가능성 있는 회사의 주식을 찾기보다 아예 투자를 쉬는 것도 한 방법이다. 9.11테러 직후, 월가의 거리가 피로 질퍽거리던 2008년 중후반, 코로나 팬데믹이 터지며 미 주식 역사상 최고로 빠른 속도로 주가 30퍼센트 하락의 기록을 세웠던 2020년 3월 등 얼마든지 투자하기 수월한 시기가 온다. 현재 60달러대의 텍사스 유가도 10달러대로 떨어지는 시기가 올 것이다. 자산을 싸게 주워 담을 수 있는 시기는 돌고 돌면서 오기 때문에 한 상품에 얽매일 필요가 없다.

폭락장의 공통적인 전조현상

꺼림칙한 판은 이길 확률이 높아도 하지 말아야 한다. 확신을 가졌던 판에서도 의외의 결과가 나오기도 하는 것이 투자 세계다. 언제나 다음 판이 기다리고 있다.

나는 2020년 3월 말에 분할매수로 주식장에 들어왔고 1900대 이상의 투자 과실은 먹지 못했다. 2020년 현재의 주가 상승을 보면 누군가는 내 투자를 실패로 볼 수 있다. 그러나 적게 먹는 투자는 실패가 아니다. 못 먹는 투자도 실패가 아니다. 언제나 원금 까먹는 투자가 실패다. 현실과 이토록 괴리감이 컸던 주식장이 또 있었나 싶을 정도의 현재 미국의 주식시장 모습이다. 굳이 꼽자면 1987년 블랙먼데이를 앞둔 시기, 2001년 닷컴버블이 터지기 전 시기, 그리고 2008년 금융위기 폭락 전 시기다.

사람들의 본성은 1987년 10월의 블랙먼데이를 보면 잘 알 수 있다. 미국 정부는 특별위원회를 구성해서 알 수 없는 주가 대폭락의 이유를 심층 조사했지만 아주 소소한 이벤트 정도뿐이었다. 그러고는 월요일 주식장이 열린 그날 하루 22.6퍼센트라는 역사상 최악의 폭락이 발생했다. 3~4퍼센트 하락을 폭락이라 부르는데 22.6퍼센트 하락이라……. 사실 감이 오지 않는다. 과거 역사에서만 들을 수 있는 얘기니까.

그 당시 투자자의 공포심리가 얼마나 비이성적인 것인가를 깨닫게 되어 미국 시장에 서킷브레이커가 탄생하게 되었다. 1987년 10월 미국에서 사상 최악의 주가 대폭락 사태인 블랙먼데이 이후 주식시장의 붕괴를 막기 위해 처음으로 도입된 제도다. 뉴욕증권거래소의 경우 10퍼센트, 20퍼센트, 30퍼센트의 하락 상황에 따라 1~2시간 거래가 중단되거나 아예 그날 시장이 멈춰버리기도 한데 블랙먼데이가 만든 산물이다.

주식거래를 일시 정지시키는 사이드카 제도는 결국 인간의 본성인 탐욕과 공포로 인해 투자자가 현명하지 않음을 인간 스스로가 인정한 좋은 본보기다. 블랙먼데이, 닷컴버블, 금융위기 등 대표적인 폭락장의 전조현상에는 공통점이 있다. 나는 그러한 공통적인 전조현상을 현재의 주식시장에서 읽고 있는 것뿐이다. 물론 미래는 알 수 없고 나의 예측이 틀릴 수 있다. 그러나 지금의 활황장세에서 쉬며 나의 예측이 틀렸다고 해서 돈을 잃은 것은 아니다. 난 손실을 보지 않았고 아직 나의 주식투자는 끝난 게 아니다.

제5장

굴리기 : 부동산

내돈내산
부동산투자
실전가이드

직장인의 첫 투자는
부동산이 옳다

　새내기 직장인은 크게 두 부류로 나뉜다. '욜로족'과 '스마트 투자족'이다. 욜로족의 삶에 대해서는 옳고 그름의 판단을 내가 감히 내릴 수는 없다. 각자의 행복 추구 성향이 다를 뿐이니 알아서 즐겁게 살면 될 일이다. 다만 40~50대의 욜로족 중에 현재의 삶에 만족감을 느끼는 사람들이 극히 드물다는 점은 기억하기 바란다. 청바지에 흰 티셔츠 한 장으로도 젊음으로 화장하면 아름다웠던 시절과 달리 나이 들면 그저 누추할 뿐이고 과거는 되돌릴 수 없다는 후회뿐이니 말이다.

　이제 그와 상반된 삶을 살아가는 스마트 투자족에 대해 말해보자. 오픈된 온라인 정보와 다양한 투자 관련 채널로부터 습득한 지식으로 중무장한 스마트한 세대의 투자 이야기다. 확실히 요즘 새내기 직장인들은 7080세대와 달리 스마트하다. 정보의 보고인 온라인 플랫폼을 적극 활용하면서 정보 면에서는 확실히 우위에 있다.

묻지도 따지지도 말고 그냥 부동산

그래서, 그들이 그 충만한 지식과 정보로 찾은 투자처는 어디인가? 나는 찾을 것도 없이 첫 투자처로 "부동산이 옳다"고 말한다. 새내기 직장인이 주식투자로 큰돈을 벌 가능성은 1퍼센트, 그리고 내 집 장만의 부동산투자로 큰돈을 벌 가능성은 99퍼센트다. (통계학적 수치가 있는 것은 아니지만 투자자들 대부분이 어느 정도 공감할 것이다.) 아니, 주식으로 큰돈을 벌 가능성은 1퍼센트도 과하다. 5년 이상의 투자 경력을 가진 주식투자자들 정도에서 1퍼센트 성공률을 논할 수 있겠다. 오죽하면 초보 주식투자자들을 위로하는 표현으로 '값비싼 수업료를 통해 배우는 주식'이란 말이 있겠는가? 반면 부동산투자의 성공 가능성에 대해서는 말할 게 없다. 이미 주위에 부동산으로 돈 번 사람들이 널렸을 테니까.

부동산투자는 참 쉽다. 경험주의자인 나도 주위에서 부동산투자로 돈 잃었다는 사람을 만나본 적이 없다. 돈을 덜 번 사람은 있어도 부동산으로 파산하는 케이스는 굉장히 드물다.

1. 수십 채의 갭투자 이후 부동산시장 전체가 하락했을 때 역전세가 발생하여 임차인의 보증금을 지불 못하는 상황이 동시다발로 발생하는 경우
2. 신규 상가를 몇 채 매입 후 공실이 오랫동안 발생하는 경우
3. 극단적 레버리지를 통한 상가건물 매입에 공실이 오랫동안 발생하는 경우
4. 극단적 레버리지를 통한 다주택건물 공사 이후 공실이 오랫동안 발생하는 경우
5. 고가의 분양권을 여러 개 매입 후 부동산시장의 폭락이 발생한 경우

위의 극단적인 경우가 아니라면 부동산투자는 일본을 제외한 선진국 시장에서 실패 케이스를 찾아보기가 어렵다.

부동산투자에서 실패가 적은 이유

대부분 첫 부동산투자는 자신이 살 집을 적절한 레버리지를 통해 매입하는 경우다. 일명 '실거주 한 채'는 언제나 옳은 부동산투자다. 대한민국 건국 이래 부동산 가격은 언제나 우상향이었다. 언제나 결국은 오른다는 믿음을 주기에 충분한 부동산 가격 상승장을 보여줘 왔다. 주식과 달리 가치가 떨어지는 시기가 닥치더라도(1998년 IMF, 2001년 닷컴버블, 2008년 미국 금융위기) 자신과 가족이 거주할 집은 있어야 하니 집을 팔래야 팔 수 없는 상황이다. 실거주 한 채의 가격이 폭락하더라도 팔지 않는 이상 손실은 확정상태가 아니기에 다시 경기가 좋아져서 집값이 오를 때까지 팔지 않고 살면 된다. 자산가치가 떨어졌을 뿐 거주공간으로서의 가치는 여전하기 때문에 집값 하락으로 인한 피해는 거의 없다. 이런 점이 자산 폭락이 발생하는 시기에도 주식에 비해 자산가치 하락폭이 작은 일명 하방선이 튼튼한 안정적인 자산이다. 형체가 없는 주식과 달리 부동산은 의식주에 해당하는 필수재인 만큼 실거주 한 채의 부동산투자는 경기 흐름과 관계없이 빠르면 빠를수록 좋은 필수 투자다.

일본 부동산시장과 같은 희귀한 케이스도 있다. 1990년대 초반 부동산 가격을 30년이 지난 지금도 회복 못하고 있으니 말이다.

1990년의 도쿄시를 매도한 돈이면 미국 본토의 모든 땅을 매입할 수 있을 정도로 엄청난 거품 시기를 겪었다. 당시 텔레비전은 소니, 오디오는 파이오니아, 밥솥은 코끼리, 휴대용 오디오는 소니 브랜드를 가지고 있으면 1980~1990년대 부잣집의 척도라고 할 정도였다. 지금은 도쿄, 서울, 뉴욕, 런던, 시드니 등 전 세계의 슈퍼도시들이 합리적인 시장가격을 형성해서 동반 상승 중이다. 각 나라의 정책 방향에 따라 시차를 둘 뿐 거의 비슷한 집값 상승 그래프를 그리는 커플링 현상이 지속되고 있다. 일본식 자산 붕괴는 오버슈팅과 버블을 참조하는 좋은 사례 정도로만 인식해도 좋을 듯하다.

국내 부동산시장의 경우 몇 차례의 이벤트에 의해 일시적인 가격 하락은 있었지만 거의 모든 부동산의 가치는 매입가보다 상승했다. 일련의 부동산정책으로 강력한 제재를 받으며 당분간 보합 및 조정의 구간을 거칠 수 있지만 어차피 자신과 가족이 다리 뻗고 누워 잘 공간 아니겠는가? 집값이 내리더라도 남의 집에서 눈치 보며 사는 것보다 낫지 않겠는가?

가능한 최대 레버리지로 내 집 마련

실거주 한 채는 싸게 사느냐 비싸게 사느냐의 문제가 아니다. 어느 경우라도 매수가에 비해 미래의 집값이 올라 있을 것이니 투자 성공이라 봐야 한다. 단지 어느 시점에 매도하느냐에 따라서 수익률이 달라질 뿐이다. 고로 타이밍 잴 필요 없이 언제나 '지금' 사는 것이 옳다. 실거주 한 채를 매입하는 방법은 다음과 같다.

1. 아파트 청약 : 부동산 폭락 시기가 아닌 이상 가능성이 매우 낮지만 가장 저렴하게 집을 구매할 수 있다.
2. 분양권 매입 : 분양권은 청약에 당첨된 입주자의 권리를 매수하는 방식이지만 정부정책상 분양권 매입이 점점 어려워지고 있다. 재개발 지역의 입주권이 대체방안이지만 실거주까지의 기간이 매우 긴 것이 단점이다.
3. 주택, 빌라, 아파트 매매 : 1번과 2번이 미래 가치에서 할인된 가격으로 집을 구매하는 것이라면 3번은 현재 가치에 맞게 집을 구매하는 방법이다.

자신에게 적당한 레버리지는 '가능한 최대'라고 말하고 싶다. 여기서 짚고 넘어가야 할 부분이 있다. '새내기 직장인의 저축액은 얼마가 적당한가?' 그 답은 '가능한 최대'이다. 이보다 더 중요한 것은 "쓰고 남은 돈을 저축하는 것이 아니라 저축하고 남은 돈으로 써라"는 저축의 진리다. 그러나 소비 욕구를 절제하기란 어렵다. 이때 실거주 한 채의 레버리지가 등장한다.

레버리지, 즉 부동산담보대출은 사실상 최고의 저축인 셈이다. 저축은 돈을 맡기고 이자를 받는 시스템이지만, 부동산투자로 인한 담보대출은 이자를 주고 자산가치를 증폭시키는 셈이니 결국 강제저축이라 보는 것이 옳다. 고로 새내기 직장인이 어느 정도의 종잣돈을 들고 부동산투자를 하는 것은 최고의 재테크인데 바로 강제저축이 가능하기 때문이다. 대출이자에 허덕이면 욜로 라이프를 즐기기란 불가능하니 말이다. 월급 나오면 대출이자부터 갚고 나서 생활비 사용이 가능하니 사실상 월급의 일정액을 강제저축하는 환상적인 시스템이다. 이런 이유로 사회생활을 시작한 새내기 직장인들에게 1순위로 추천하는 투자가 바로 부동산투자다. 검소한 생활습관과 저축의 강력한 동기부여를 제공해준다.

첫 투자가 주식이면 위험한 이유

2020년 일명 '빚투'라고 해서 대출을 끌어모아 주식시장에 뛰어드는 역대급의 상승장이 전개되었다. 여기에는 몇 가지 이유가 있다.

1. 각종 재난지원금 명목으로 시장에 살포된 사상 최대의 현금은 그 가치가 하락해 이른바 현금의 휴지화를 우려해야 하는 상황이었다.
2. 활황장세에서 수익의 기회를 놓치거나 제외되는 두려움을 일컫는 FOMO (Fear Of Missing Out, 포모 증후군) 현상이 나타났다.
3. 주택가격이 폭등해 더 이상 근로수익으로 내 집 마련하는 것이 불가능해 보이는 현실에 대한 좌절감이 만연했다.
4. 종잣돈이 적기 때문에 자금 부담이 큰 부동산보다 소액투자가 가능한 주식시장으로 관심이 쏠렸다.
5. 방송, 경제 분야 도서 및 유튜브 채널 영상을 통해서 주식 관련 정보에 대한 노출이 빈번해졌다.
6. 초저금리 시대로 진입하면서 전통적인 자본증식 수단이었던 예적금의 인기가 사그라들었다.

7. 코로나 팬데믹으로 경기불황이 심화되면서 창업투자가 어려워졌다.

주식투자는 매력도 크고 장점도 많다. 기업활동에 필요한 자본을 제공한다는 점에서 장려되어야 마땅하다. 그럼에도 불구하고 부동산투자 후 주식투자로 순서를 정하는 것은 주식투자의 위험성 때문이다. 아직 투자 경험이 부족하고 투자 철학이 없는 상태에서 주식으로 돈을 벌면 십중팔구 득보다 실이 많다.

피땀 흘려 번 돈에 비해서 주식으로 번 돈은 그 쓰임이 가벼울 가능성이 높다. '오늘 10퍼센트 올랐으니 술값은 벌었구만!' 쉽게 얻은 것에 별로 애착을 못 느낀다(Easy Come Easy Go). 또한 개별 주식투자를 하면서 급등주의 소식을 계속 접할 수밖에 없기에 끊임없이 단타, 테마주의 유혹을 받게 된다. 하루 만에 혹은 몇 분 만에 상한가 30퍼센트 가까운 수익을 올리는 종목의 소식을 접하면서 초심을 유지할 수 있는 초보자는 별로 없다.

천만 원으로 10억 원, 100억 원 벌었다는 투자자들의 영웅담은 넘치지만 그들의 5년 후 혹은 10년 후 모습은 거의 비슷하다. 물론 분할매수 및 장기투자로 올바른 투자 철학을 유지한 투자자들도 있다. 그런 투자자들은 대개 충분한 자산을 보유하면서 균형 잡힌 자산 포트폴리오를 유지하기 위해 주식투자 지분을 늘린 유형이다. 주식투자로 대박을 꿈꾸기보다 금리보다 높은 수준의 투자수익률을 노리기 때문에 하루하루 급등락에 개의치 않는다. 당장에 월 생활비가 필요한 주식 전업투자자 유형과 금리를 웃도는 정도의 수익으로는 감흥을 못 느끼는 소규모 금액 투자자 유형에서는 찾아보기 힘들다.

주식투자자들이 하루에도 수십 차례 증권사 앱을 열어서 주가를 확인하는 이유가 무엇이라고 생각하는가? 은행보다 나은 수익률을 목표로 한다면서도 왜 주가창을 들여다보고 있는가? 하루에도 3~5 퍼센트 이상의 수익을 꿈꾸고 있기 때문이다. 주식투자자들이 말하는 은행보다 나은 수익률을 은행 금리의 2배라고 가정해보자. 연 수익률이 4퍼센트 정도면 하루 수익률은 0.01퍼센트다. 정작 그 10배의 수익인 0.1퍼센트의 주가 상승에도 기쁘지 않다면 당신은 사실 은행 이자보다 좀 더 많은 수익이 아니라 300~500배의 수익을 노리는 것이다. 자신에게 솔직해지자. 하루에도 여러 번 증권앱을 열어보는 습관은 투자라기보다 대박에 대한 기대심리다. 건강한 투자의 계좌와 예금 계좌는 매일 들여다보지 않는다.

진정 탐욕으로부터 자유로울 수 있는가

주식투자의 장점이 수백 수천 가지가 있어도 단 하나의 단점으로 인해 새내기 직장인의 첫 투자상품으로는 주식을 절대 추천하지 않는다. 그 단점은 바로 '탐욕'이다. 이러한 욕망의 제어가 보통 사람들에게 너무나 어려운 일이다. 주식 수익률 목표가 연 15퍼센트인지 일 15퍼센트인지 스스로에게 물어보라. 연 15퍼센트가 목표라면 주식투자 기간 내내 변함없을 용기가 있는지 물어보라. "나는 달라"라고 외쳤던 수많은 초보 주식투자자들이 10년 전 혹은 20년 전 선배 주식투자자들과 비슷한 길을 걸으며 쓸쓸히 퇴장했다.

'동학개미 선봉장'으로 불리는 존 리 메리츠자산운용 대표는 주식투자 예찬론을 설파한다. 20대라면 주식투자를 시작해야 한다고 말한다. 물론 여윳돈으로, 장기투자를 권한다. 그의 말은 맞다. 주식투자는 존 리처럼 하는 것이 옳다. 그러나 그처럼 하는 것이 어렵다.

존 리는 국내외 명문 대학에 입학하기 위해 학창시절에 놀고 싶은 욕구를 이겨냈다. 금융회사의 대표가 되기 위해 편해지고 싶고 여유를 가지고 싶은 욕망을 이겨냈다. 그는 충분한 자산을 가졌음에도 자신의 이동 수단으로 대중교통을 이용하고 자전거를 타고 출퇴근한다. 강연에서는 부자의 모습이 아닌 옆집 아저씨의 푸근한 모습이다. 흔히 부자의 상징이라 하는 고급 시계, 명품 옷, 고급 차량이 없다. 대박과 인생역전을 꿈꾸는 일반적인 주식투자자들과는 부자에 대한 생각 자체가 다르다.

살을 빼는 방법은 누구나 알고 있다. 적게 먹고 운동하는 것이다. 사실 일주일 굶고서 살 빠지지 않는 사람은 없다. 방법을 몰라서 살이 안 빠지는 게 아니다. 살이 잘 안 빠지는가? 방법은 알지만 실천하기 어려워서다. 주식투자로 성공하는 법도 사실은 굉장히 간단하다. 그럼에도 불구하고 살빼기만큼 어렵다. 아니, 지방흡입 제거술이라는 강력한 처방의 살빼기가 차라리 쉽겠다.

새내기 직장인의
부동산투자 방법

이제 막 사회에 발을 내디뎠다면 일반 아파트 청약은 틀렸다. 경기 상승기에 아파트 청약의 경쟁률은 수백 대 일을 기록하기 때문에 청약만 노리다가 귀밑머리가 희끗해질 수 있다. 차라리 빨리 결혼이라도 해서 경쟁률이 낮은 신혼부부 특별공급에 도전하는 것이 상수다! 독신으로는 틀렸다. 아무리 청약가점을 높여도 사실상 싱글을 위한 부동산정책은 없다. 아파트 청약은 오랜 세월을 무주택으로 살아온 힘겨운 가장들에게 그간의 집 없는 설움을 달래주는 정책 정도로 이해하자.

집을 사는 2가지 방법

방법은 직접 매입뿐이다. 분양권 매입과 일반 아파트(빌라) 매입 두 종류가 있다. 분양권(아파트 청약에 당첨되어 입주할 수 있는 권리)은 잔금 내고 등기하는 날까지 시간적 여유가 있다. 또한 일반 아파트보다 시세변동이 커서 상승기에 큰 수익이 날 수 있다는 장점이 있다. 일명 'P(프리미엄) 주고' 사는 것을 말하는데, 아파트 상승기에는 초기에 분양권을 매입하는 것이 유리하다. 다만 이후에 하락기가 찾아왔을 때는 손실이 발생하게 되는데 신경 쓸 것 없다. 어차피 10년 후에는 초기 매입가보다 시세가 올라 있을 것이다. 그러나 투기과열지구에서의 분양권은 소유권이전 등기일까지 전매가 제한되기 때문에 사실상 수도권과 광역시에서는 분양권을 매입하기가 불가능에 가깝다. 투기과열지구라도 조합설립인가 이전의 재건축 아파트와 관리처분인가 이전의 입주권의 경우 전매가 가능하지만 분양권에 비해서 투자기간이 길며, 입주시점을 예측하기 어려우며, 정책의 강화 가능성 때문에 새내기 직장인에게 추천하지 않는다.

일반 아파트 매입은 신도시 외곽의 신축 아파트보다 서울 역세권의 허름한 아파트일수록 올바른 투자가 된다. 신도시 신축 아파트로 옮긴 후 불편한 교통으로 인한 스트레스로 잦은 부부싸움을 하다가 이혼하는 부부들이 많다. 이런 출퇴근 부부의 이혼만 전담하는 변호사도 있다. 신축 아파트라는 호재가 시간이 지남에 따라 그 가치가 떨어지면서 집값 상승이 정체되는 것이 일반적인 신도시 아파트 가격의 흐름이다. 원래 사려고 했던 서울 역세권 허름한 아파트의 매매가 폭등을 보고 있노라면 속에서 불타오르는 화를 감당하기 어렵다. 그리고 새 아파트를 고집한 신부와 직장 출퇴근의 용이성을 강조한 신랑 사이에 갈등의 골이 깊어진다.

입주 때 외곽의 신도시 아파트는 자연의 쾌적함과 새롭게 형성된 인프라로 인해 살기 좋아 보인다. 그러나 전세로 한 바퀴 돌리고 난 이후부터는 가격 상승의 탄력이 떨어지는 것이 보편적인 모습이다. 나의 중학교 동창 J는 부모로부터 증여받은 핵심지 재건축 아파트에서 결혼생활을 시작했다. 몇 년 후 함께 따라나선 부동산 중개업소에서 매매계약서에 사인하며 집값이 1억5천만 원 올랐다고 흐뭇해했다. 이후 그는 대구 외곽의 혁신도시에 위치한 신축 아파트를 매수했다. 그러고는 지금까지 핵심지로 다시 못 들어오고 있다. 부모에게서 증여받았던 아파트는 현재 대구에서 가장 많은 관심을 받는 재건축 단지가 되었고 매매가는 당시 그가 받았던 집값의 3배 넘게 올랐다. 반면 그가 살고 있는 신도시는 초기 발표된 도시계획의 모습과는 달리 여전히 허허벌판에 대부분의 상가가 문을 닫은 유령도시의 모습이다.

모든 투자는 내가 산 가격보다 비싼 가격에 살 사람이 있을지를 고민하는 데서 시작해야 한다. 지금도 멋지지만 시간이 지나면 더욱 멋져 보이는 곳을 찾는 것이 성공적인 투자다. 반대로 인구수가 줄면서 주택공급은 넘치는 상태라면 학군, 금융, 의료, 문화가 밀집된 핵심지로 사람들이 더욱 몰려들면서 외곽지는 점점 비게 된다. 일본 도쿄도의 외곽지에는 아파트 한 채의 가격이 백만 원도 하지 않는 빈집들이 늘어나고 있다. 호주 퍼스의 외곽지에는 한 채 1달러라는 파격적인 광고로 사람들을 유치하려고 시도하고 있다. 잊지 말아야 한다. 지금 그럴듯한 집이 아니라 내가 파는 시점에 가치가 있을 만한 집을 선택해야 올바른 투자다.

"항상 빠져나올 때를 생각하라!"

부동산투자는 공부한 만큼 보인다

부동산투자 공부를 해야 하는 이유는 바로 수익률의 극대화를 위해서다. 매입 시기, 입지, 학군, 단지규모, 역세권, 교통, 향후 발전가능성 등을 연구 및 조사하는 이유는 투자금 대비 더 많은 수익을 내기 위해서다. 그런데 이게 공부한다고 되는 영역인 것도 아니다. 시장의 전망과 다른 결과가 나오는 경우가 허다하고 개발계획이 철회되거나 갑자기 새로운 호재가 생기기도 하는 등 집값의 향방이 명확하지 않고 널뛰기를 하기도 한다. 논밭이었던 곳이 현재 우리나라 최고의 주거지인 '강남'으로 발전되기도 하고, 국가가 정책적으로 신도시를 만들었지만 베드타운으로 전락하면서 자산가치 상승이 미미한 곳도 있다.

부동산투자 최고의 공식은 '교통 좋고 학군 좋은 곳에 남들 살고 싶어하는 명품 아파트'다. 물론 비싸다. 비싼 만큼 제값을 한다. 그렇다고 없는 돈을 만들어낼 수 없으니 명품 아파트에 가장 근접한 아파트를 자신의 가용 자산 범위 내에서 찾는 것이 투자자가 해야 할 일이다. 매수하고 나서 1, 2년의 단기 투자수익률을 가지고 성공과 실패를 판가름할 필요는 없다. 자산가치는 경기에 따라 변동이 있을 수 있다. 결국 집을 매도할 때 매수가에서 얼마나 올랐느냐의 차이만 있을 뿐이다.

2000년대 중반 일산과 분당의 부동산투자 수익률 차이를 살펴보면 분당 부동산투자의 수익률이 월등히 높다. 지금까지는 말이다. 그러나 정책의 변화로 인해 일산도 집값이 뒤늦게 폭등장을 맞이하기도 했다. 부동산의 명확한 미래는 알 수 없다. 모두가 투자를 꺼려 했던 미 금융위기 당시 폭락한 서울 아파트 시장에서 미분양이 났었 던 '반포 자이'가 7억 원에서 30억 원으로 상승했다. 미래는 알 수 없지만 살다보면 빠르건 늦건, 많건 적건, 결국은 어느 곳이건 사람 들이 모여 사는 곳의 집값은 올라 있을 것이다.

부동산 공부법에는 어떤 것들이 있나

경제 관련 뉴스를 매일 체크하는 것이 공부의 시작이다. 인터넷 포털 사이트의 부동산 카테고리 뉴스와 정부의 경제정책에 관한 뉴 스를 꾸준히 보는 것이 중요하다. 나는 과거의 부동산 뉴스도 많이 검색해본다. 부동산 관련 이벤트가 있었던 2003년, 2007년, 2013년, 2017년 당시 기사도 자주 훑어보며 흐름을 파악하고, 88올림픽 시 절 그리고 노태우 정권의 1기 신도시 시절, IMF 위기 당시의 부동산 암흑기 시절, 노무현 정권의 부동산 폭등 시절의 부동산 기사를 자 주 보는 편이다.

여기에 더해 부동산투자에 대한 기본 개념을 익히고 투자 방법론 에 관한 책을 읽어봐야 한다. 『부자들의 개인 도서관』, 『부의 인문 학』, 『돈이 된다 부동산 대백과』 같은 서적들은 부동산투자에 대한 기본 개념뿐 아니라 방법론과 동기부여까지 제공해준다.

온라인 세상에도 좋은 부동산 선생님들이 많다. 나는 회원수 150 만 명의 네이버카페 '부동산스터디'에 가입해서 서울 및 수도권의 부동산 현황과 현지의 분위기를 체크하고 있다. 나의 가족이 2021년부터 거주하는 부산과 개인적으로 자연을 벗 삼아 거처하고 있는 거제의 부동산 분위기를 파악하기 위해 네이버카페 '실전분양권투자'를 방문한다.

블로그에서는 부동산투자에 대한 좀 더 전문적인 조언을 얻을 수 있다. 우석(우주초고수), 대치동키즈, 닥터마빈, 부동산아저씨, 탑곰, 가즈하, 고수감별사, 리차드슨 등 재야의 부동산 고수들이 전하는 생생한 부동산 정보를 확인할 수 있다.

부동산 팟캐스트나 유튜브도 고정채널 3개 정도를 구독해서 한 번씩 청취해보도록 하자. 유튜브 채널 '삼프로TV'는 주식 80퍼센트 부동산 20퍼센트 정도의 비율로 관련 전문가를 초대해 대화를 나누는 인터뷰 형식으로 국내외의 전반적인 경제시사를 다룬다. 유튜브 채널 '아포유'에서도 정부의 부동산정책에 대한 냉철한 분석과 각종 이벤트성 기사에 대한 아포유식 해석으로 맛깔나게 부동산 정보를 전해준다.

주말엔 맛집 탐방보다 선호 아파트 임장이 먼저다. 임장 근처의 맛집을 검색해서 임장 후 식사하는 것으로 주말 데이트 코스 혹은 부부 주말 나들이 코스를 삼는 것을 추천한다. 로맨틱한 데이트도 좋지만 내 집 마련보다 좋겠는가. 20평대 허름한 아파트였지만 내 집을 마련한 그날 밤 나와 가족이 얼마나 많은 감격의 눈물을 흘렸는지 모른다.

투자에서 이기려면
매기가 지나는 목을 선점해라

대한민국 부동산 가격의 상승에는 일정한 흐름이 있다. 국토교통부의 부동산정책 변화, 한국은행의 금리정책 변화, 또는 실물경제의 경기 사이클에 따라 자본의 흐름도 흘러가는 방향을 달리한다. 대한민국의 부동산 매기(買氣, 상품을 사려는 마음)는 언제나 강남 3구가 시작점이며 다음의 순서로 흘러간다.

강남 3구(강남·서초·송파) → 마용성(마포·용산·성동), 과천, 분당, 판교 → 기타 서울 인접 위성도시 → 노도강(노원·도봉·강북) → 경기도 나머지 구역의 순이다. 흔히들 '노도강이 뜨면 부동산의 끝물이다'는 부동산업계의 속설이 있다.

경기도로 퍼질 때쯤 매기는 입맛대로 갈라져서 경기도파와 지방파로 나뉘는데 지방파는 다음의 순서로 흘러간다. 지방 광역시(대전/세종 → 대구 → 부산 : 순서가 바뀌는 경우도 있다) → 전국 기타 산업도시(울산, 창원, 포항, 광주, 충주, 구미) 순이다. 지방 광역시도 핵심지부터 시세 분출이 시작되어 인근 지역으로 시세 확장되며 시 외곽지에 온기가 마지막으로 퍼진다. 광역시 외곽지역의 아파트 분양경쟁률이나 지방 중소도시의 분양경쟁률이 치솟을 때가 부동산 상승장의 마지막 불꽃놀이라 보면 된다.

합리적인 근거 없이 폭발적인 매수세가 형성될 때

부동산시장의 큰손은 부동산 강사들과 그들의 유료 투자클럽 회원들 혹은 유료 강연 참석자들이다. 그리고 그들이 온라인에 올리는 글과 그것을 추종하는 사람들의 지향점이 같은 곳을 향할 때 나는 부동산시장의 매기라고 부른다.

큰손이 움직이면 개미가 들러붙는다. 지역별로 동시다발적으로 상승이 이뤄지는 것이 아니라 어느 한 지역에서 폭발적 상승세가 이루어지면 가까운 인근 지역으로 상승세가 퍼지게 되며, 비슷한 입지의 주택가격이 '키 맞추기'를 시도하면서 가격 상승세가 뒤따르게 된다. 그리고 이 매기는 계속 돈 냄새를 맡으면서 이동하는데 큰손과 추종자들이 1차 상승장을 만들어 지역 부동산시장을 흔들었을 때 지역 조막손들이 달라붙으면서 대세 상승장이 이뤄진다.

지역 조막손들이 외면하면 1차 실패지만, 지역에 호재가 발생할 시 다시 한 번 더 큰손은 또 다른 추종자들을 불러 모아서 2차 매입을 한다. 전세 버스까지 동원해 특정 단지를 공략하고 나면 지역에 소문이 돌면서 집값 더 오를까 마음 급해진 지역 아주머니들의 혼을 쏙 빼놓는다. 가격이 급등하면서 큰손과 추종자들은 이전에 실패한 부동산 물건들을 정리하고 유유히 사라진다. 지역 부동산은 한껏 치솟은 후 추가 매수자가 실종되면서 급락하기도 하고(2019년 광주 봉선동 아파트 단지), 지역 조막손들의 추가 매수가 이뤄지면서 상승을 유지하기도 한다(2020년 부산 해운대, 수영, 동래).

대구 광역시의 부동산시장은 한때 처참했다. 2010년도 전국 악성 미분양 1위였는데, 국토해양부가 운영하고 있는 통계누리 사이트에 따르면 2010년 8월 말을 기준으로 대구 지역 미분양 아파트 규모는 1만6천66가구로 집계되었으며 준공 후에 미분양이라 일컫는 악성의 경우는 전국 4채 중 1채가 대구 지역 아파트일 정도로 전국에서 가장 부동산 상황이 좋지 않았다. 그랬던 대구 수성구 지역의 부동산은 2013년부터 전국 집값 상승률 1위를 5년간 지속했다. 그 기간 동안 누적수익률은 2위로, 서울 강남구의 30.6퍼센트를 훨씬 넘어선 40.3퍼센트라는 집값 상승률을 보여주었다.

동일한 입지에서 이렇게 시기에 따라 시장의 가치 평가가 상반된 현상을 어떻게 설명할 것인가? 즉 최악의 바닥에서 갑자기 천장을 뚫어버린 이유는 무엇인가? 물론 어느 하나의 이유를 콕 짚어 설명하는 것은 불가능하다. 입지, 교통, 학군, 공급량, 단지규모, 브랜드, 정책 변화 등의 다양한 부동산 가격 영향요소가 있다. 공급물량이 부동산 가격에 가장 큰 영향요소이지만 1년간의 입주물량이 반드시 시세 상승 혹은 하락으로 연결되는 것만은 아니다. 부산 광역시 역사상 최대의 입주물량이 쏟아진 2020년 부산 핵심지의 아파트들은 연일 신고가 행진을 찍었다. 공급물량이 넘치는데도 몇 십 대 일 혹은 몇 백 대 일의 경쟁률은 어떻게 설명할 수 있는가?

합리적인 근거 없이 어느 순간 폭발적인 매수세가 형성되어 지역 부동산의 분위기를 장악해버리는 이 현상은 움직이는 매수세, 즉 '매기' 때문이라고 본다. 허니버터칩, 대만카스테라 등이 매기를 잘 설명해주고 있다. 한 번 그 인기가 붙으면 광풍처럼 대중의 기호를 휩쓸고 지나간다. 인플루언서들의 인스타그램, 블로그, 유튜브 등을 통한 시각적 자극을 보여주고 나면, 따라 하고 싶고 뒤처지지 않으려는 대중들의 마음을 건드리게 되며, 온라인의 빠른 정보 전파력에 의해 한순간 폭발적인 수요를 만들어낸다. 허니버터칩의 빈 봉지가 중고나라에서 거래되고, 대만카스테라 빵 한 조각을 위해 한여름 뙤약볕 아래서 두 시간의 대기 줄도 마다하지 않는다. 특유의 향과 맛이니, 신선한 재료니, 브랜드니 등의 뒤늦은 분석은 필요 없다. 왜 지금은 사먹지 않는가? 입지, 브랜드, 물량공급, 학군 등의 뒤늦은 분석은 필요 없다. 그렇게 호재가 많았던 서울 강남 아파트의 매력을 2017년까지는 사람들이 몰랐다는 말인가? 그저 가격이 오르고 있고 더 오를 것 같아 불안한 마음을 건드린 것이고, 남들 다 샀다는 얘기에 뒤처지기 싫은 마음인 것이다. 그런 마음들이 모여서 군중심리를 형성하게 되고 부동산시장의 매기가 되는 것이다.

매기의 이동 예시

1. 2009~2010년 대전 : 한 번 흔들었는데 개미가 별로 붙지 않으면 이동한다.

2. 2010~2015년 대구 : 한 번 흔들었는데 개미가 붙으면 추가매수를 하면서 더 오래 끌고 간다.

3. 2015~2017년 부산 : 흔드는 중에 재미를 보다가 서울도 반응이 온 것을 확인하고 서울로 이동한다.

4. 2017~2020년 서울 : 흔들어대니 매수세가 신나게 달라붙고 전국의 관심을 받게 되어 더더욱 시세가 오른다.

5. 2020년 서울 : 서울에서 한동안 조정이 이뤄지면 다시 대전으로 이동한다. 혹은 수용성(수원·용인·성남)으로 갔다가 다시 안시성(안산·시흥·화성)으로, 부동산투자의 무덤이라 불렸던 일산, 김포까지도 이동하면서 매기는 각개이동을 전개하며 시세를 분출한다.

폭등지역에 가려져 오랫동안 시세가 눌려 있었던 곳, 그리고 투자자들로부터 별 관심을 받지 못했던 곳은 정부의 개발 등으로 호재가 생기면서 큰손이 찍는 순간부터 추종자들이 시세를 들어 올리고 조막손이 달라붙기 시작하면 비로소 매기가 형성되는 것이다. 서울, 그중에서도 강남처럼 사람들의 관심을 많이 받는 곳일수록 시세상승이 크고 길며, 지역 중소도시들은 매기가 서로 갈려서 나눠지기 때문에 시세상승이 작고 짧다. 서울 → 대전 → 대구 → 부산의 순서가 마치 무한루프를 돌듯 반복되고 있다.

매기가 지나는 목을 선점해라

이렇게 매기는 다시 새로운 사이클에 맞추어 돌아가는데 IMF, 닷컴버블, 미국발 금융위기 등의 경제위기가 터지면 비로소 폭등한 곳 위주로 시세가 한번 가라앉았다가 숨 고르는 시간을 갖는다. 다만 매기는 잠시도 쉬지 않는다. 나는 이 돈 냄새를 맡으며 돌아다니는 매기를 바다의 상어와 닮았다고 생각한다. 상어는 평생 동안 헤엄을 멈추지 않는데 연골어류는 아가미에 근육이 없기 때문에 지속적으로 움직이면서 아가미 구멍 쪽으로 물을 공급해야만 아가미 구멍 표피에서 산소를 흡수한다. 그래서 상어는 수면을 취할 때도 헤엄을 치면서 수면상태를 유지한다.

마찬가지로 '전 국민이 투자를 쉬는 날', 이런 건 존재할 수 없다. 시장이 아무리 좋지 않아도 매기는 어디론가 쉴 새 없이 움직인다. 그런 매기는 '관종(관심 종자)'이다. 관심을 받아야지만 클 수 있다. 때로는 정부정책의 공격을 받아 매기가 확 수그러들기도 한다. 그렇다면 매기는 완전히 사라졌는가? 노 노! 그건 아니다. 매기는 때로는 다른 곳에 가서 놀기도 한다. 저기, 옆 동네. 삼성동학개미운동이라고, 거기로 이동하기도 했다. 사실 삼성전자 주식 사러 갔는데 그런 명품 주식에 만족하지 못한다. 결국에는 다들 바이오주, 백신주, 이런 대박 테마주로 이동하게 되어 있다. 역사는 언제나 반복된다. 매기는 이렇게 부동산에서만 노는 게 아니라 여러 동네를 기웃거린다. 주식으로도 갔다가(지난 10년간 작은 매기끼리만 노닥거리고 있었다), 미국 주식으로 중국 주식으로 요리조리 이동한다.

주식의 매기 형성은 부동산의 그것보다 더 빠르다. 은행의 화려한 VIP룸에서 정장을 멋지게 차려입은 은행원이 "요즘 눈치 빠른 VVIP 부자들이 다들 매입하는 상품인데 한번 보여드려볼까요?"라고 내놓으면 끝이다. 100억 원대 부자가 가입한 상품이라는 말 한마디면 고객들은 넋이 나가게 마련이다. 물론 대부분의 그런 상품들은 은행에서 프로모션을 건 상품(즉 본점에서 어떤 상품을 몇 개씩 팔라는 지시사항이 떨어진 거다)일 가능성이 높다. 다행히(?) 초기에 수익이 꽤나 발생하면 수익률을 근거로 신문 등에 광고를 내면서 바로 매기가 형성된다. 예전에 미차솔(미래에셋 차이나 솔로몬), 세계 각지의 모든 돈 되는 자산에 투자한다는 인사이트펀드 등이 그랬다. 엄마 아빠가 가만히 통장 들여다보다가 눈물 흘리곤 했다면, 그것일 수도…….

그렇다고 부동산이 처절하게 버림받을 것인가? 그렇지도 않다. 주식 매기는 오래 못 가는 게 특징이다. 주식 매기는 갈래가 너무 많아서 흩어지기 십상이다. 코스피, 코스닥의 종목 수도 많지만 요즘은 미국 주식의 직접투자도 많지 않은가? 매기는 흩어지면 힘을 잃게 마련이다. 경우의 수는 두 가지 중 하나로 수렴된다.

1. 주가가 예상과 달리 급락하면 "어…… 어……" 하다가 어느 순간 손절(손해 보고 매도) 혹은 강제장투(어쩔 수 없이 장기투자)가 되어 겔포스 박스째 사놓고 속 쓰림을 달래야 한다.

2. 상승하다가 오랜 기간 조정장 혹은 횡보장에 갇혀버리면 매일 주가창 보는 재미가 없어진다. "코스피는 박스피(박스에 갇힌 코스피)야" 하면서 다시 스멀스멀 부동산투자 쪽으로 돌아오기도 하는데 그나마 이건 매우 성공적인 주식 탈출 케이스라고 봐야 한다.

부동산으로 돌아오는 과정에서 매기가 좀 작아져 있는 경우가 많다. 왜냐하면 주식 상승장에 따라 들어가면 한동안 상승이 이어지는 보편적인 주식장의 특성 탓에 재미를 좀 본다.

"야, 이렇게 재미있게 돈 버는 시장도 있었네!"

"와우! 나 주식에 소질 있나봐!"

"돈을 좀 더 끌어 모아서 투자하면 더 크게 먹겠는데!"

조지 소로스를 꿈꾸다가 인생 망가뜨린 개미들 많이 봤다.

매기가 쪼그라든 상태로(투자원금을 손실한 상태에서 투자자본이 줄어든 경우가 많다) 부동산투자로 재차 넘어오기 때문에 언제나 경기 하락세가 종료된 반등 시기에 주식시장에 비해 부동산시장의 회복이 느리다. 이런 이유로 경기의 하락 사이클에서 반등이 이뤄지면서 상승장으로 전환할 시기에는 주식시장에서 먼저 투자수익을 올린 후 부동산시장으로 건너가도 충분한 투자결실을 취할 수 있다. 즉 늦게 들어가도 먹을 게 많다.

다음 매기가 지나갈 목은 어디인가

그간의 대한민국의 경제위기 중 이번 코로나 바이러스가 강타한 경기침체가 가장 길고 험난한 과정이 될 것으로 보인다. 무역국가인 대한민국이 경제위기에서 언제나 회복이 빨랐던 이유는 무엇일까? 대한민국 기업체들이 만들어낸 수출물량을 1998년 IMF 경제위기에는 당시 자국의 경기가 좋았던 미국과 유럽이 소화해줬다. 2008년 위기에는 제2의 무역대국으로 발돋움한 중국이 소화해주었다.

그러나 지금은 그렇게 '메이드 인 코리아' 제품을 구매할 나라들이 없다. 모든 나라들이 코로나 위기를 맞고 있는 것이다. 2020년 현재 코로나 바이러스 확진 위기가 없는 남극과, 1명의 확진자가 나왔다는 동티모르, 파푸아뉴기니, 또 확진자가 없는 건지 찾지 못하는 건지 알 수 없는 아프리카의 대여섯 나라가 그나마 팬데믹 위기에서 비껴난 정도인데, 그들 나라에서 삼성 갤럭시 S21이나 현대기아차를 사줄 형편이 되는지는?

IMF는 2020년 세계 성장률 전망치를 종전 3.2퍼센트에서 4.9퍼센트로, 세계은행(WB)은 5.2퍼센트로, OECD는 회원국 평균 2~3퍼센트 추가 하락을 예상하는 등 마이너스 역성장 시대를 향하고 있다.

이 와중에 실물경제와 금융과의 괴리감은 심화되고 있다. 각국의 경제는 최악의 상황으로 치닫고 있지만 미국 기술주 중심의 나스닥 지수는 사상 최고치를 갈아치웠다. 주가가 6개월에서 1년의 경기 선행지표 역할을 한다 하더라도 비정상적 격차가 심화되면 버블논란에서 벗어날 수 없다. 그리고 그러한 버블은 언제나 본래 자신의 가치로 돌아가는 하락장을 맞이했다. 기나긴 하락장은 피할 수 없을 것이므로 주식에 '올인'하는 자산배분은 매우 위험해 보이며, 주식의 하락장은 결국 부동산의 반박자 느린 하락을 의미하므로 현 시점에서는 공격적인 투자보다는 리스크를 염두에 둔 안정적이고 보수적인 투자시점으로 보여진다.

물론 영원한 버블이 없는 것처럼 영원한 침체도 없다. 향후 코로나 바이러스 치료제와 백신이 개발되더라도 각 나라의 경제회복 시기는 매우 길 것으로 보인다. 그렇지만 각국 정부가 역대급으로 시장에 살포한 돈은 다시 매기가 형성되어 가지고 있는 주식과 집의 가치를 들어 올릴 것이다. 주식으로 대박친 슈퍼개미 이야기, 틈새 시장 공략하여 성공한 프랜차이즈 창업가 이야기, 정부의 고강도 부동산 제재를 뚫은 서울 강남 아파트 폭등 이야기들이 다시 신문의 지면과 온라인 뉴스, 유튜브 경제채널에서 전해질 것이다.

경제는 그렇게 순환되고 있다. 그러한 매기의 흐름 속에서 미리 목을 선점하고 있는 자는 보다 안전하게 수익을 확보할 수 있을 것이다. 그것이 우리가 끊임없이 국내외 소식에 귀를 기울이면서 경제 이슈들에 대해 공부해야 하는 이유다.

전문가도 당신의 발등을 찍는 도끼가 될 수 있다

2012년 나는 대구에서 최고 고가 아파트 매입을 앞두고 있었고 당시 한 생명보험 VIP 매니저와 상담을 했다. 당시 현금흐름으로는 대구에서 손가락 안에 드는 시절이라 많은 금융권 담당자들이 자산관리를 자청해오던 때였다. 그때 그의 입에서 나온 한마디는 "대한민국에서 부동산으로 돈 버는 시대는 끝났습니다"였다. 그뿐만이 아니다. 내가 만난 전문가 대부분이 입을 모아 그렇게 말했다. 그들의 이야기를 모두 경청한 뒤 나는 부동산 추가매입을 감행했다. 그리고 그들이 추천한, 부자들이 선택한다는 변액보험 상품은 거절했다. 증권사에서 추천하는 금융상품도 같은 생각이었다. 어차피 선택은 투자자의 몫이다. 나는 2008년 심하게 물린 주식투자로 생고생하다가 운 좋게 겨우 긴 주식 상승장으로 회복했고, 주식시장에서 놀던 '매기'는 부동산으로 옮겨갈 때가 되었다고 생각했다.

S대 경영학과를 나와 금융 공기업에 다니고 있는 A는 투자에서 처참한 최후를 맞았다. 초등 동창인 그는 중국펀드가 호황이었던 2007년 상품을 추천했었다. 나는 그전에 가입한 미차솔 상품을 환

매할 참이었다. 그 뒤로도 중국펀드는 한참을 더 올랐지만 난 매입하지 않았다. 시장이 과열되었다고 생각했기 때문이다. 그리고 폭락후 지금도 전고점을 회복하지 못하고 있다.

주식으로 실패를 맛본 A는 부동산으로 눈을 돌렸고 용산구의 한 주상복합 아파트를 부모님과 함께 '영끌'로 투자했다. 근 10년을 마음고생하고 2016년쯤 원금회복 후 팔았다. 그리고 부동산 자산 폭등을 이어간 게 2020년이다. 그의 주변은 수많은 애널리스트의 조언과 정보로 넘쳐 났지만 자기 앞가림은 제대로 하지 못했다.

팔고 나면 절대 돌아보지 마라

나라고 투자 실패가 없는 것은 아니다. 그러나 버블장세를 철저히 피하기 때문에 큰 손실이 없었다. 전자화폐 초창기 수익시기를 놓쳤다고? 돈을 못 버는 것은 실패가 아니다. 투자는 돈을 잃는 것이 실패다. 2020년 3월 말에 주가가 폭락하여 1400대에 이를 때 분할매수 1차분에 투자했다. 3차 분할매수를 해서 장기투자를 할 생각이었지만 주가가 즉시 반등해 생각보다 훨씬 빠르게 지수 1900대에 도달했고 나는 목표 수익률을 달성하면서 전량 매도했다. 그리고 주가는 추가적인 상승을 지속하여 2500대에 도달했다. 추가 수익을 볼 기회를 놓쳐버린 셈이다. 텍사스 원유가격이 10달러대에 진입했을 때 나는 개인블로그에 원유투자의 타이밍에 대한 글을 올렸고 목표가를 35~40달러 구간으로 설정했다. 난 35달러에 투자금액을 모두 회수했다. 그리고 유가는 더욱 올라서 2020년 현재 60달러에 이르렀다. 역시나 추가 수익을 올릴 수 있는 기회이긴 했다.

그러나 더 큰 수익을 올리지 못한 것이 투자 실패는 아니다. 오히려 미련을 가지다가 급락하면서 투자원금마저 손실이 발생하는 경우도 있다. 그런 경우가 바로 투자 실패인 것이다. 버핏의 투자 제1원칙이 바로 '원금을 잃지 말라'다. 제2 원칙마저도 '제1 원칙을 잊지 말라'다. 나는 우량 투자상품이 폭락한 시점에 매입해서 개인적으로 설정한 목표 수익에 도달하면 미련 없이 팔아버린다.

"팔고 나면 절대로 돌아보지 마라!"

내가 가장 중요하게 생각하는 투자스킬 중 하나다. 절대 얼마인지 쳐다보면 안 된다. '손실회피편향'이라는 심리학 용어가 있다. 예컨대, 만 원을 잃어버렸을 때 느끼는 상실감은 만 원을 얻었을 때 느끼는 행복감보다 크다는 것이다. 정서적으로 2배의 차이가 발생한다는 인간의 심리에 대한 이론이다.

1억 원에 판 상품이 5천만 원으로 내려가면 안도가 된다. 가슴을 쓸어내리는 것 외에 달라지는 것은 없다. 그런데 이게 1억5천만 원이 되어 있으면 그날부터 끙끙 앓기 시작한다. 두고두고 후회가 되어 훗날 손절매나 손매도 원칙을 무너뜨리게 만든다. 최악의 투자 습관으로 가는 지름길인 것이다.

전문가 예상이나 일반인 예상이나

전문가는 시세흐름을 읽는 사람들이고 투자 관성의 법칙에 충실한 사람들이다. 전문용어로 넘쳐 나는 복잡한 이야기를 탁탁 털어 한 줄로 정리하면 "오르고 있으니 더 오를 것이다" 정도의 이야기다. 마치 야구 전문가들이 올해 우승팀은 어느 팀인가라는 질문에 지난해 1, 2위 팀 중에서 고르는 것과 같다. (물론 끝나봐야 알지만 말이다. 2020년 7월 18일 기준.) 그런데 올해도 야구 전문가들의 헛발질이 진행 중이다. 우승으로 '픽'받지 못한 NC가 1위를 기록 중이고 5강으로 점쳐지던 LG와 SK가 꼴찌권이다. '펠레의 저주'라고 월드컵 우승팀으로 지목받는 모든 팀들이 월드컵 16강에 예선 탈락한 것도 좋은 예다.

군중심리와 같이하는 투자 전망은 공감도 많이 받고 틀려도 자신만 틀리는 게 아니기 때문에 욕을 덜 먹는다. 하지만 기회의 장이 온 투자 세계에서 가장 큰 수익을 올린다는 역발상 투자는 말 꺼내기 무섭게 대중의 욕이 쏟아지기 때문에 전문가 입장의 소신 발언을 어렵게 만든다. 그저 대중들이 듣고 싶어하는 예측을 하되 빠져나갈 구멍을 멋진 표현 한두 개로 방어해둔다. 그래서 오히려 개인 투자자의 소신 투자에 비해 투자수익이 떨어질 수 있다.

대중은 뭔가 있어 보이는 전문용어, 업계 정보, 그리고 그래프화된 통계자료와 차트를 제시하는 전문가들에게 신뢰감을 갖는다. 하지만 어학원의 원장 입장에서 보면 어려운 내용을 심플하게 표현해주는 강사를 더 선호한다. "주격보어를 취하는 불완전 자동사로서

266

영국 옥스포드 사전에 기재된……" 이런 표현은 전문가로서의 신뢰감을 주는 딱 그 정도일 뿐 그 이상도 이하도 아니다. 그냥 초짜 강사가 초짜 티를 벗으려고 안간힘을 쓰는 정도로 보일 뿐이다. 전문가들의 말을 믿지 말라는 뜻이 아니다. 그들은 현 상황을 가장 정확히 파악하는 전문가들임에 틀림없다. 그러나 그 사실이 미래를 추정할 뿐 결국 확률은 오르거나 내리는 50퍼센트에 지나지 않기 때문에 맹신하지 말라는 얘기다. 전문가는 정보를 잘 모으고 지표를 잘 읽고 분석을 잘하는 사람이지 예측을 잘하거나 투자로 돈을 많이 번 사람은 아니라는 얘기다.

듣고 싶은 것만 듣지 말고 반대 의견도 경청하라

개미들의 주식투자 실패에 가장 많이 거론되는 심리가 확증편향이다. 전문가들의 다양한 의견을 모두 들은 후 나만의 투자 철학에 맞게 소신 투자를 해야 후회가 없다. 마치 서로 옳다고 주장하는 검사와 변호사의 변론을 모두 듣고 판결을 내리는 판사처럼 판례와 마음이 가는 방향으로 움직여야 한다.

더불어 과열시장은 투자 확대로 더 큰 이익을 보는 시기가 아니라 포트폴리오를 조정해 리스크를 관리해야 하는 시기라는 것을 되새겨야 한다. 항상 투자 원칙은 하나다.

"공포와 탐욕 사이에서 주가는 진자 운동처럼 움직인다."

진자가 좌우로 움직이는 중간지점이 내재가치인데 이것을 읽어내는 것이 투자자의 눈이다. 투자기회는 언제나 돌아온다. 그리고 투자상품은 너무나도 다양하다.

"싸게 사서 비싸게 팔아라!"

이 단순한 원칙에 따라 시장을 관망하며 판단해야 한다.

상가투자,
공실에 대한 대안이 있는가

인생은 불확실성의 연속이다. 때로는 생각지도 않았던 미래가 우리 눈앞에서 펼쳐지기도 한다. 한 손에는 웍(중국요리에 사용되는 대형 프라이팬)을, 그리고 다른 한 손에는 국자를 들고 그렇게 나는 짬뽕집 조리사가 되었다. 동시에 짬뽕집 상가건물주도 되었다.

매주 일요일은 우리 가족이 고기를 의무적으로 섭취하는 날이다. 개인적으로 고기류를 즐기는 편이 아니지만 아이들의 발육 성장을 위해서 억지로라도 육류나 생선류를 섭취해야 하는 날이다. 어느 날, 아이들과 저녁 식사를 위해 새롭게 오픈한 푸드코트에 가보기로 했다. 다양한 식당들이 입점한 푸드코트에 사람들이 점점 늘어나면서 자리를 잡아가는 시기였다. 그런데 매장 한 곳이 비어 있는 것이 눈에 띄었다. 아직 분양이 끝나지 않았나 보다 싶었다.

"이렇게 많은 음식들이 있는데, 뭔가 아쉽지 않나?"

내가 먼저 말을 꺼내자, 딸아이가 대꾸했다.

"뭐? 그게 뭔데?"

"얼큰한 국물이 당길 때 있잖아! 비가 오면 생각나는 얼큰한 국물! 여기는 그게 없구만!"

"아하, 아빠가 좋아하는 그거!"

"맞아! 푸드코트면 짬뽕집 하나는 있어야지?"

"그럼 아빠가 하면 되잖아!"

"그래, 그런 방법이 있었네! 딸아 고맙다!"

그렇게 해서 나는 짬뽕집 사장이 되어야겠다는 결심을 했다. YG 엔터테이먼트의 양현석 대표도 좋아하는 짬뽕을 자주 먹고 싶어서 단골집을 자신의 건물로 입점시키지 않았는가! 나는 그날 바로 분양사무실에 연락해서 다음 날 미팅 약속을 잡았다.

구분상가 분양받는 과정

1. 대구 지역의 최요지 상권에 위치한 건물 내 구분상가였다. 건물 내에 입점하는 업체들이 점점 늘고 있었다. 당시 입주율이 70퍼센트 정도였고 대기업 브랜드와 쇼핑업체들이 속속 자리를 잡는 중이었다. 일주일을 밤낮으로 건물 구석구석 돌아다니며 분위기를 파악했다. 금융업체에는 상품 가입하는 척, 건물 내 마트는 먹거리를 사는 척 들러서 직원들과 이야기를 나누었다.

"사람들이 북적거리네예! 요즘 장사가 잘되는 갑지예?"

"네, 업체들이 계속 들어오는 중인데 딴 거 사러 왔다가 저희 가게도 들어오네예."

"다른 업체 들어온다는 소식 있는갑지예?"

"네, A가 들어온다 하고 B도 계약하는지 저희 가게 들러서 이야기하대예."

2. 상가분양팀을 만났다. 담당자의 설명을 듣고 분양가액 그리고 기타 정보들을 꼼꼼히 체크했다. 그날 바로 부동산 지인들을 만나서 분양가 분석, 입지 분석에 들어갔다. 상가매매 중개업자, 원룸 건설, 부동산업체 관계자들로부터 많은 조언을 구했다. 그리고 다음 날 분양팀과 가격 협상에 들어갔다. 협상 조절이 여의치 않아서 대행사 대표와 일대일 미팅으로 연결해달라고 요청했다. 대신 별도의 수수료는 챙겨주겠다고 했다. 치열한 수 싸움 끝에 기천만 원의 할인을 받아 구분상가를 분양받았다.

3. 은행원 지인에게 상가 감정평가가 잘 나오도록 부탁했다. 좋은 감평 자료를 토대로 상가담보물을 설정하여 최대한의 대출을 일으켰다. 10년 넘게 거래해온 은행 지점장 찬스를 잘 활용하여 상가의 담보비율을 5~10퍼센트가량 늘리고 상가담보 대출금리 또한 0.2~5퍼센트가량 줄일 수 있었다. 시세가 정해진 아파트와 달리 상가건물은 어떻게 포장하느냐에 따라 그 가치가 달라진다. 상가의 향후 가치에 대한 보고서나 PT 자료 등을 정성들여 제작해서 대출 담당자에게 제출하는 방법도 좋다. 대출 규정 범위에서 대출 심사를 하는 것이 원칙이지만, 담당직원이나 지점 관리자의 재량으로 조절이 가능하기 때문이다.

구분상가 중에는 매매가보다 공시지가가 더 높아서 자본금 없이도 건물주가 되는 경우도 있다. 대구 중심지의 유명 피부과 병원도 A건물에 그렇게 들어갔다. 원래 나에게 어학원 투자로 먼저 제안이 들어온 건물이라서 내막을 알고 있었다. 이런 상가는 자기자본금 없이 매수하고도 대출금이 남기 때문에 시설비 등의 추가 투자까지도 무일푼으로 이뤄진다. 5년 이상의 안정적인 운영이 확보된 업종은 상가건물 매매가 여러모로 유리하다. 특히 지금과 같은 초저금리 시대에는 더더욱.

4. 부족한 금액은 기존 주택을 담보로 대출을 받음으로써 구분상가를 무일푼으로 매입하는 데 성공했다. 대출금리는 S은행에서 근무 중인 지인의 도움으로 제시 금리에서도 0.5퍼센트 할인받아서 3.2퍼센트 정도(당시 파격적인 상가 대출금리)였으며 최근 금리인하 정책에 맞춰 계속 낮아지면서 상가투자수익률은 높아지고 있다.

아파트담보대출보다 상가담보대출이 담보비율이 낮고 이율은 높다. 수익형 부동산의 경우 사업자에 해당되기 때문에 RTI 기준을 기본 적용받고, 가계자금으로 진행 시 DSR을 적용받는다. RTI는 부동산임대업 이자상환비율을 말하며 담보가치 외에 임대수익으로 어느 정도까지 이자상환이 가능한지 산정하는 지표다. 한마디로 월세 받아서 은행 이자 넉넉히 갚을 수 있냐는 것이다. DSR은 주택, 토지, 모든 부동산 가계자금 포함 상환금액이 연간소득에 차지하는 비중으로 상환능력을 산출하는 지표다. 상가는 RTI가 중요하다.

5. 모든 대출 관련 내용은 친하게 지내던 A은행 부지점장이 설계

했다. 지인 인맥을 통해 금리도 낮게 제시받을 수 있었다. 대행사와 상가 계약하면서 특약을 많이 달았다. 그중 하나가 유사업종과의 추가 계약 금지조항이었고, 기존 업장의 변경 시에도 금지조항을 넣어 달라고 했다. 법적 근거가 약하긴 하지만 안 하는 것보다는 낫다. 대행사를 상대로 손해배상을 청구할 수 있다.

6. 등기는 셀프등기. 등기민원콜센터에 연락해서 이것저것 물어가며 하나씩 처리했다. 조금 귀찮을 뿐이다.

빈 상가에서 창업하는 과정

1. 상가에 임차인을 들여야 한다. 계획대로 중국집 임대 광고를 내면 된다. 나는 직접 짬뽕집을 오픈하기로 마음먹었다. 최애 음식 중 하나인 짬뽕을 직접 조리하는 기술도 배우고 궁금했던 불맛을 내는 방법도 알고 싶었다. 또한 내가 생각했던 짬뽕 맛이 실제 가능한지 그리고 그 맛에 대한 사람들의 반응도 궁금했다. 나의 생애 최초 외식업 창업이 시작되었다.

2. 프랜차이즈 짬뽕 전문점에 관한 정보를 탐색했다. 먼저 각 프랜차이즈 홈페이지의 정보를 참조했다. 교육비, 가맹비, 월 로열티 등이 빠져나가는데 프랜차이즈 회사마다 한 항목이 적으면 다른 것이 추가되어 궁극적으로 평수 대비 비슷한 창업비용이 들었다. 그리

고 외식업에 종사하는 지인들을 찾아다니며 조언을 구했다. 그들 대부분은 프랜차이즈를 반대했다. 모르니까 노하우를 돈으로 사는 거란다. 직접 배워서 해보란다.

웍 다루는 법을 배우기 위해 지인 가게에서 일을 했다. 그러고는 여러 군데의 짬뽕 맛집을 소개받아서 시식한 후 가장 마음에 드는 곳을 골라서 맛을 전수받았다. 직원도 미리 뽑아서 교육받게 했다. 그사이 상가는 인테리어 공사 및 기구 세팅을 하나씩 해나갔다.

3. 인테리어, 간판, 책자, 홍보물 등은 내가 직접 했다. 여러 번의 창업 경험이 있었기에 그리 어렵지 않았다. 주방 기기, 식자재 등은 외식업계 지인들의 의견을 종합하여 합리적인 가격으로 세팅을 마쳤다. 인맥 네트워크 없이는 '눈탱이 호구'되기 십상이다. 쓸데없이 돈 나갈 구멍이 많다. 주방용품점들이 호시탐탐 나의 주머니를 노리고 있기 때문이다. 처음 몇 가지 주방기구, 혹은 식자재를 매우 싸게 납품하는 것처럼 보이고는 다른 항목을 비싸게 넣는 방식은 어디서나 동일하다. 정확한 예상가를 기재한 리스트를 들고 가서 꼼꼼히 따져야 한다. 당신의 눈빛이 흐릿해지는 순간 그들은 뻥튀기 계산서를 떠안긴다.

4. 드디어 중식당의 하이라이트인 조리기구 웍을 다루는 기술을 익혔다. 파트타임으로 식당 주방에서 일한 경험 덕분에 칼 쓰는 방법은 이미 익혀둔 상태였다. 횟집이 아닌 이상 칼질은 그저 안 다치게 다룰 줄만 아는 것으로 충분하다. 하다 보면 요령과 속도는 붙게

마련이다.

음식점을 하려면 반드시 사장이 요리기술을 배워둬야 한다. 외식업계 조리사의 세계는 비열함 그 자체다. 언제나 음식점 사장과 조리사는 밀당 관계를 유지해야 한다. 조리사가 권력을 가진 음식점은 끝이 좋지 않다. 음식점 사장이 요리를 할 줄 아는 것은 원금 보장되는 성장주 펀드를 운용하는 것과 같다. 조리사만 알고 있는 레시피를 이용하여 요리를 만드는 것은 1등 당첨된 로또 용지를 친구의 지갑에 맡기는 것과 같다.

중식당은 사장이 웍을 잡으면 조리사의 월권 행사를 막을 수 있다. 조리사 하나 잘못 키우면 식당 날아가는 건 순식간. 한 번씩 사장이 요리하는 모습을 직접 보게 해야 한다.

5. 내가 직접 만들어 먹는 짬뽕! 내 입맛에 맞게 조리했으니 당연하겠지만 맛있더라! 사실 웍에 신선한 재료를 넣고 불꽃놀이하면 뭘 넣어도 맛있다. 섭씨 1000도가 넘는 엄청난 화력의 불꽃 위에 살짝 돼지기름을 두른 웍이라면 어떤 재료건 자신이 가진 최선의 맛과 향을 쏟아낸다. 이젠 한식과 양식을 다루는 식당에서도 웍을 이용하여 불맛을 낼 정도다. 지인에게 배운 레시피와 나만의 레시피가 결합하여 탄생한 요리를 누군가가 돈을 지불하고 먹는다니, 그 감동은 말로 표현할 수 없다.

6. 짬뽕 한 그릇에 7000원인 짬뽕집을 운영하면서 홍합을 제외한 모든 식자재를 국내산으로 썼다. 나중에는 홍합도 국내산으로 돌렸

다. 중국산 냉동 홍합은 싸고 커서 보기는 좋았지만 정말 맛이 없었다. 그러다 보니 수익률을 기대할 수 없었다. 매출 대비 식자재비 비율이 35~40퍼센트 사이였다. 보통 면요리 업계에서 원재료비는 20퍼센트 초반대에 머물러야 한다. 그래도 먹고 싶은 짬뽕 맛을 마음대로 내는 즐거움이 컸다. 다행히 손님들도 그 부분을 높게 평가해주었는지 박리다매 방식으로 그 푸드코트에서 가장 매출 높은 식당이 되었다.

7. 처음 창업한 음식점이라 별 기대가 없었지만 짬뽕집은 성공적으로 운영이 되었고 4년간의 영업 후 권리금을 받고 넘겼다. 이 경험을 발판 삼아 시내 중심지에 실내포차와 레스토랑을 추가 오픈하는 데 중요한 자산이 되었다. 음식점을 경영하면서 알게 된 사실이 있다. 음식은 그 본연의 맛이 가장 중요하지만 요즘 사람들은 그에 못지않게 '감성'에도 큰 가치를 둔다는 것이다. 소문의 '인스타 맛집' 역시 실체가 없고 언제든지 꺼질 수 있는 감성이 많은 부분을 차지하고 있다. 새로 시작하는 식당에서는 이 점을 잊어서는 안 된다.

최종 상가투자 결과

4년간의 상가투자로 얻은 것은 다음과 같다.

4년간 운영수익+권리양도 후 임대수익+권리금 수익+상가 시세차익+장사 재미

초기에 직접 운영하다가 내가 웍을 손에서 놓은 이후 직원들의 오토운영으로 전환하여 월 5~6백만 원의 부가세 제외 순수익을 올렸다. 그러다 가게를 양도하면서 권리금 수익이 발생했다. 권리양도 후에는 주변 시세보다 높은 임차료를 책정하여 상가투자수익률이 상승했다. 분양 시에 예상했던 임차료에 비해 백만 원 이상의 추가 수익이 발생했는데 직접 창업 후 권리금 양도양수 조건의 매매였기에 가능했다.

임차료의 상승은 상가건물의 시세차익을 의미한다. 월 임차료 백만 원은 상가 값어치로 지역 특수성에 따라 환산하는 방법이 제각각이어서 정확한 수치를 언급하지는 않겠지만 대략 몇 억 원대의 차익이 발생했다. 잘 키운 상가 하나가 아들 부럽지 않다고 했던가? 왜 좋은 상가는 매물로 나오지 않는지 알게 되었다. 평생 월급 주는 개인연금 정도로 가져가기로 결정했다.

무일푼 상가투자라고 했는데 정확히 말하자면 상가는 대출을 통한 무자본 투자였고, 창업자본금 3500만 원은 별도로 소요되었다. 물론 마음만 먹으면 창업자본금도 대출로 가능하다.

추가로 내가 얻은 것이 있다면 불확실한 자영업 세계에서 미래 대비 상품을 확보했다는 점이다. 몇 년 전, 독일 프랑크푸르트에서 맛없는 짬뽕 한 그릇을 2만 원씩이나 지불하고 먹었던 기억이 있다. 오뚜기 진짬뽕을 팔면 더 성공할 거라는 생각이 들 정도였다.

구분상가 투자의 장점

첫째, 관리할 게 별로 없다는 것이다. 요즘 초등학생의 장래희망 1위가 건물주라고 한다. 그러나 건물주도 놀고먹는 편한 일만은 아니다. 신축 건물이 아닌 이상 건물이란 게 은근히 손이 많이 간다. 일반적인 상가건물 관리 업무에는 관리인을 지정해서 건물 관리를 하지 못할 상황이라면 직접 해야 할 일이 많다. 소방점검, 엘리베이터 점검, 수도관 같은 건물 하자보수, 정화조 처리 문제 등 건물주도 쉽게 돈 버는 게 아니다. 특히 임차인 들이고 내보내는 일도 쉽지 않고 월세 지급이 밀리거나 임차인과 분쟁이라도 발생하면 머리가 아파진다. 그러나 구분상가는 내라는 관리비만 제때 내는 것으로 끝이다. 관리사무소가 처리하는 부분도 있고 모자라는 부분은 상가자치관리위원회가 알아서 처리한다. 한 번씩 배포되는 소식지나 상가건물주들의 밴드 모임에서 보내는 알림만 체크하면 된다.

둘째, 투자금액이 적어도 상가투자가 가능하다. 상가건물에 투자하려면 꼬마빌딩이라도 20~30억 원 정도의 자본이 있어야 하지만 구분상가는 1~10억 원의 다양한 투자금액대에서 고를 수 있다. 정부의 강력한 부동산 대책에서 상가는 벗어나 있기 때문에 대출을 통한 레버리지 활용으로 투자금액은 줄이고 수익률은 늘릴 수 있다. 경매를 통해 매입하는 경우에는 경락대출(경매 물건을 담보로 부족한 잔금을 대출해주는 제도)을 활용하면 최대 80~90퍼센트까지의 레버리지를 일으킬 수도 있다.

셋째, 공실 위험도가 작다. 구분상가는 건물 전체가 급격한 유동인구의 감소가 발생하지 않는 이상 임차인 구하기가 수월하다. 임차인 입장에서 보면 실질적인 운영 평수가 작아서 인테리어 비용, 관리비 등이 적기 때문에 창업이 용이하다. 구분상가용 창업 아이템이 다양한 것도 공실 위험도를 줄이는 이유다. 다만 코로나 사태와 같은 이벤트로 인해 자영업이 몰락하는 상황에서 4차 산업이 대체할 수 없는 업종의 임차인을 두는 것이 중요하다.

구분상가 투자 시 유의할 것들

상권분석

어느 상가나 죽어가는 상권이냐 떠오르는 상권이냐를 확인해야 한다. 상권분석은 상가에 들어올 예상 업종과 함께 지역마다 세분화되어 있다. 두세 군데 전문가 의뢰를 받아보는 것이 좋다. 이태원 상권몰락과 경리단길의 흥망성쇠를 온몸으로 경험한 방송인 홍석천의 스토리에는 큰 배움이 있다. 이대 뒷골목의 젠트리피케이션, 두산타워 매각, 헬리오시티 상가의 대거 미분양 등의 흐름을 잘 파악해야 한다. 4차 산업이 대체 불가능한 상권이 형성된 곳을 찾아야 한다. 특히 시세차익은 상권 확장성의 여부가 열쇠다.

개별 상가 입지분석

입구의 위치, 유동인구 트래픽과의 접점선, 노출크기(전면노출), 단면인지 이면인지 등의 다양한 요소가 시세에 반영되기 때문에 상가는 책, 유튜브 채널, 강연 등의 여러 방면의 교육을 많이 들어보는 것을 추천한다. 나 역시 상가 구매결정은 하루도 채 걸리지 않았지만 상가투자에 대한 공부는 미리 해뒀다. 세금, 법률 문제, 상가투자의 장단점 등을 미리 공부하지 않았다면 투자 결정이 늦어지면서 고민이 길어졌을 것이다.

상권 지속가능성

구분상가는 일반상가와 달리 임대료 적정선의 여부는 크게 따질 필요가 없는 게 장점이다. 그러나 최소 5년간 운영유지가 가능한지를 살펴봐야 한다. 상권이 쇠퇴하면서 기존 임차인이 빠지고 신규 임차인이 들어오지 않는 이른바 공실이 상가투자의 최대 난관이다. 기존 임차인이 나가더라도 투자한 인테리어 비용의 회수가 권리금 형태로 가능해서 신규 임차인을 구하기가 용이한 것은 상권이 한번에 뜬 곳이 아니라 오랫동안 꾸준히 성장세인 곳의 장점이다.

신도시 상가는 투자 유의 종목

혁신도시, 창업센터, 주상복합단지 등이 들어서면서 형성되는 신규 상가단지나 신도시 상가단지에 대한 투자는 멀리하는 것이 안전하다. 유동인구가 확보되지 않은 불안정한 시장보다 이미 상권이 형성된 지역에서 월 수익을 안정적으로 가져갈 수 있는 상가를 골라야 한다. 싸게 사서 크게 먹는 부동산투자는 구분상가 시장과는 맞지 않다. 구분상가는 따박따박 안정적인 월세를 받는 월 수익형 투자상품으로 접근해야 한다. 시세차익형 투자상품은 월세 수익률이 2퍼센트대에 불과한 핵심지 상가건물로 향해야 한다.

직접 뛰어들 준비가 되어 있는가

난 창업을 통해 구분상가 투자에 대한 계획을 세웠다. 상가투자에서 최악의 상황이라 할 수 있는 공실이 발생할 시 직접 뛰어들어 공실을 메울 계획까지 세웠기에 상가투자가 가능했다.

예금 이자가 0퍼센트대로 내려온 초저금리 시대에 수익형 부동산인 상가투자는 정부에서 쏟아져 나오는 각종 집값 정책으로 인해 후광을 얻는 중이다. 한때는 높아 보였던 4.6퍼센트의 상가 취득세가 오히려 2주택 8퍼센트, 다주택 12퍼센트의 취득세 대폭 상승으로 인해 낮아 보이게 됐다. 집값을 잡으려는 정부정책에 완벽히 비껴감으로써 부동산투자의 매기가 올 가능성도 높아졌다. 그러나 4차 산업의 성장과 아울러 전 세계 슈퍼도시들의 상가 공실률과 연체율이 높아지는 것도 유의해야 한다.

4차 산업에 밀려 상가투자는 끝난 것일까? 아니면 아직도 목 좋은 상가는 잘 키운 아들 부럽지 않을까? 4차 산업으로 사라지는 업종이 있는 반면 무인빨래방, 무인소호 사무실, 무인카페 등 새로운 업종이 계속 탄생하고 있는 만큼 상가는 지속적으로 관심을 가질 투자 분야임에 틀림없다. 단 상가투자의 최대 리스크인 공실에 대비하기 위해서 구분상가 투자자는 여차하면 자신이 직접 뛰어들 수 있는 창업 아이템을 반드시 가지고 있어야 한다.

포스트 코로나 시대
부동산 전망

코로나19 팬데믹 사태로 인해 행동반경이 줄어들면서 나 역시 큰 변화를 겪고 있다. 내가 운영하고 있는 스터디카페의 자판기에 들어가는 모든 물품을 쿠팡 배송으로 받는다. 대형 할인매장이나 도매업체에 들러서 물건을 고를 필요가 없어졌다. 밤에 주문하면 다음 날 카페 안에 놓여 있다. 단 한 개의 제품이라도 무료 배송에 반품도 무료인 와우배송 서비스를 이용하기 때문에 쇼핑시간을 아낄 수 있게 되었다. 카페의 관리도 청소를 제외한 모든 업무가 온라인으로 대체되었다. 심지어 카페 예약 및 문의에 관한 전화상담도 대행서비스를 통해 무인화에 가까워졌다.

오프라인 현장강의의 상당 부분이 유튜브와 줌 실시간 방송으로 대체되었다. 초기에는 어느 정도 교육을 받아야 했고 장비를 갖추는 데 비용 문제가 발생했다. 그러나 어학원을 오가며 들인 교통비와 시간을 아낄 수 있다는 수강생들의 편의성, 그리고 강의 시 돌발 사태가 발생했을 때 잠시 카메라를 돌려 상황을 마무리할 수 있는 편리함으로 그 단점들을 상쇄시켜주었다.

과거엔 직원을 고용해서 업무를 처리하는 방식이었는데, 지금은 필요한 때 아웃소싱으로 업무를 처리하는 것으로 바뀌었다. 프리랜서 서비스 어플인 '크몽'과 '파이버'에는 모든 업무를 아웃소싱 형식으로 대신해줄 프리랜서들로 넘쳐 난다. 홈페이지 제작, 인쇄 및 출판, 홍보물 제작 등은 지역 업체와 대면 미팅을 통해 진행했지만 이제는 비대면으로 전국 단위 업체의 서비스를 이용하게 되었다.

코로나 이후의 삶에 완전히 적응했다. 처음에는 너무나 불편했던 것들이 지금은 익숙해져서 편리하다.

팬데믹 이후 달라진 주거 개념

많은 전문가들은 코로나 이전 시대로의 완전한 회귀가 어렵거나 시일이 매우 오래 걸릴 것으로 예상하고 있다. 변종 바이러스가 계속해서 발견됨에 따라 바이러스와 함께 살아가야 하는 포스트 코로나 시대를 예언하기도 한다. 인류가 바이러스와 공존하며 살아갈 수밖에 없는 앞으로의 시대에 주거는 어떤 변화를 겪게 될까?

1. 재택근무가 괜찮다는 것을 알게 되었다.

　→ 주거지의 활용도가 높아진다.

2. 시간제 근무 도입으로 주 3일제 혹은 주 2일제가 시도되고 있다.

　→ 주거지의 활용도가 높아진다.

3. 국내외를 막론하고 숙박여행을 꺼리고 있다.

　→ 주거지의 활용도가 높아진다.

　코로나 사태 이전의 주거는 퇴근 후 몸을 쉬게 하고 숙면을 취하게 하여 다음 날 다시 사회로 나가기 위한 재충전의 공간이었다면, 이제는 거의 모든 것을 의미한다고 봐야 한다. 주 2일 근무제의 도입과 직원들의 생산성이 더 높은 것으로 드러나고 있는 재택근무의 확장, 그리고 디지털 노마드족이 추구하는 4차 산업 일자리의 증가로 밖을 돌아다닐 일이 많지 않아 이제는 주거지가 근무지이자 휴양지가 되는 개념이다.

주거용 부동산의 트렌드 변화

도심지의 테라스가 있는 대형 평수 주거의 인기 부상

　자연을 바로 앞에 두고 있으며 가족 간에도 생활방역이 가능한 넓은 평수의 집이 각광받을 것이다. 집 자체가 숙박, 근무, 휴양 개념이 혼합되어 더 많은 돈이 소비될 것이다. 이젠 주거지가 영화관, 식당, 카페, 취미생활의 장소이자 근무지가 되어야 하기 때문에 지금보다 더 과감한 투자가 이루어지게 될 것이다. 정원이나 공원을 끼고 있는 핵심지의 중대형 아파트 및 테라스가 있는 단독주택이 인기를 얻을 것이다.

도심에서 한두 시간 떨어진 전원주택단지

재택근무 혹은 주 2일 근무제가 정착 중인 미국에서 그 트렌드가 전파되기 시작했다. 비싼 집값에 희생되기보다 윤택하고 쾌적한 삶을 원하는 젊은 부부 계층이 선호하는 방식이다. 노벨경제학상 수상자인 로버트 쉴러 예일대 교수는 "코로나19로 식당과 박물관, 극장 등 도시생활의 장점을 제대로 누리지 못하고 있다"고 진단했으며, 사회적 거리두기와 재택근무가 일상화되면서 도심 주민들이 교외로 이동하고 있다고 분석했다. 도심의 인구 밀집 지역에 전염병 취약성이 부각되면서 교외로의 탈출이 늘어날 것이다.

주거의 양극화

높은 임차료에도 도심에서 인프라를 즐기는 주택단지와 일대일 밀착형 교육서비스를 누리는 학군지의 매력은 더욱 치솟고, 사이버교육과 재택근무를 통해 자연친화적 주거 환경을 누리고자 하는 교외 타운하우스 및 연립 전원주택단지의 수요도 늘 것으로 보인다. 그 중간에 위치한 주거지역의 투자가치는 떨어질 수 있다.

부동산 트렌드 변화

현 정부의 강력한 부동산정책이 거듭되면서 수익성 악화로 인한 부동산투자 열풍은 당분간 식을 것으로 본다. 1차로 2020년 연말부터 이듬해 납부해야 할 재산세와 토지세 등에 부담을 느낀 매물이 늘 것으로 보이고, 2차로 2021년 6월부터 중과세율이 적용되어 양도소득세율에 부담을 느낀 매물이 시장에 쏟아져 나오면서 집값이 상당 부분 조정될 것으로 보인다. 2020년 현재 매물 절벽 현상으로 매도자와 매수자의 집값 줄다리기가 진행되는 서울의 경우 투자자의 수요 즉 매기가 대전, 세종으로 이동했다가 대구를 거쳐 부산으로 이동한 상황이다. 현재의 부동산정책하에서 서울 집값이 재차 폭등세를 이어가기는 어려워 보이며 지방 대도시 집값에 풍선효과를 일으키면서 상당 기간 지속될 것으로 보인다.

실물경제와의 괴리감

GDP 하락과 기업체 및 자영업체의 몰락이 지속되고 소비자들의 소비활동이 위축된 실물경제가 역대급의 유동성 공급으로 떠받치는 주식시장과의 괴리감을 키워나가는 중이다. 2020년 현재 주식시장은 세계 최고 수준의 주가 상승을 보이고 있지만 시장에서는 엄청난 유동성에 힘입은 과열현상, 즉 오버슈팅에 대해 의문을 던지고 있다. 건전한 주가 조정을 통한 괴리감 축소와 연착륙으로 시장의 충격을 완화하면서 코로나 치료제 및 백신 개발로 소비활동이 개선되어 조정 후 완만한 재상승이 이어지길 바라고 있다. 그러나 미국 나스닥 기술주에 대한 자산가치의 거품이 터지면서 미선물이 급락하고 국내 주식시장인 코스피와 코스닥으로 폭락세가 전이되는 경착륙이 발생한다면 부동산시장에도 그 여파가 고스란히 전해질 것으로 예상된다. 주식 폭락과 부동산 가치의 상관관계는 1998년 IMF 시기나 2008년 금융위기 시절, 그리고 가깝게는 2020년 3월에 짧게나마 경험했다.

그래도 부동산이다

농경사회에서 증기기관의 개발과 함께 산업사회로 전환되었을 당시에도 사람이 누울 곳이 필요했고 4차 산업이 시작된 지금도 그러하다. 상가의 경우 플랫폼이 온라인으로 이동되면서 공실률이 치솟고 있지만 거주공간은 현실세계의 집이라는 사실에 변화가 없다. 한때 공유문화의 확산과 더불어 주거를 공용으로 하는 '셰어하우스'의 인기도 코로나 팬데믹으로 인해 오히려 사양산업이 되어버렸다.

미국 비영리단체인 사회발전조사기구(Social Progress Imperative)가 발표한 '2020 사회발전지수'에 따르면 대한민국이 전 세계 163개 국가 중 살기 좋은 나라 17위에 선정됐다. 아시아에서는 13위를 기록한 일본에 뒤이은 높은 순위로 랭크되었다. 일본 모리메모리얼재단(MMF)의 도시전략연구소가 발표한 '글로벌파워시티지수(GPCI) 2019' 보고서에서 서울 경쟁력이 독일 베를린, 홍콩, 호주 시드니 등을 제치고 7위를 차지했다. 대한민국의 집값 폭등을 우려하고 있다지만 2019년 3분기까지의 전 세계 집값 상승률을 확인한 IMF가 발표한 세계주택가격지수에서는 대한민국의 집값 상승률을 37위로 기록하고 있다.

전 세계적 집값 흐름의 추세를 따를 뿐 과열된 부동산시장은 아니며 여전히 대한민국과 슈퍼도시 서울의 위상은 오르고 있다. 일시적인 조정 혹은 한동안의 하락장이 오더라도 장기적인 투자관점에서 부동산시장의 가치는 우상향할 것이다. 오히려 일시적인 조정 혹은 하락장은 실수요자에게는 내 집 마련의 기회로, 1주택자의 경우 보다 나은 집으로 갈아타기 좋은 시점이 될 것이다.

제 6 장

누리기

돈 말고
인생에
필요한 것들

헌책방 아들이 성공한
첫 번째 배경, 독서

대학생들의 취업에 필요한 공인영어성적을 목표로 하는 나의 업무 특성상 20대 중반에서 30대 초반의 수험생들을 많이 만난다. 뒤늦게 영어공부나 공무원시험, 전문대학원을 준비하는 수험생들이다. 대학 편입에서부터 취업, 이직, 진학 등을 목표로 공부하는 이들을 상담하다 보면 그들의 목표 달성에 큰 영향을 끼치는 부분이 독서량임을 깨닫게 된다.

영어 실력은 성장기 독서량이 좌우한다

성인영어시험의 경우 어휘력과 독해력이 강한 학생들이 절대적으로 유리하다. 영어도 결국 언어인 만큼 글을 읽는 능력과 추론하는 능력이 뛰어날수록 실력 향상 속도가 단연코 빠르다. 공무원시험 수험생들도 대부분 영어와 국어 성적에서 합격과 불합격이 결정된다. 법학전문대학원 시험(LEET)은 사실상 누가 책을 더 많이 읽었는가를 판단하는 시험이다. LEET는 법률에 대한 지식 문제가 아닌 법률가가 되기 위한 전제 조건인 언어 능력과 추론 능력을 테스트하는 시험이다. 그래서 국어 실력이 뒷받침되지 않는 사람들은 애초에 판검사가 될 수 없다.

어학연수를 다녀오고 회화에 꽤나 능통한 학생이라도 영어시험에 쩔쩔매는 경우를 많이 봤다. 산속 고시원에서 3만 개가 넘는 영어 어휘를 암기하고 속세로 돌아온 학생도 원하는 영어 점수를 결국 얻지 못하고 포기한 경우도 봤다. 유년시절의 독서량이 부족한 수험생들의 공통점이다. 그들이 절대로 풀 수 없는 영역의 문제가 있는데, 그것이 영어 영역이 아니니 감당이 안 되는 것이다.

"이게 왜 정답인 거예요? 아무리 읽어도 해석이 어색한데……."

"해석은 되는데 정답을 못 찾겠어요."

이런 질문들을 자주 한다면 독서량이 부족한 것이다.

"이 단어가 왜 오답인지 사전을 봐도 이해가 안 되네요. 나는 괜찮은 거 같은데……."

학생들에게서 이런 질문을 받으면 나는 속으로 말한다.

'그래, 너만 괜찮은 거란다. 너만…….'

그러고는 이렇게 조언해준다.

"어차피 만점 목표인 것도 아니니 이런 문제는 무시하고 다른 문제에 집중해보세요. 다행히 이런 문제는 문항도 많지 않고……."

영어는 어떻게든 도와줄 수 있지만 국어는 어찌해볼 도리가 없다.

반면 어릴 때부터 차곡차곡 쌓아온 언어 능력은 대학교 입학부터 그 힘을 발휘하게 된다. 각종 리포트와 서술형 시험, 프레젠테이션 등에서 글 쓰는 능력으로 보답을 받게 된다. 다양한 성인영어시험도 단어 위주의 시험이 아닌 지문을 얼마나 빠르게 읽고 해석하여 정보를 파악하는지에 대한 것으로 독서량의 영향을 받는다.

국어, 논술, 상식 이 세 가지 영역을 다루는 로스쿨시험도 지문의 요지를 얼마나 정확하게 파악하느냐가 관건이다. 의학전문대학원과 약학대학원에서 치르는 시험도 대학 전공에 관계없이 국어 실력이 있는 사람이 합격률이 높다는 것이 업계 관계자들과 수험생들의 전언이다. 강의를 하다 보면 만점에 가까운 공인영어성적이 필요해서 시험을 준비하는 수험생들을 볼 수 있다. 2~3년을 하루 종일 영어 공부만 하더라도 불가능해 보이는 수험생들의 유형이 바로 언어 능력이 부족한 사람들임을 20년 강의 경력을 통해 확신할 수 있다.

어학원에서 강사 업무를 보조하는 파트타임 일을 하면서 약학대학원 시험을 준비하는 학생이 있었다. 일 년 정도 그를 옆에서 지켜보면서 발견한 특이점은 이렇다. 어휘력과 문법 실력은 다소 부족했지만 빠른 속도로 글을 읽고 요지를 파악하는 능력은 누구보다 뛰어났다. 그는 성인영어시험에서 만점에 가까운 성적을 받았고 대구에 위치한 약학대학원에 합격했다는 연락을 받았다. 주위에선 절대 공부량이 적고 술자리를 즐기는 그가 합격할 줄 몰랐다고 의아해했지만 내 생각은 달랐다. 글을 읽고 이해하는 능력이 특출했기에 영어 아니라 어떤 시험이라도 다른 사람들보다 실력이 빨리 늘 것임을 확신했던 것이다. 3시간 공부해야 이해할 내용을 1시간 만에 이해하는 사람을 어떻게 이길 수 있겠는가.

책 읽기 중심의 교육은 반드시 빛을 발한다

나는 아이들이 고등학교 2학년이 될 때까지 영어성적이 하위권이었음에도 불구하고 독서와 사고력을 키우는 교육에 집중했다. 아이들의 영어 실력이 걱정되었던 담임 선생님이 나에게 이렇게 얘기했다. "저희 학교 영어 선생님이 학생시절에 아버님 영어수업을 들었다는데요, 따님 영어성적을 믿을 수 없다고 그러네요. 자식 교육이 제일 어려운가 봅니다." 그래도 나는 흔들리지 않았다. 아이들에게 보고 싶어하는 책을 읽히면서 꽤나 긴 시간을 끈기 있게 기다렸다.

물론 책 읽기 중심의 교육방법은 끊임없이 도전과 유혹을 받는다. 시험이 없는 유치원과 초등학교에서는 버틸 만하다. 그러나 시험 성적이 나오고 학급 평균점수와 내 아이의 점수를 확인할 수 있는 중학교에 다니는 시기에는 쉽지 않다. 등수가 매겨지는 고등학교는 초조함 그 자체다. 아이들의 내신을 생각해 뒤늦게 사교육으로 급선회하는 경우도 허다하다. 인내심이 한계에 이른 순간 부모가 먼저 폭발할 수도 있으니 굳건한 믿음이 전제되어야 한다.

나이 마흔둘에 9급 공무원시험에 도전해서 일 년 만에 합격한 동창이 있다. 초등학교 시절 김용의 『영웅문』 시리즈 18권을 이틀 밤을 꼬박 새워 다 읽어버리는 무지막지한 책벌레였다. 물론 엄마가 고등학교 국어 교사라는 유전자 힘의 덕을 본 것 같긴 하다. 오락실에서 하루 종일 시간을 보내더니 필요할 때는 또 공부에 빠져 어렵지 않게 명문 대학에 합격했다.

나는 헌책방을 하던 아버지 덕에 어릴 때부터 자연스럽게 책 읽는 습관을 갖게 되었다. 고등학교 때 지독한 방황을 겪었지만 결국 마음을 잡고 제자리를 찾게 된 것이나 유학생활 중 숱한 어려움을 겪으면서도 좌절하지 않았던 것, 그리고 사회에 나와 내 자리를 만들고 가난을 벗어난 것도 결국 독서의 힘이었다.

나는 여전히 활자를 좋아한다. 신문도 읽고, SNS의 글도 읽고, 책도 손에서 놓지 않는다. 이런 과정을 통해서 생각이 넓어지고 깊어진다. 그러면서 세상의 뉴스를 해석하는 눈도, 부동산을 분석하는 눈도 생긴다. 꾸준한 공부가 감을 키워주는 것이다.

학업도 그렇다. 공부라는 것이 고등학교 시절만 적용되는 것이 아니다. 그 시절 아이가 공부에 흥미를 느끼고 집중하는 건 그야말로 조상님 덕이다. 기대에 못 미친 대학교에 입학한 이후에도, 군대 제대한 이후에도, 취업 준비하는 동안에도, 혹은 회사를 다니는 중이거나 은퇴를 앞둔 시점에서도 공부에 대한 욕구가 생길 수 있다. 물론 그런 욕구가 생겼다 하더라도 모두가 도전하는 것은 아니지만 독서의 힘을 깨닫게 된다면 분명 남보다 빠른 결실을 맺을 수 있을 것이다.

"시공간을 초월하여 기원전에 살았던 사마천과 대화를 나눌 수 있는 것도, 이 한 권의 책 덕분 아니더냐?"

중국의 만리장성을 거닐면서도 기념사진은 마다하고 책을 손에서 놓지 않는 나의 아버지의 말씀이다.

같이 놀 친구 없으면
돈 쓰는 재미도 없다

나이가 들수록 친구가 소중하다. 격의 없이 어울려 먹고 마시며 웃고 떠들 수 있는 친구는 돈 못지않게 소중한 재산이다. 하지만 나이가 들수록 그런 친구를 만나기가 어렵다. 인간관계를 늘리기는커녕 유지도 어려워진다. 초등, 중등, 고등, 대학교 시절의 동기나 선후배들과의 관계를 지속적으로 유지하고 사회생활 및 동호회 활동을 통해 만들어놓은 친분관계를 오래도록 유지하려면 어떻게 해야 할까? 핵심은 해야 할 것보다 하지 말아야 할 것에 포인트가 있다.

자기자랑 많은 사람은 친구가 없다

모임에서 부동산이나 주식투자 관련 얘기를 늘 조심해야 한다. 특히 집값 얘기를 꺼내면 거의 손절각이다. 실제로 투자 카페에서 고민상담 게시판을 보면 집값 얘기하다가 서로 척을 지거나 연을 끊는 경우를 심심찮게 볼 수 있다.

최대한 자제하는 것이 원칙이다. 꼭 하고 싶다면 돈 번 얘기는 참고 잃은 얘기만 꺼낼 것을 추천한다. 돈 번 얘기로 입이 근질근질 자랑하고 싶다면 아는 사람 얘기인 척 꾸며서 대리 만족하면 된다.

이미 주식이나 부동산투자로 돈 벌었다는 소문이 나 있다면 이렇게 반응해보라.

"그건 벌써 옛날 얘기고, 지금은 또 달라요! 홀라당 까먹어서 매우 힘들어요!"

자랑의 쾌감은 잠시고 그로 인해 얻을 시기와 질투는 영원하다. 부모, 형제간에도 사이가 틀어지기 일쑤다. 나의 경우는 부모님에게도 상당 기간 집 산 것을 비밀로 했었다. 다른 투자에 관한 이야기도 전혀 모르신다.

아무리 뜻이 좋아도 가르치려 들지 마라

아무리 좋은 의도였다고 하더라도 친구에게 지적질과 가르침은 금물이다. 특히 자신보다 뭔가 부족해 보이는 친구에게는 더 조심해야 한다. 돈이 부족한 친구에게는 돈 버는 얘기를, 배움이 부족한 친구에게는 아는 척을 자제해야 한다. 가난한데 이해심이 넓기는 무척 어렵다. 무식한데 배려심을 가지기는 더 어렵다. 있는 사람이 이해심을 가지고 배려심을 보이는 것, 그게 바로 노블리스 오블리주지 다른 거창한 의미를 부여할 필요가 있을까?

"야, 그런 시점에 그런 주식을 사면 안 되지!"

"용산 투자? 그게 강남 대체 가능하다고? 자, 내 얘기 들어봐!"

이런 설득과 설명을 최대한 참아야 한다. 하등의 남는 것이 없는 논쟁이다. 나이 먹고 이런 대화에서 지고 나면 없는 것도 서러운데 친구한테 이런 소리까지 들어야 하나 싶다. 친구는 이겨야 할 상대가 아니다. 안아주고 채워주며 함께 가야 할 인생 동무다.

그런데 뭔가를 먼저 알게 된 사람은 또 그대로 가르치고 싶고 타이르고 싶은 욕구를 벗어나는 게 쉽지 않다. 다행히 요즘은 그런 채널이 다양해졌다. 블로그를 개설하거나 온라인 커뮤니티에 가입해서 일반 대중을 상대로 떠들면 된다. 유튜브를 만들면 전 세계인을 대상으로 잘난 척하는 것도 가능하다. 나아가 온라인 티칭앱이나 '클래스101', '굿티처' 등의 사이트를 이용해 본격적인 강좌를 개설할 수도 있다. 실컷 가르치고 타이를 수 있는데 혹여나 구독자라도 생기면 용돈벌이가 될 수도 있다. 그동안 잔소리와 아는 척으로 핀잔을 들었던 세상 모든 잔소리쟁이들에겐 천국과도 같은 곳이다.

친구가 많은 사람이 장수한다

사람은 누구나 지적질 당하는 걸 싫어한다. 자신의 부족함을 알면서도 누군가 가르치려 들면 반감이 생기게 마련이다. 하물며 그 상대가 친구라면 더 싫다. 그러니 친구들 앞에서, 특히 돈 때문에 고생하고 있는 친구 앞에서 돈 자랑을 포함한 모든 자랑, 지적, 오지랖은 접어두기 바란다.

다들 치이며 산다. 직장 상사로부터, 거래처로부터, 진상 고객들로부터 치이며 산다. 엄청난 업무에 치이고, 주위 사람들과 인간관계에 치이고, 투자 실패에 치이며 산다. 신문 기사는 좋은 소식보다 나쁜 소식이 많고, 정부의 헛발질 정책에 화가 나기도 하고, 코로나 사태의 장기화로 지금도 어렵지만 미래는 불확실해서 더 불안하기도 하다. 이렇게 힘든 상황에 서로가 굳이 심정 상할 말을 할 필요가 있을까? 어차피 다들 정답 없는 인생을 살아가는데 말이다.

미국인 7000명을 대상으로 9년간의 추적 조사에서 아주 흥미로운 결과가 나왔다. 단명하는 사람과 장수하는 사람의 차이를 연구하면서 흡연, 음주, 운동, 삶의 형태, 사회적 지위 및 경제 상황에 이르기까지 다양한 요소들을 분석한 끝에 내린 결론은 놀랍게도 친구의 수였다. 노후에 여러 명의 친구가 있는 사람이 그렇지 않은 사람보다 더 장수한다는 것이다.

이제는 우테크의 시대다. 자신의 삶의 질을 높이고 장수하는 비결이기 때문이다. 우테크는 사실 재테크에 비해서 투자할 시간과 노력이 몇 퍼센트에 지나지 않는다. 이성의 마음을 얻기 위해 혼신의 노력을 다해본 적이 있는가? 그 노력은 몇 퍼센트에 지나지 않는다. 먼저 안부를 묻고, 좋은 점을 찾아서 칭찬해주고, 나쁜 점은 못 본 척해주면 된다. 사실 아이건 어른이건 신용카드 꺼내는 손이 가장 예쁜 손 아니겠는가? '내가 쏠게'라는 말이 가장 듣기 좋은 말 아니겠는가? 돈 벌 이유가 하나 더 생겼다. 노년의 아름다운 삶을 오랫동안 유지하기 위해서라도 젊은 시절의 재테크가 중요해졌다.

심장이 두근거리고
엉덩이가 들썩거리는 순간

반퇴 라이프로 향하는 여정에서 나는 다양한 경험을 쌓았다. 그 경험에는 고통과 시련, 좌절과 방황이 있었고, 때로는 희망과 설렘, 희열과 환희가 있었다. 짧건 길건 언제나 희로애락이 교차하는 시간을 거쳤고 현재의 내 모습이 만들어졌다.

서른 권의 책도 열다섯 번의 거절을 견뎌낸 첫 책이 있었기에 가능했다. 2부 리그 홈런왕 트로피도 3년간 받았던 피땀 어린 레슨과 훈련이 있었기에 가능했다. 자식들의 만점에 가까운 영어 실력도 유년시절의 책 읽기 습관과 사회 이슈에 대한 토론, 그리고 막바지의 수험생활이 있었기에 가능했다. 거제도에서의 여유로운 반퇴 라이프 또한 한국, 호주, 일본, 베트남으로 이어진 학습, 투자, 그리고 기다림의 시간이 만든 결실이었다.

그리고 나는 그 과정 속에서 얻은 소중한 교훈을 사람들과 공유하고 싶었다. 그러나 애석하게도 나의 선의가 모두에게 가 닿는 것은 아니었다. 가깝게는 가족과 친지들을 설득하는 데 대부분 실패했다. 머리로 이해하는 지식이라 할지라도 결국 몸으로 행동하지 못한 실천의 문제였다.

세상을 살아가는 데 도움이 되는 정보와 지식은 도처에 널렸다. 학창시절을 떠올려보면 금방 고개가 끄덕여질 것이다. "공부 열심히 해라. 더 나은 미래가 있다." 귀에 못이 박히도록 들은 이야기다. 하지만 결과는……. 몰라서가 아니라 알아도 안 하는 것이다.

나는 아이들에게 직접 영어를 가르치려 했지만 수차례 실패했다. 놀랍게도 아이들은 내가 그동안 가르쳐왔던 수많은 학생들 중에서 가장 불성실한 학생들이었다. 지난 20년간 수십만 명이 열광했던 나의 영어 수업이 아이들에게는 따분한 노잼 시간이었던 셈이다. 대구 일타강사의 자존심이 흔들렸다. 그렇다고 단순히 공부할 의욕이 없는 자식만을 나무랄 수는 없었다. 일단은 내 자존심보다 아이들의 입시가 더 중요했으니 말이다.

나는 내가 놓치고 있는 것이 어떤 것인지를 스스로에게 질문했다. 다양한 시각으로 그것이 어디서 발생한 문제점인지를 고민하고 또 고민했다. 그리고 그 문제점을 찾아서 아이들과 협의를 통해 고쳐나가면서 변화가 시작되었다.

포인트는 여기에 있었다. 사실 나의 토익, 토플 수업을 들으러 온 학생들은 내가 멱살 잡고 끌고 온 사람들이 아닌 각자 제 발로 강의실 문을 열고 들어온 사람들이었다. 내가 근 20년 동안이나 몰랐던 사실은 이랬다.

나의 어학원에 앉아 있는 수강생들 모두가 대단한 사람들이었던 것이다. 친구들과 게임하고 연애하고 놀기에 바쁜 대학생들이었다. 집에서 육아하고 살림하기에 바쁜 주부들이었다. 또 직장의 과도한 업무를 쳐내기에 바쁜 직장인들이었다. 그들은 어떠한 동기부여가 됐는지는 몰라도 자신들의 바쁜 일정을 쪼개서 영어공부에 대한 도전에 나섰던 것이다. 이미 나의 강의실에 앉아 있다는 것 자체만으로도 열심히 해보겠다는 의욕을 스스로 불태운 사람들이었다. 그들이 목표한 영어 실력을 성취했는가 아닌가는 차치하고서 최소한 그들은 용기 있게 첫 발을 내딛은 도전자들이었던 것이다.

　"해야 되는데…… 해야 되는데……", "다음 달에는 꼭 해야지!"라고 적당히 현실과 타협하는 사람들과 격이 달랐다. 결국 나는 이미 동기부여된 학생들만 만났기 때문에 배움에 대한 열정이 불타오르는 그들을 교육하기가 수월했던 것이다.

　반면 나의 아이들은 그런 열정이 없는 상태였다. 그러고 보니 고등학교 시절 끔찍하게 여겼던 화학수업을 듣고 있는 나의 모습이 그러했다. 엄마 손에 붙들려서 어학원으로 질질 끌려온 학생들은 흡사 독감주사 맞으러 온 어린이처럼 겁에 질려 있거나 무기력해 보였다. 결국은 머리로만 이해하는 것을 몸으로 실천하게 만드는 무언가가 필요했다. 그것이 바로 동기부여였다.

　아이들에게 동기부여 시간이 수차례 반복된 뒤 6개월간의 영어지옥훈련이 시작되었다. 동기부여가 1순위다. 절대적인 1순위다. 이미 강의실에 들어온 도전자도, 헬스장 회원권을 끊은 도전자도, 다이어트에 돌입한 도전자도 그들의 목표 달성을 위해 필요한 절대적인 요소가 바로 동기부여다. 영어시험 고득점을 받고, 탄탄한 몸짱이 되고, 늘씬한 몸매의 S라인이 되게 만드는 것이 포기하고 싶을 때마다 극복하게 만들어주는 성공 키포인트가 바로 동기부여다.

이 책은 바로 그 동기부여의 관점에서 접근하게 되었다.

"종잣돈 모으긴 모아야 하는데……."

"돈을 아끼긴 아껴야 하는데……."

"자격증을 따긴 따야 하는데……."

"부동산 주식 공부를 하긴 해야 하는데……."

책에 나오는 뻔하디 뻔한 정보와 지식을 대부분 사람들은 다 이해하고 있다. 다만 소파에 누워서 텔레비전을 보는 사람과 새벽에 일찍 일어나 영어회화 유튜브 채널을 보면서 러닝머신을 뛰는 사람이 다른 이유는 그들의 몸이 설명한다.

"뭐, 이런 내용은 다 알고 있지! 책이 다 거기서 거기지, 뭐!"

그렇게 구시렁거리면서 책장을 넘기다가 어느 순간 눈을 뗄 수 없는 한 구절이 있었는가? 그랬다면 이 책은 목표를 달성한 것 같다. 다시 그 페이지로 돌아가서 무엇이 당신의 눈을 뗄 수 없게 만들었는지 그리고 어느 구절에서 두근거리는 심장 소리를 들었는지 다시 한 번 느껴보라.

먼저 마음을 먹어라. 그러면 몸은 자연스럽게 따라온다.

Motivate the mind. The body will follow.

이 책은 동기부여 구간과 실천 구간을 잇는 가교역할을 목표로 삼았다. 그리고 동기부여에서 끝나지 않고 실천으로 이끌어내기 위한 장치들을 곳곳에 숨겨두었다. 이 책의 어느 편에서 심장이 두근거리고 엉덩이가 들썩거린 적이 있다면 당신은 이 책을 제대로 읽은 것이다. 그런 방식으로 나는 영어와 일어를 공부하게 되었고, 강의와 사업을 하게 되었으며, 야구와 요리를 배우게 되었다. 2020년엔 블로거와 유튜버로서 도전할 수 있게 되었고, 2021년 수능영어 인터넷 강의와 거제도 펜션사업에 도전할 수 있게 되었다. 이미 사회생활에 은퇴를 선언했음에도 불구하고 나의 도전은 마치 양말을 갈아 신는 정도의 마음가짐만으로도 가능해졌다.

반퇴 라이프를 꿈꾸는 20~30대 독자들에게는 직장생활과 더불어 종잣돈을 만들고 투자를 시작하는 법을, 40대에게는 돈을 불리고 안정적인 수익을 창출해 은퇴를 선언할 수 있는 길을 제시했다. 반퇴 라이프를 꿈꾸는 40~50대 독자들에게는 안정적인 현금흐름을 확보하여 또 다른 도전을 즐길 수 있는 행복한 인생 2막의 길을 제시했다. 수많은 난관이 있을 것이다. 새벽에 일어나기 힘들 것이고, 침대 이불 속의 포근함과 맛있는 건 제로 칼로리라는 속삭임이 유혹의 향연을 펼칠 것이다. 혹은 지금 이대로도 좋은데 굳이? 라며 자기 타협을 시도할 것이다. 그래서 준비했다.

반퇴 라이프의 행복한 일과다.

1. 직장 내에서 다른 사람의 부당한 지시를 받아가며 일할 필요가 없다.

2. 일하는 달도 있고 노는 달도 있는데 결정은 내가 한다.

3. 월 20시간 일할지 100시간을 일할지 내가 결정한다.

4. A 사업장은 고정수익, B 사업장은 변동수익, C 사업장은 일한 만큼의 수익, D 사업장은 영원한 수익이다.

5. 비싼 걸 사면 플렉스라는 소리를 듣고, 싼 걸 사면 검소하다는 소리를 듣는다.

6. 언제든지 보고 싶은 친구를 만나러 갈 수 있다.

7. 언제든지 가고 싶은 장소에 갈 수 있다.

8. 휴일의 고마움도 알고 일의 소중함도 안다.

9. 꼴 보기 싫은 사람은 피하고 함께하고 싶은 사람만 골라 만난다.

10. 백수처럼 살지만 셀럽처럼 바쁘다.

어떤가? 이 중 꼭, 반드시, 어떻게든 갖고 싶은 것이 있는가? 바로 붙잡아라. 그 포인트가 당신을 움직이게 해줄 것이다.

행복한 반퇴 라이프의 세계로 초대한다. 그러나 그 준비 단계는 치열했음을 기억해달라. 힘들더라도 버텨달라. 포기하고 싶어도 버텨달라. 명품 가방에, 럭셔리 여행에, 스포츠카에, 늦잠에, 먹는 재미에, 현실에 안주하고 싶은 유혹에 눈이 가더라도 버텨달라. 행복한 반퇴 라이퍼들도 그 재미를 몰라서 안 한 게 아니다. 그 재미를 남은 평생 두고두고 즐기려고 잠시 참은 것뿐이다. 나 역시 그런 재미를 즐기면서 현재를 살아가지만 앞으로도 반백 년이 넘게 남았음에 행복하다. 유혹을 이겨내려고 이 악물던 시절은 기억조차 가물가물한 몇 컷의 빛바랜 사진이 되었다. 이미 추억이 되어버린 사춘기 기억처럼. ◎